高等学校"十三五"规划教材·经管类

校企合作"工学结合"课程项目驱动教材

连锁企业门店营运与管理

店长如何管理门店 · 策划促销 · 提升业绩

主　编　郑　彦　卫海英
副主编　魏加莉　安宏博　霍　霞
主　审　阮灵珊

西安电子科技大学出版社

内 容 简 介

本书紧扣新零售时间连锁经营管理专业对店长职业能力培养的目标要求,从实用的角度出发,根据连锁企业门店营运管理中各岗位能力要求进行内容设计和任务安排。一名合格的店长要司时扮演好两种角色,即门店营运的管理者和销售服务技巧的传授者。据此,本书分为上、下两篇,即店长与门店营运篇和门店促销服务篇,分别从门店营运管理概述、店长的作业化管理、门店的数字化管理、门店员工的作业管理、门店作业安全的管理、门店促销活动策划、门店的商品管理与陈列方法、门店的促销方式、门店促销活动的组织与实施管理、门店的顾客服务等十个方面较为系统地阐述了连锁企业门店营运与管理的理论及实践技能,使学生能够较快地熟悉连锁门店店长的工作角色。

本书既可作为应用型本科院校、高职院校经管类专业"门店营运管理"、"连锁门店促销"、"零售管理学"等课程的教材或参考书,也可作为连锁企业管理人员的培训用书。

图书在版编目(CIP)数据

连锁企业门店营运与管理/郑彦,卫海英主编.
—西安:西安电子科技大学出版社,2015.8(2020.8 重印)
高等学校"十三五"规划教材
ISBN 978-7-5606-3823-2

Ⅰ. ① 连…　Ⅱ. ① 郑…　② 卫…　Ⅲ. ① 连锁企业—企业经营管理—高等学校—教材

Ⅳ. ① F717.6

中国版本图书馆 CIP 数据核字(2015)第 192933 号

策　　划　李惠萍
责任编辑　段沐含　李惠萍
出版发行　西安电子科技大学出版社(西安市太白南路 2 号)
电　　话　(029)88242885　88201467　　邮　　编　710071
网　　址　www.xduph.com　　　　电子邮箱　xdupfxb001@163.com
经　　销　新华书店
印刷单位　陕西天意印务有限责任公司
版　　次　2015 年 8 月第 1 版　　2020 年 8 月第 3 次印刷
开　　本　787 毫米×960 毫米　1/16　　印　张　14.5
字　　数　286 千字
印　　数　6001~8000 册
定　　价　31.00 元

ISBN 978-7-5606-3823-2/F

XDUP 4115001-3

如有印装问题可调换

前　言

　　由于连锁企业总部只负责品牌传播、店面统一形象设计及大型市场活动等工作，而门店的实际营运工作基本上还是由店长执行与自行掌握，因此，店长作为连锁企业门店的灵魂人物，在门店的日常经营运作中发挥着至关重要的作用。据权威调查数据显示，一个优秀的店长能够提升店面营业收入的 30%，这是一个相当可观的数字。

　　本书紧扣培养连锁企业门店店长人才的目标和定位，从实际应用的角度出发，根据对连锁企业门店营运管理中各岗位能力的要求进行内容设计和任务安排。店长作为一个特殊的管理者，既要处理门店中诸多具体而繁杂的事务，是门店经营活动的全面负责人，同时又必须为实现门店的销售目标而努力。由此可见，一名优秀的店长必须同时扮演好两种角色，即门店营运的管理者和销售服务技巧的传授者。据此，本书分为上、下两篇，即店长与门店营运篇和门店促销服务篇，分别从门店营运管理概述、店长的作业化管理、门店的数字化管理、门店员工的作业管理、门店作业安全的管理、门店促销活动策划、门店的商品管理与陈列方法、门店的促销方式、门店促销活动的组织与实施管理、门店的顾客服务等十个方面较为系统地阐述了连锁企业门店营运与管理的理论及实践技能，使学生能够较快地熟悉连锁门店店长的工作角色。

　　本书从内容设置上避免了空洞的说教，以管理实务、工作标准、工作规范、管理制度与管理表格等实用工具的形式，全面而具体地呈现了连锁企业门店营运与管理的操作流程和工作要点。本书的突出特点是：

　　① 完整性。本书理论体系完整，内容涵盖了连锁企业门店营运管理的各个环节，前后顺序设置合理。

　　② 系统性。每个任务都有其工作流程，而且与门店的工作流程相吻合，使

读者能够清楚工作程序。

③ 易于教学。书中除对连锁企业门店管理基本理论进行阐述之外，还提供了国内外大量连锁企业门店营运活动的案例、补充阅读资料等内容，每个学习单元之后都配套设置了习题及实训项目，让学生能够应用理论知识进行独立思考。此外，本书提供全套上课资料，包括课件、案例、相关视频、上机实训内容、课后习题答案等，教师可登录西安电子科技大学出版社网站免费下载，或向作者本人联系索取。作者联系邮箱：56009597@qq.com。

本书由厦门城市职业学院郑彦、桂林电子科技大学北海分校卫海英担任主编，连云港职业技术学院魏加莉、陕西邮电职业技术学院安宏博、内蒙古商贸职业学院霍霞担任副主编。大家共同讨论拟定了本书编写大纲，郑彦负责全书的统稿及各项目的协调。

本书在编写过程中得到屈臣氏个人用品商店阮灵珊女士的帮助和指导，在此表示感谢。同时，还要感谢参考文献的作者以及厦门城市职业学院校企合作开发课程项目（编号：XQKC2014208）、广西区教改项目"泛北部湾区域高职连锁经营管理专业一体化实践教学体系优化与实施"等研究课题。此外，厦门市老字号协会杨毅、厦门人才中心蔡弼凯、连云港大润发公司李丽、厦门城市职业学院洪艺芬、成都职业技术学院焦丹琳、重庆城市管理职业学院郑家佳等业内专家对本书编写亦有贡献。

由于作者水平和精力有限，收集资料不够全面，书中难免存在缺陷和不足，恳请读者和各位同仁在使用本书的过程中给予理解和关注，并欢迎批评指正。

郑　彦

2015 年 7 月

目　　录

★★　上篇　店长与门店营运　★★

项目一　连锁企业门店营运管理概述 2

任务一　连锁企业门店的特征与类型 6

一、连锁企业门店的功能与特征 6

二、连锁企业门店的业态类型 7

任务二　连锁企业门店营运管理的意义和内容 10

一、连锁企业门店营运管理的意义 10

二、连锁企业门店营运管理的主要内容 11

任务三　连锁企业门店营运管理的标准 12

一、制定门店营运管理标准的程序 12

二、门店执行总部标准的主要控制内容 14

任务四　有效营运与提高门店赢利能力 16

一、利润 = 客单价 × 客单数 × 平均毛利率 – 经营费用 16

二、利润 = 坪效 × 坪数 × 平均毛利率 – 经营费用 18

三、利润 = 人效 × 人数 × 平均毛利率 – 经营费用 18

四、利润 = 时效 × 时间量 × 平均毛利率 – 经营费用 19

五、利润 = 单品平均销售额 × 单品数 × 平均毛利率 – 经营费用 19

本章小结 22

基础训练 22

实训项目 23

项目二　连锁企业门店店长的作业化管理 26

任务一　连锁企业门店店长的作用与职责 29

一、店长的含义 30

二、店长的作用 30

三、店长的工作职责与范围 33

任务二　连锁企业门店店长的作业流程 35

一、店长的作业时间 35

二、店长每日每时段的工作内容 35

三、店长每日检查项目表 36

任务三　店长作业化管理工作的重点 37

一、人员管理 37

二、商品管理 40

三、现金管理 41

四、信息资料管理 42

任务四　店长能力的自我提升 43

一、连锁企业在店长能力提升过程中存在的常见误区 43

二、店长如何实现自我提升 44

本章小结 50

基础训练 51

实训项目 52

项目三　店长表格管理与门店的数字化管理 53

任务一　店长运用表格管理门店 57

一、店长运用表格管理门店的意义 57

二、常用的店长日常管理检核表格 57

三、连锁门店做好表格管理的要领 67

任务二　连锁门店的数字化管理 69

一、门店数字化管理简介 69

二、门店经营中的关键数字分析 70

本章小结 78

基础训练 78

实训项目 79

项目四　店长对连锁企业门店员工的作业管理 81

任务一　门店主要工作岗位的职责 83

一、理货员的工作职责和工作要点 83

二、超市理货员的作业规范 83

三、收银员的工作职责 85

四、店长要聘用喜欢商品的店员 87

　　五、成功店长对门店员工的传帮带技巧 87

　　任务二　店长对理货员的工作要求 89

　　　　一、领货作业的管理 89

　　　　二、商品陈列的管理 89

　　　　三、标价作业的管理 91

　　　　四、补货作业的管理 91

　　任务三　店长对收银员的工作要求 92

　　　　一、收银员的工作理念 93

　　　　二、做好收银工作应具备的基本知识 93

　　　　三、结账程序 94

　　　　四、收银员注意事项 95

　　　　五、店长对收银员异常情况的处理 95

　　本章小结 98

　　基础训练 98

　　实训项目 99

项目五　店长对门店作业安全的管理 100

　　任务一　对门店损耗的防范与管理 101

　　　　一、门店防损工作的意义及损耗产生的原因 101

　　　　二、连锁门店的防损措施 102

　　　　三、现代防损科技的进展 103

　　　　四、其他防损措施 104

　　任务二　连锁企业门店的安全管理 105

　　　　一、安全管理概述 105

　　　　二、门店安全事故发生的主要原因及其防范 106

　　本章小结 113

　　基础训练 113

　　实训项目 114

★★　下篇　门店促销服务　★★

项目六　连锁企业门店促销活动策划 116

　　任务一　连锁企业促销实务概述 117

　　　　一、连锁企业的促销作用 117

　　　　二、连锁企业的促销方式 118

　　任务二　连锁企业促销活动策划流程的制定 120

　　　　一、确定促销目标 120

　　　　二、选择促销时机 121

　　　　三、确定促销主题 124

　　　　四、选定促销商品 125

　　　　五、选择促销方式 125

　　　　六、确定促销预算 126

　　　　七、拟定促销方案 128

　　任务三　连锁门店促销策划书的编制 128

　　　　一、促销活动策划书的编写原则 129

　　　　二、促销活动策划书正文主要项目 129

　　本章小结 132

　　基础训练 133

　　实训项目 134

项目七　连锁门店的商品管理与陈列方法 135

　　任务一　连锁企业门店的商品管理 137

　　　　一、商品品类管理的定义及作用 137

　　　　二、门店商品品类管理的优化 139

　　　　三、畅销商品的培育 144

　　任务二　商品陈列的原则和方法 146

　　　　一、商品陈列的基本原则 146

　　　　二、商品陈列的基本方法 147

　　　　三、卖场磁石点与商品陈列 149

　　　　四、店长对商品陈列的检查事项 151

　　本章小结 154

　　基础训练 154

　　实训项目 155

项目八　连锁企业门店的促销方式 157

　　任务一　门店的促销方式 160

一、堆头促销 160

二、捆绑促销 161

三、特价促销 165

四、DM 促销 166

五、节假日促销 166

六、主题促销 166

七、其他促销方式 167

任务二 POP 广告促销 168

一、POP 广告的概念 168

二、POP 广告的作用 169

三、POP 引导消费的三部曲 170

四、活用各种 POP 广告 173

任务三 门店促销方式的创新 174

一、传统促销方式存在的问题 174

二、我国连锁企业创新促销方式的建议 177

本章小结 180

基础训练 181

实训项目 181

项目九 门店促销活动的组织与实施管理 183

任务一 促销活动的组织 184

一、促销组合的选择 184

二、连锁企业人员推销 186

三、广告促销 186

四、连锁企业营业推广 189

五、公共关系促销 194

任务二 促销活动的实施 195

一、促销活动方案的实施 195

二、促销作业流程 197

任务三 促销效果评估 197

一、促销活动效果评估 197

二、供应商配合状况评估 199

三、自身运行状况评估 199

四、促销评估方法 200

本章小结 206

基础训练 206

实训项目 207

项目十　连锁企业门店的顾客服务 209

任务一　门店顾客接待与服务流程 210

一、顾客服务概述 210

二、服务的作用 212

三、门店接待与服务顾客的流程 213

任务二　店长对顾客投诉的处理 216

一、顾客投诉处理原则 216

二、店长应对顾客投诉处理的技巧——令顾客心情晴朗的"CLEAR"方法 217

三、店长在顾客投诉处理中的沟通技巧 218

本章小结 219

基础训练 219

实训项目 220

部分课后习题参考答案 221

参考文献 222

上篇

店长与门店营运

项目一
连锁企业门店营运管理概述

❖❖❖❖❖❖❖❖❖❖❖❖❖❖❖❖❖❖❖❖❖❖❖❖❖❖

◆ 学习目标

通过本项目的学习，理解连锁企业门店的不同类型和特点；熟悉连锁企业门店管理的意义和内容；掌握开展和进行门店营运管理工作的标准设计；了解门店有效营运与赢利能力提高的控制点。

◆ 引入案例

大润发超市的门店营运法则

超市经营首先应确定业态定位，既要在目标市场上进行合理布局和总量控制，避免重复建设和盲目发展带来相同业态模式的恶性竞争，确定适宜的业态形式，还要集中力量发展条件好的业态经营形式，从而在不同层面上占有零售消费者和享有更广泛的市场份额。大润发针对目标市场，从业态、店址、店面规模和商品价格等方面进行相应的市场定位，成功树立了低价形象。

一个门店的经营方略、管理架构、商品及服务营销等都可以根据市场情况做出调整，唯独地址是较难改变的。零售企业只有选择比竞争对手更佳的位置，才能为日后的成功经营创造良好的条件。面对日益加剧的市场竞争，大润发在把握好市场竞争环境、客观分析自身现状的基础上，谨慎选择了市场扩张战略。

大润发成功的营销战略模式为国内零售业的市场拓展提供了有益的启示和参考。

作为零售业近年来崛起的一匹黑马，大润发之前一直在二、三线市场默默布局。2010年5月，大润发挺进北京，成为真正意义上的全国连锁企业。而在之前的2009年，大润发以404亿元的销售额首次超越家乐福，成为业界老大，业界这才意识到，一个强有力的竞争对手横空出世。

大润发(RT-MART)是一家台湾的大型连锁量贩店，成立于1996年。随着我国改革开放的脚步，大润发开始进入大陆市场。1997年，大润发在大陆成立上海大润发有限公司，大润发的第一家门市桃园平镇店开业，随后济南等地大润发公司也陆续建立。大润发最初是模仿万客隆的仓储经营模式，但在大陆开第三家门店时它开始改变销售业态，转换经营模式。通过经营模式的转变，大润发不仅甩开了选址与门店类型的相互约束，更是降低了开店成本，通过丰富的产品品种、生动的店内陈列、立体化的营销手段、细致的卖场服务，将一个全新的卖场展现给终端顾客。

改变模式后的1999年，大润发创下240亿元人民币的营收成绩，将万客隆挤下前三名的宝座。2008年，大润发营业收入335.46亿元人民币，年增长率31.04%；获利10.42亿元人民币，年增长38.9%。2009年，大润发营业收入404.3169亿元人民币，单店业绩3.36亿，较上年同期增长20.5%。2010年，大润发营业收入404亿元人民币，取代家乐福成为中国大陆零售百货业冠军。2011年7月27日，大润发与欧尚合并，在香港上市。拥有"大润发"和"欧尚"的高鑫零售，市场占有率超过沃尔玛，一跃成为国内最大零售商。2013年销售额达807亿元人民币，截至2014年7月，大润发在大陆地区已开出268家门店。

更重要的是，在大陆零售业竞争不断加剧的背景下，大润发创造了业界未关闭一家门店的奇迹，而且每一家都是很棒的企业，连全球最强大的零售巨头——沃尔玛在其面前都不得不甘拜下风。

大润发是如何从当初的一个旧厂房发展到连锁业巨头的呢？

★ 地址选择：没有关闭过一家门店

业内有句话，做好一家店，第一是选址，第二是选址，第三还是选址。可见选址对门店的销售额的作用至关重要。

大润发的选址理念是：谨慎选址，宁缺毋滥。"与其开得不好，还不如不开，我们在选址方面特别重视"，大润发董事长助理洪万康说。谨慎选址的另一层含义是，一旦地址选定，便坚持经营下去，不轻言放弃。

事实上，以沃尔玛、家乐福为代表的外资大卖场与物业主签订租赁协议的时候有一项"免责退出"条款，即无论租期多长，如果经营不善，商户可以提前几个月通知业主，选择适当的时间"全身而退"，但洪万康不赞同这种做法。他认为，可以对门店进行调整，但地址一旦选定，就要坚持开下去。

为了选址之前考察物业，大润发的总裁时常放下身段，亲自到实地调研。一个真实的例子是，为了东北某个门店选址，大润发的总裁曾经两度微服私访，详尽了解了当地的市场状况后才拍板定址。而这两次微服私访，直到大润发的总裁离开以后当地的员工才听说总裁来过。由此，大润发可以在网点刚刚确定之际就为这家新门店奠定非常好的利润基础——他们的租金总是业内最低水平，租期也是最长的，而且取得这种利润的成本是最低的。

"迄今为止，大润发没有关闭过一家门店。"洪万康说。

★ 比价策略：打造价格形象脱颖而出

在大润发北京民族园店店长办公室墙壁上挂着一张"特殊"的北京市地图，该地图详细地标记着北京各个居民区的人口数，以及周边其他超市的地理位置。这便是店长刘正诚的作战地图。

刘正诚手下有一支由六七人组成的"突击队"，他们主要负责调查周边竞争对手的商品价格和组合。刘正诚表示，"我们会抽出顾客日常需要的商品，在商圈周边的大卖场进行调查。根据调查的结果对我们的商品价格进行调整，确保要低于竞争对手。"

据了解，在大卖场数万种商品中有一些日用消费品(如洗衣粉、牛奶、鸡蛋等)被称为价格敏感商品。由于消费者对这些商品反复购买、使用，因此特别在意其零售价格。为了吸引消费者，大卖场对于此类商品低价甚至贴钱销售，从而给消费者造成物美价廉的印象。超市有意识地把此类商品的价格定得低一些，把从属的、消耗大的商品价格定得高一些。以低价诱导消费者购买主要商品后，继续大批量地购买消耗大的从属性商品和其他商品，从而保证整体利润。

这种价格形象策略被沃尔玛、家乐福等大卖场广泛使用，但大润发却能脱颖而出，超越对手。对此，桂碧园超市运营总监熊杰认为，大润发巧妙地避开了与家乐福、沃尔玛的正面竞争，选择用不同品牌的同类商品以更低的价格来打动消费者。以牛奶为例，家乐福、沃尔玛会使用伊利或蒙牛来做低价，但大润发可能会选择光明或其他品牌。前者每箱牛奶价格为 36 元左右，而大润发选择的其他品牌可能只需要 29 元。

★ 团队潜力：开一家店成功一家店

除了商品价格形象之外，大润发的内部机制使其每一家新门店都成为"历史上最好的门店"，从而创下了"开一家店成功一家店"的纪录。在大润发内部，有这样一个规定："每开一家新店都应成为大润发有史以来最好的门店，门店团队要达到 100 分。"

事实上，由于门店大小不一样，所处的商圈环境不同，如果单纯从销售额来考核，门店是否达到了 100 分，是无法统计的。

那么大润发的 100 分是什么含义呢？其真正的内涵是指这家店无论换了大润发的哪个团队来开，都很难比现在这个团队做得更好。这也就意味着，现在这个团队已经能够将大润发截至这家店开张前的所有的企业内沉淀下来的卖场经营智慧，都融入到这家新店的运作中去了。

为了确保这一点，大润发会派公司最有经验的店长去组建团队，这些店长带领的是非常有经验的处长、科长一起组队去开新店，这样就能够保证这家新店的运作水平一开始就处在一个很高的水平上。例如，大润发民族园店的店长刘正诚曾经在杭州的萧山店当过店长。

对此，上海益尚咨询总经理胡春才认为，这要归功于大润发良好的内部交流机制。胡春才对笔者表示，"大润发每次开店的商品组合方案、陈列方案和营促销方案都会在商品部与门店管理者之间进行充分的沟通，直到达成一致的共识后才会行动，其实这种沟通就是让商品部所追求的规模效应与门店所追求的灵活性之间达到合理的平衡。"

★ 来客数量：量化服务造就傲人业绩

"我最关心的是来客数。"作为北京的首家门店店长，刘正诚承认自己肩头压力巨大。然而，总部考核刘正诚的指标并非销售业绩，而是顾客服务。顾客服务量化之后的体现，就是来客数。

其实，刘正诚的算盘是这样打的：

$$销售额 = 客单价 \times 来客数$$

刘自信通过商品的陈列、动线设计、营销手段等可以提高客单价。只要改进来客数，他便有把握创造高额销售业绩。

因此，顾客服务是刘正诚时常挂在嘴边的。在大润发卖场门口，设有专门的迎宾员招呼消费者；刘正诚还要求卖场工作人员都要熟练掌握每一类商品摆放的位置，当消费者找不到需要购买的商品时，工作人员要把顾客带到该商品陈列的位置；此外，为了减少客人排队等待的时间，在一些零散的食品旁边，刘正诚安排人手帮客人打包、称重。

事实上，整个大润发都将顾客服务提高到了相当重要的位置。大润发在自己的门店设立饮水机，这在高端的百货店里面也是不多见的；与同类超市相比，大润发的免费购物班车也是数量最多的，服务台处印刷精美的乘车卡片上面印有大润发的班车路线；为了让卖场清洁后能立即干燥，以免消费者不小心滑倒，大润发配置了全自动的拖地机。据了解，一台这样的机器要数千元。

大润发的做法与日本伊藤洋华堂理念不谋而合，就是将来客数提升到甚至比销售、毛利率更重要的地位。这种做法看起来似乎毫不关心门店业绩，但实际的效果是极大提升了门店业绩，值得本土零售商借鉴。

资料来源：陈涛、方静. 大润发 中国超市之王崛起的四个秘密

http://scitech.people.com.cn/n/2014/1202/c1057-26128652.html

连锁企业门店是连锁经营企业的经营单位。作为一种组织形式和经营方式，连锁经营企业的规模效益、竞争优势是通过其下属的若干门店的有效营运实现的。连锁经营体系下的门店以总部为核心，组成统一、规范、标准化的经营网络，在市场竞争中形成规模化优势。一个连锁企业能否取得成功，与连锁门店的数量、营运质量密切相关。门店数量多，可以给连锁企业带来规模效益；门店营运质量高，则可以增强单店的赢利能力，进而提升连锁企业整体的赢利能力。可以说，连锁企业门店是连锁经营企业的经营细胞和利润源。

任务一　连锁企业门店的特征与类型

连锁企业门店以零售业居多，由于企业经营业态的不同，在经营方式上也表现出明显的多样性和差异化的特征。

一、连锁企业门店的功能与特征

1. 连锁企业门店的功能

连锁企业门店是连锁经营的基础，主要职责是按照总部的指示和服务规范要求，承担日常销售业务。门店在其总部的统一规划下，通过实施广泛布局、分散销售来实现规模效益。连锁企业门店的功能集中体现在门店运用统一规划的外观设计、招牌及橱窗设计、内貌设计和商品组合、规范化服务等具体手段，起到吸引顾客的作用。其具体体现在下述几个方面：

(1) 门店外观的吸引力。

门店的外观要素包括店面设计、招牌设计、橱窗设计、出入口设计和停车场设计等。门店的外观会给顾客留下第一印象，这一印象往往是决定顾客能否驻步停留，并进店参观购物的关键所在。

(2) 内貌环境的刺激力。

卖场环境直接影响到顾客的购买情绪，幽雅、舒适的环境可以激活顾客的兴奋点，使顾客把购物当成一大乐趣。门店可以通过科学的卖场布局、商品陈列、灯光照明、色彩表现等设计营造出良好的卖场气氛，顾客在这种温馨的环境下会产生自我发现、自我实现的购物心情。

(3) 店内商品的影响力。

琳琅满目的商品陈列、品类齐全的商品组合，能满足顾客的需要；自由选择、购买方便的服务方式会使顾客有一种自得其乐的感觉；商品价格档次适度，会更贴近大多数人的购买能力和消费水平。顾客在轻松、愉悦、休闲和享受的心情下选购自己心中满意的商品，会使购物成为一种乐趣。

(4) 服务的表现力。

门店的服务对象是消费者，在人格上经营者和消费者是平等的，开店经营的目的是赚取商业利润，而表现方式是为顾客服务。营业人员表现出来的优质服务会使顾客感到人格上受到尊重，营业人员的真诚服务、热情接待会使顾客体验到购物中的愉悦与满足感。

图 1-1 展示的是营业人员的微笑服务。

图 1-1　微笑服务

2. 连锁企业门店的特征

(1) 数量众多，规模经营。

连锁企业门店是连锁经营企业的门市，是企业有计划地设立在不同地区或地点的分散的经营网点。连锁经营企业将这些门店以一定的形式组成一个联合体，少则十几家，多则几千家，通过统一化、专业化、规范化及标准化的运营管理实现规模化经营。

(2) 店名、店貌、服务标准化。

连锁企业门店在店名、店貌方面实行统一规划，在服务上推行标准化。连锁经营企业下属的所有门店都使用统一的店名、店貌和标志，并为顾客提供标准化的商品和服务。

(3) 统一分销。

连锁企业门店是在其总部的统一管理下分销商品，将采购、配送等业务集中于总部，从而使连锁企业门店实现简单化经营。

(4) 经营方式多样。

不同的连锁企业门店的经营方式有明显不同，如百货商店、专业店采取柜台销售和开架面售相结合的方式，超市、便利店采取顾客自助服务和统一结算方式，购物中心则采取各经销店独立开展经营活动等。

(5) 经营规模各异。

连锁企业门店的经营规模不尽相同，小到不足百平方米，大到几万平方米。有的便利店的经营规模仅仅几十平方米，而大型百货商场、大型超级市场的经营规模大多在数万平方米。

二、连锁企业门店的业态类型

连锁企业门店的业态类型是由企业经营战略和目标市场定位决定的。所谓(零售)业态，是指零售企业为满足不同的消费需求进行相应的要素组合而形成的不同经营形态。零售业态按门店的结构特点，根据其经营方式、商品结构、服务功能，以及选址、商圈、规模、店堂设施、目标顾客进行分类。目前，在连锁经营企业所开设的零售门店中主要有便利店、折扣店、超市、大型超市、仓储式商店、百货店、专业店等业态。表 1-1 是零售业态的主要类型及特点。

表 1-1　零售业态的基本类型及特点比较

序号	业态	选址	商圈与目标顾客	规模	商品买卖方式	服务功能	管理信息化程度
1	食杂店	位于居民区内或传统商业区内	辐射半径为 0.3 km，目标顾客以相对固定的居民为主	营业面积一般在 100 m^2 以内	柜台式和自选式相结合	营业时间为 12 h 以上	初级或不设立
2	便利店	商业中心区、交通要道以及车站、医院、学校、娱乐场所、办公楼、加油站等公共活动区	商圈范围小，顾客步行 5 min 内到达，目标顾客主要为单身、年轻人。顾客的购买多为有目的的行为	营业面积为 100 m^2 左右，利用率高	以开架自选为主，结算在收银处统一进行	营业时间为 16 h 以上，提供即时性食品的辅助设施，开设多项服务项目	较高
3	折扣店	居民区、交通要道等租金相对便宜的地区	辐射半径为 2 km 左右，目标顾客主要为商圈内的居民	营业面积为 300～500 m^2	开架自选，统一结算	用工精简，为顾客提供有限的服务	一般
4	超市	市、区商业中心、居住区	辐射半径 2 km 左右，目标顾客以居民为主	营业面积在 6000 m^2 以下	自选销售，出入口分设，在收银台统一结算	营业时间为 12 h 以上	较高
5	大型超市	市、区商业中心、城郊结合部、交通要道及大型居住区	辐射半径在 2 km 以上，目标顾客以居民、流动顾客为主	实际营业面积为 6000 m^2 以上	自选销售，出入口分设，在收银台统一结算	设有不低于营业面积 40% 的停车场	较高
6	仓储式会员店	城乡结合部的交通要道	辐射半径在 5 km 以上，目标顾客以中小零售店、餐饮店、集团购买和流动顾客为主	营业面积在 6000 m^2 以上	自选销售，出入口分设，在收银台统一结算	设有相当于营业面积的停车场	程度较高并对顾客实行会员制管理
7	百货店	市、区级商业中心、历史形成的商业集聚地	目标顾客以追求时尚和品味的流动顾客为主	营业面积在 6000～20000 m^2	采取柜台销售和开架面售相结合的方式	注重服务，设餐饮、娱乐等服务项目和设施	较高

续表

序号	业态	选址	商圈与目标顾客	规模	商品买卖方式	服务功能	管理信息化程度
8	专业店	市、区级商业中心以及百货店、购物中心内	目标顾客以有目的选购某类商品的流动顾客为主	根据商品特点而定	采取柜台销售或开架面售方式	从业人员具有丰富的专业知识	较高
9	专卖店	市、区级商业中心、专业街以及百货店、购物中心内	目标顾客以中高档消费者和追求时尚的年轻人为主	根据商品特点而定	采取柜台销售或开架面售方式,商店陈列、照明、包装、广告讲究	注重品牌声誉,从业人员具备丰富的专业知识,提供专业性服务	一般
10	家居建材商店	城乡结合部、交通要道或消费者自有房产比较高的地区	目标顾客以拥有自有房产的顾客为主	营业面积在6000 m² 以上	采取开架自选方式	提供一站式购物和一条龙服务,停车位在300个以上	较高
11	购物中心 社区购物中心	市、区级商业中心	商圈半径为5～10 km	各个租赁店独立开展经营活动	各个租赁店独立开展经营活动	停车位在300～500个	各个租赁店使用各自的信息系统
	市区购物中心	市级商业中心	商圈半径为10～20 km	各个租赁店独立开展经营活动	各个租赁店独立开展经营活动	停车位在500个以上	各个租赁店使用各自的信息系统
	城郊购物中心	城乡结合部的交通要道	商圈半径为30～50 km	各个租赁店独立开展经营活动	各个租赁店独立开展经营活动	停车位在1000个以上	各个租赁店使用各自的信息系统
12	厂家直销中心	一般远离市区	目标顾客多为重视品牌的有目的的购买	单个建筑面积为100～200 m²	采用自选式售货方式	多家店共有500个以上停车位	各个租赁店使用各自的信息系统

资料来源:魏小英:连锁企业门店营运管理,北京理工大学出版社,2013 年版。本书作者对上表部分内容进行了修改。

任务二 连锁企业门店营运管理的意义和内容

一、连锁企业门店营运管理的意义

连锁企业门店营运管理是指连锁经营企业属下的所有门店，按照总部所制定的经营战略和规划，对日常作业进行组织、控制的管理过程，主要包括对人员、商品、资金、销售、设备设施、营业现场等要素的管理。

连锁经营企业采用的是连锁经营方式，通过众多分散经营网点的门店布局，组成具有标准化和联合化的连锁经营组织体，从而保证连锁经营企业规模效益的实现。因此，对于整个企业来讲，连锁企业门店营运管理具有十分重要的意义，主要表现在下述几个方面：

1. 有利于连锁经营企业经营目标的实现

连锁经营企业通过分布广泛、分散销售的门店，将总体经营计划分解成若干个门店具体的计划，各个门店按照总部的统一部署，做好日常作业化管理，从而可以保证企业整体经营目标的实现。

2. 有利于门店规划设计的统一

门店通过实施统一的店名、统一的标志、统一的店面、统一的店貌、统一的卖场设计、统一的商品陈列、统一的设施设备、统一的服务规程和统一的操作规范，能够建立良好的企业形象，获得良好的社会影响力、顾客吸引力。

3. 有利于实现门店营运管理标准的统一

门店通过实施总部所制定的统一的标准化营运管理，可有效地规范服务人员的行为、规范服务流程、规范门店营销方式等。

4. 有利于规避投资和经营风险

门店通过实施品牌战略，共享企业品牌资源优势，利用统一形象识别系统的影响作用，达到使消费者认可的目的，从而有效地规避单体店投资和经营的风险。

5. 有利于实现企业最佳劳动效率

连锁经营企业下的门店是销售单位，只承担商品销售的单一职能。这样就可以真正实现门店营运上的专业化分工、简单化运作，从而达到销售业绩最高化、利润最大化，有效地降低经营成本。

二、连锁企业门店营运管理的主要内容

连锁企业门店营运管理是一个综合性、系统性的管理过程，其中包括对人、财、物等要素的日常作业的组织与控制，主要内容包括：

1. 门店的开发与规划

连锁经营企业的门店在建立之前需要进行商圈调查分析、店址选择、门店规模确定、商品经营定位及开店前的准备等工作。门店的开发规划应该说是门店营运管理的首要内容，是门店经营的先决条件。科学的门店开发与规划是门店经营成功的一半。为此，在进行门店营运管理过程中要做好前期的开发与规划工作。

2. 门店内外环境设计与商品陈列管理

门店是连锁经营企业的经营场所。为了增加门店对顾客的吸引力，外貌设计、店内设计以及商品陈列尤为重要。在门店管理中要根据不同经营类型门店的特点做好精心设计与布置，达到刺激顾客购买、扩大销售的目的。

3. 门店工作人员作业化管理

人员作业化管理是门店营运管理的重要内容之一，主要包括门店店长、收银员、理货员、营业员、防损员及其他相关工作人员的职责要求、作业规范、工作能力、职业素质的培养等。工作人员作业管理是门店营运管理的核心，在日常管理过程中应严格遵守企业的制度、规范和标准。

4. 门店现场服务管理

现场服务管理是连锁企业门店营运管理的又一重要内容。现场管理包括营业员、收银员、理货员及其他服务人员的服务规范、工作流程，以及如何避免服务作业中的矛盾纠纷和顾客投诉。此项管理工作直接关系到企业形象的塑造和社会声誉。

图 1-2 所示为超市收银员工作的场景。

图 1-2　收银员

5. 门店商品销售管理

商品销售是门店经营的中心环节，销售管理的好坏直接影响门店的销售业绩和顾客满意度。因此，应做好门店的商品管理工作，包括商品的组合分类、商品促销策划及实施好商品的促销策略。

 阅读链接 1-1　提升门店销售业绩的三个指标15个招式

左右门店销售业绩有三个指标，即进店率、成交率、客单价。

把这3招拆分成提高进店率的7大招式：门头宽度、门头装饰、橱窗设计、橱窗位置、售前服务、VIP服务及广告。

提高成交率的4大招式：陈列展示、销售技巧、抓住顾客需求的专业技巧和激励政策。

提高客单价的4大招式：组合搭配、组合陈列、附加推销技术及附加推销激励政策。

我们把这15大招式的每一个都尽全力去优化，并在门店营业过程中形成标准，这就是门店提升业绩的赢利系统。

6. 门店现场设备的养护与维修管理

商业企业经营离不开设备与设施。为了确保门店经营活动的顺利开展，设备与设施的安全完好非常重要。因此，门店在经营过程中要做好设备与设施的日常养护和维修工作，建立严格的规章制度，依靠严格的管理规定，确保设施与设备的正常运行。

7. 门店现场安全管理

连锁企业门店作为社会服务的窗口、企业经营的场所、顾客参观购物的地点，安全问题十分重要。因此，必须加强日常营业现场的管理。门店现场安全管理的主要内容包括人员安全、商品安全、设备与设施安全等。因此，要严格遵守企业的安全管理制度，做好日常防火、防盗等工作，为顾客提供安全、幽雅、舒适的购物环境。

任务三　连锁企业门店营运管理的标准

连锁企业门店营运与管理是一个作业化管理过程。门店在日常作业化管理过程中，必须全面贯彻连锁经营企业总部所制定的管理标准，通过管理标准实现连锁经营的统一化、高效率运作。

一、制定门店营运管理标准的程序

制定门店营运管理标准的目的就是规范每个门店、每个业务环节、每项作业活动及每个工作人员的作业工作，使总部与门店实现决策与作业、制定标准与执行标准的分工。门店通过执行贯彻总部设计制定的作业标准来完成作业工作，最终实现连锁经营企业整体经营目标。同时，根据工作量大小安排具体人员的调配，从而有效地发挥每一个员工的效能和工作潜力，提高劳动生产率，充分体现严格科学的管理标准所带来的少投入、多产出的经济效益。

1. 确定作业的对象分工

能否确定作业的对象分工，通常是比较关键的工作。具体作业分工包括将何种工作、多少工作量、在什么时间内安排给何人承担。因为门店作业繁多，通常连锁企业门店作业管理的重点是店长作业管理、收银员作业管理、理货员作业管理、进收货作业管理、商品盘点作业管理和顾客投诉意见处理等，这些作业过程和管理质量的高低将会直接影响每一家门店的经营状况。作业管理要比岗位管理要求更高，它既体现了岗位工作的技术性要求，又能更具体、更细化地考核岗位工作的质量高低。因此，只有通过合理的分工，才能将这些工作具体落实下来，确保门店发挥正常的营运水平。

2. 确立标准化作业的程序

连锁企业往往是劳动力密集型企业，门店作业人员流动率较高，如何区分作业内容管理，使门店作业不重复，并且能让新员工在最短时间内交接每一工作环节，这些都十分重要。因此，必须全面分析不同的作业的情况，如收银员、理货员、店长、盘点人员等的工作情况，消除多余的、不必要的动作、环节和行动，合并重复环节，合理安排具体的作业顺序，使有关作业情况尽量简化，以提高效率、降低成本。标准化作业程序在明确分工、出勤计划的基础上，通过具体操作表来明确这项工作的具体操作规则。例如，理货员进行货架商品的补货，就包含了定时补货与不定时补货的具体时间、操作程序，以及相应时间内应达到的工作量等，通过这些具体作业的落实来保证门店的正常营运和管理。

3. 记录作业情况

门店应当对作业分工与标准化作业程序进行全面、准确的记录。若门店欲维持正常的营运，就必须有效地掌握标准化作业的各项外在与内在影响因素，一定要确实根据每日的营运状况，对不同岗位的工作运行情况一一加以记录。因此，标准化作业程序试运行的数据或报表均为十分有价值的参考资料，如营业实绩的统计、不同作业分工的实施情况与效果等。建立这些资料体系便于总部进行比较分析，进而灵活地加以运用，最终使门店营运和管理标准健全化。

4. 作业标准的制定

标准化是连锁店成功经营的基础。通过数据采集与定性分析、现场作业研究，制定出既简便可行，又节省时间、金钱的标准化作业规范。科学化管理标准的制定是一项长期的艰苦工作。要使连锁企业的规模发展既快速又健康，就一定要有科学的管理标准。所谓标准的科学性具有两层含义：一是指具有一定的先进性；二是指客观的实际性。

二、门店执行总部标准的主要控制内容

1. 服务质量控制

连锁企业门店的服务质量直接关系到连锁企业的信誉和市场影响力。其控制的手段有两个方面：第一，增强服务意识，进行教育与培训，必须认识到教育是控制服务质量的重要手段；第二，实行明查和暗查相结合的控制方法。通过严格的服务质量控制，提高门店的竞争力。

2. 卖场布局与商品陈列控制

连锁企业门店的卖场布局与商品陈列是根据总部的商品布局图与配置表来实施的，其中反映了连锁企业的商品经营策略思想与营业目标。如果总部所确定的商品布局与陈列门店做了很大的变动，就无法实现连锁企业统一的营业目标。要把控制门店商品布局与陈列同实现总部营业目标联系起来，一般可以从以下两个方面加强控制：

(1) 商品位置控制。在门店检验时，根据各类商品的布局位置图，核对位置是否变化。一般来说，尤其要注意特别展示区、端架上的商品是否已做了位移，大多数这类位移都是供应商"公关"的结果。

(2) 商品陈列控制。根据商品配置表能容易地发现商品陈列的改动，其重点是商品陈列的排面数是否发生了变化。排面数实际上确定了商品的最高陈列量和出样面，低于规定的排面数因为缺乏表现力会影响到该商品的销售，而高于规定的排面数更应核查是否又是供应商"公关"的结果。另外，还要注意商品货架陈列位置是否发生了变化；位置发生变化可能会有两种情况，或是在同一层板中向左或向右作了移动，抑或是在不同层板中向下或向上作了变动。

3. 商品控制

一般来说，商品控制主要是指对商品缺货率的控制。对于还没有采用自动配货的连锁企业来说，总部会强调主力商品的订货数量，这是为了防止门店发生主力商品缺货。商品缺货率控制在什么比例上，各连锁企业可自定，一般确定为 2% 是恰当的。缺货率控制的一个重要手段，是发生缺货断档时一律不允许用其他商品来填补，宁可让其开"天窗"，以便分析原因和追查责任。

4. 单据控制

门店每天都可能有大量的商品送到，不管是配送中心或供应商送来的货都必须有送货

单据。要严格控制单据的验收程序、标准、责任人、保管及走单期限等。单据的控制是为了控制违规性签单、违规性保管、违规性走单，保证货单一致，保证核算的准确性和供应商利益，同时也控制门店的舞弊现象。

5. 商品盘点控制

盘点是最后检查连锁企业门店经营成果的控制手段。关于盘点控制的手段包括：

(1) 盘点前的准备控制。检查盘点前的准备是否充分，但要防止在盘点开始的前几天，普遍发生的门店向配送中心要货量较大幅度下降的状况，这种要货量下降一般可影响门店销售量的 10%～30%。

(2) 盘点作业程序控制。检查盘点作业程序是否符合标准，是否实行了交叉盘点和复盘制度。

(3) 抽查控制。实行总部对门店的临时性不加通知的抽查制度，有条件的连锁企业可以成立专业的盘点队伍，专职进行门店盘点和抽查工作，以确保盘查的真实性和准确性。

图 1-3 所示为超市工作人员进行货架商品盘点。

图 1-3　货架商品盘点

6. 缺损率控制

缺损率是失窃率和损耗率的统称，缺损率失去控制就会直接减少门店的盈利率水平。目前，国内大部分连锁超市实行缺损率承包责任制的方法，落实到人。这种方法虽然很有效，但要注意其负面影响，今后的方向是在加强责任制的同时，还要注重设备的保养和先进技术的应用。缺损率一般控制在 5‰ 是恰当的。

7. 经营业绩控制

对门店经营业绩的控制主要是按完成目标销售额的情况，采取月销售额应含工资与奖金的方法来控制。这个方法控制要注意以下两点：

（1）目标的科学性。月销售额目标要根据不同类型门店的实际情况来加以确定的，体现目标的科学性。

（2）目标含义的明确性。要明确月销售额目标的确切含义：一是销售额；二是去掉门店费用的准利润；三是去掉门店费用和总部摊销费用的净利润。

实际上，每一个目标都可以作为考核的指标，连锁企业可将这些指标综合起来考核，或者根据自己的实际情况和业态模式的特征来确定。

任务四 有效营运与提高门店赢利能力

大多数的情况下，我们都简单地将门店的销售额等同为客单数乘以客单价，在实际的操作中也会重视从客单数和客单价上提高门店的销售额。殊不知在重视这两点的同时，我们也忽视了很多对于提高门店的赢利能力有帮助的控制点。

首先，我们看看门店利润的几种不同的计算公式：

（1）利润＝客单价×客单数×平均毛利率－经营费用

（2）利润＝坪效×坪数×平均毛利率－经营费用

（3）利润＝人效×人数×平均毛利率－经营费用

（4）利润＝时效×时间量×平均毛利率－经营费用

（5）利润＝单品销售额×单品数×平均毛利率－经营费用

上面的公式中，公式（1）是我们最熟悉和被普遍运用的，其他的几个公式一般都不怎么重视。然而，在实际的门店运营中合理、全面地控制门店的赢利点，对于利润能力的提高是极为重要的。从上面的公式中我们可以看到除了客单价、客单数等经常提到的控制点外，还有平均毛利率、经营费用、坪效、坪数、人效、人数、时效、时间量、单品平均销售额、单品数等众多不被重视的控制点。

一、利润 = 客单价 × 客单数 × 平均毛利率 – 经营费用

本公式中对于利润有 4 个控制点：客单价、客单数、平均毛利率及经营费用。

1. 客单价

客单价这个控制点可以简化地理解为如何让顾客一次性购买更高金额的商品。

客单价 = 顾客购买商品数 × 平均商品价格

从这个公式中我们可以很容易地发现提高客单价的出发点有两个方面：

（1）包括舒适的购物道具、卖场环境和服务。

(2) 关联销售，贵重、高价值商品的专业化营销，超前或完善的售后服务等。当然团购和批发也是提高客单价的不错途径。

2. 客单数

客单数指有效的客流数，即来卖场后买单的客流数，我们可以从两个方面来考虑，即如何吸引顾客前来卖场和如何使更多的来到卖场的客人成为有效的客流。

(1) 吸引更多的顾客前来卖场的方式包括：吸引人的促销活动、有特色的卖场经营、良好的服务和购物环境等。

(2) 使更多的来到卖场的客人成为有效的客流的方式包括：良好的动线设计、商品布局、商品陈列、商品价格和特色等。

3. 平均毛利率

$$平均毛利率 = \frac{毛利额}{销售额}$$

从这个公式来看提高毛利率可以从提高总毛利额和降低总销售额考虑。有人会认为要降低销售额与我们的目标是相违背的，的确是这样，因为对于经营来说我们更重视毛利额，我们的最终目的是赢利，可以将公式变化成一个对我们有利的形式：

$$毛利额 = 销售额 \times 平均毛利 = 单品平均销售额 \times 单品数 \times 平均毛利率$$

要提高毛利额我们必须从销售额和平均毛利率上全面提高。如何提高毛利率呢？这就需要我们的管理人员能够了解商品 A、B、C、D 等级的分类，能够平衡高毛利商品和畅销商品的关系，能够用畅销商品带动高毛利商品的销售，在同等畅销的情况下主推高毛利的商品，在不影响畅销商品销售的情况下主推高毛利商品。

另外，从公式中我们也能看到，

$$销售额 = 单品平均销售额 \times 单品数$$

所以有效的商品数和商品的平均销售额也是需要我们关注的问题，这将在后面具体提到。

4. 经营费用

经营费用是一个防守的控制点，通过对它的控制我们能够降低我们的投入，但却不能从积极的方面促进我们最终目的盈利的提高，并且他的控制力是有限度的。经营费用包括可控的经营费用和不可控的经营费用。

可控的经营费用包括人工成本、存货损耗、水电暖、耗用品、修理费、营销费用、运输费、通讯费、环境费及其他可控费用等。对于可控费用我们要坚持通过合理的控制(包括运用新的技术和设备)用最低的投入产出最大的效益。不可控的经营费用包括租金支出、折旧及摊销等。对于不可控费用在未形成和定义之前要根据实际的经营情况合理配置，在已形成和定义之后如果有空闲的资源要积极地转嫁出去，如再出租和出售等。

二、利润 = 坪效 × 坪数 × 平均毛利率 – 经营费用

本公式对于利润有 4 个控制点：坪效、坪数、平均毛利率和经营费用。由于平均毛利率和经营费用在前面已经有了分析，所以在此不再赘述。

坪效即每平方米面积上产生的销售额。在现实的工作中，我们经常定义如下：

$$坪效 = \frac{销售额}{坪数}$$

把坪效定义为被动的量，这是不对的。如果我们把公式变换成如下形式：

$$销售额 = 坪效 × 坪数$$

这对于我们的工作更加有意义，这样坪效就变成了一个积极的量。

特定面积上经营的商品项目和具体的商品(包括本区域的气氛布置、商品布局、动线等)是影响坪效的主要因素。对于我们的卖场来说每一寸位置都是需要付租金的，并且租金相同，如何及时发现并整改产出过低或不合理的区域是管理人员提高门店盈利能力的一个重要控制点。

一般来说，坪数是事先已经给定的量，是不能更改的。但是，我们也知道在已给定的面积内有些地方是能够产生出利润，而有些地方是不能产生利润的。也就是对于利润来说有些面积是有效的，而有些面积又是无效的，这就涉及了一个"有效坪数"的定义。对于管理人员来说如何减少无效坪数，使无效坪数转变为有效坪数也是提高门店赢利能力的一个控制点。

三、利润 = 人效 × 人数 × 平均毛利率 – 经营费用

本公式对于利润有 4 个控制点：人效、人数、平均毛利及经营费用。下面介绍人效与人数。

(1) 人效。人效与坪效一样，常常被定义为

$$人效 = \frac{销售额}{人数}$$

即也被定义为一个被动的量，这是不对的，将公式变化成如下形式：

$$销售额 = 人效 × 人数$$

从而使人效成为一个积极的量，对于管理者的工作更加有意义。

对于零售业的工作来说，每日的工作量大体是相同的，也是有规律的。在符合劳动政策的情况下，用更少的人员完成所有的工作是提高人效的方法，当然要达到使用更少人员是与员工素质(包括心态、品质、技能等)和管理人员的管理技能(合理地分配工作、员工排

班、员工激励等)息息相关的。

(2) 人数。人数是根据岗位的需求设置的,一般也是一个定量,但如果这个定量不合理,是可以更改这个人为的定量的。影响人数的因素有人效、流程、岗位设定等,在任何合乎法律规定的情况下人员的变化能够带来利润的增加,对于公司的运作来说,都是合理的。

"隐性人数",是一个值得关注的问题。在卖场中由生产商或经销商提供的促销员不涉及公式中人数和经营费用的变化,却可以极大地提高人效,对于"隐性人数"的控制应该引起所有管理人员的关注。

四、利润 = 时效 × 时间量 × 平均毛利率 − 经营费用

本公式对于利润有 4 个控制点:时效、时间量、平均毛利及经营费用。

(1) 时效。通常人们所了解的时效是一个平均的量。

$$时效 = \frac{销售额}{时间量}$$

这种对时效的理解淡化了不同时间段时效高低的区别,容易被管理人员忽视。往往管理人员大体都能知道一天的客流高峰期和低峰期,却只认为这是规律,没有想过去改变这种情况。如果门店能在时效的低峰期,采取适当的方式,如针对该时段的促销活动和商业推广等,将会使低峰期的时效得到一定程度的提高,正如现在正在被广泛运用的"淡季促销"。

(2) 时间量。从公式来看,随着时间量的增加,销售额是有增加的,但是时间量的增加也会带来经营费用的增加。另外,还存在的问题是能够增加的时间量都是时效较低的时间段,所以是否增加时间量必须考虑其所带来的毛利增加是否能抵消经营费用的增加。

与此相同的问题是对于时效较低的时间段(初始营业和即将停业的时间段)能否减去不营业,也要看该时间段的利润情况。目前业内就存在上午不营业的门店。

五、利润 = 单品平均销售额 × 单品数 × 平均毛利率 − 经营费用

本公式对于利润有 4 个控制点:单品平均销售额、单品数、平均毛利及经营费用。

(1) 单品平均销售额。商品的陈列对于商品的销售是至关重要的,同一商品陈列在不同的位置其销售额可能有天壤之别,但是由于地域性和消费者消费能力的不同商品和商品之间的确存在某些差别,会分别出个 A、B、C、D 等级。作为管理人员毫无疑问应该了解这些差别,并合理陈列。但更重要的是能够发现被埋没了销售潜能的商品,采取适当的措施发挥其潜能,并能让 C、D 类商品合理地享有基本的权利,让 A、B 类商品带动 C、D 类商品的销售。总的来说,就是让所有的商品发挥其应有的销售能力。

(2) 单品数。这里谈到的单品数也是一个有效的量,因为产生不了销售的单品对于卖

场经营的影响反而是负面的，从另一个方面来看，有效的单品数越多整个卖场产生的利润越大，所以及时、有效地引进新品也可在一定程度上提高卖场的利润。

◇ **案例精讲**　　　　屈臣氏——标准化管理的魔力

屈臣氏多年来对中国内地零售市场的深入研究和钻研，总结出品牌发展最适宜的定位和发展策略。在经营摸索中，屈臣氏制定了一套完善的标准化执行方案，并依靠这套标准化管理方案快速拷贝。

屈臣氏个人护理用品商店自 1989 年第一间店在香港诞生以来，目前在门店装饰方面已经发展到了第五代执行标准，然而无论你到了任何地区的任何家分店，除了门店经营面积的大小与形状差异，你都很难发现其他方面的变化，门店门面、墙壁的颜色、门店布局、员工的服装都一模一样，所有的门店在进行同样的促销活动。

★ 标准一：门店的标准化

为统一卖场形象，为了所有员工能熟练掌握并执行统一标准，屈臣氏制定了《发现式陈列手册》。"发现式陈列"的精髓是："在合适的时间、提供合适的商品、以合适的价格、陈列合适的数量于合适的地方"。其陈列标准有：

(1) 屈臣氏门店主要有三种"购物体验"：美态(专柜、非开架陈列、护肤品及饰品)，欢乐(护发、沐浴、口腔、男士用品、纸制品、小工具、小食品)和健康(药房、卫生用品)。在布局中以上产品需要共同陈列，也就是说，不可分开陈列。例如，口腔护理用品不脱离日用品陈列，护肤品不脱离化妆品陈列。

(2) 化妆品作为主要大类应陈列于各门店前部。

(3) 药房及日用品作为"目标购物"部门，可陈列于各门店的后部。

(4) 化妆品和护肤品作为提供近似购物体验的部门，临近陈列在一起，而药房作为一个整体部门，在陈列上就显得灵活了很多。

(5) 婴儿用品作为药品和日用品的"桥梁"部门，陈列于两者之间或者临近两者之一。最理想的是如果布局允许，陈列于药房的一侧。

(6) 食品部门总是陈列于收银台旁边。

(7) 杂样产品规划为"欢乐"部门之一，主要陈列于高客流的位置——通常紧邻主通道或收银台。

(8) 愉快购物体验放在第一位，将所有的相关产品共同陈列，最大限度地利用每一米货架(促销商品)。

(9) 在门店醒目位置陈列"推动走廊"，突出最佳促销堆头。

(10) 收银台放在门店的中部，收银台与药房一般是分开的。

★ 标准二：服务的标准化

屈臣氏相当重视顾客服务，这也是让屈臣氏在顾客满意度及忠诚度方面能得到很好的表现，在顾客服务方面，屈臣氏不停地去研究顾客的需求，以得出有效而又能让员工能熟记并方便执行的方案。屈臣氏提出的简单而又有效的顾客服务标准有：

(1) 欢迎光临！有什么可以帮到您！所有员工必须对来店的顾客打招呼；微笑！眼神接触！屈臣氏的管理层注意到，在跟顾客打招呼时一要微笑，二要眼神接触。只有眼神接触的招呼才是有效的，才是让顾客感觉有诚意的。

(2) 递购物篮！当发现顾客手中的物品超过两件时，第一时间问顾客是否需要购物篮，当发现顾客提满一篮商品，帮忙拿到收银台，这一切在日常服务要求中不停地强调、不停地执行，让顾客时时感受到被关心、被重视。

(3) 收银服务！收银服务是屈臣氏非常关注的一项服务。屈臣氏发现，顾客由于各种原因，在购物的时候最怕的是排队付款，所以屈臣氏要求，在收银台前一般不能有超过 5 个顾客排队买单。如果出现这种情况，必须马上呼叫其他员工帮忙，在得到帮忙需求时无论员工在忙什么，都会第一时间赶到收银台，解决收银排队问题。

(4) 还有一项特别的要求就是当顾客咨询药剂师，药剂师一定要以"我是屈臣氏专业药剂师，有什么可以帮到您"表明自己专业身份。

(5) 收银员推销促销商品及换购商品。当顾客在付款的时候，收银员会在适当的时候向顾客推介优惠的促销商品。

(6) 欢迎再次光临！在顾客离开门店时，无论是哪个员工，都会打声招呼：欢迎再次光临。

在屈臣氏的仪容仪表、迎客、回答顾客、解答顾客、卖场服务、收银服务及送客服务等方面的口语、身体语言及避免出现的问题都有非常详细的标准。例如：

- 胸牌的"鱼眼扣"高低位置要求处于衬衣第三个纽扣位，胸牌绳带必须放于衣领下；
- 女同事必须化淡妆，涂有色唇膏，画淡色眼影；
- 女同事只可佩戴手表 1 只，手链或手镯 1 个，耳环、项链需简洁、小巧；
- 营业员指引顾客的手势要单手掌心向下，五指并拢往前，以邀请的手势指引等；
- 给顾客递购物篮的动作要领是一只手执篮耳，另一只手托篮底，将购物篮抵给顾客；
- 收银员要与顾客保持友善的眼神接触。

★ 标准三：管理的标准化

在屈臣氏个人护理用品商店，为了保障所有流程的标准化执行，规定了一系列非常完善的标准化制度，这在日常管理中起着非常重要的作用。这些标准化制度包括：收银程序标准化，现金管理标准化，物流管理标准化，门店操作流程标准化，门店保安安全标准化，办公室管理标准化。

★ 标准四：异常处理的标准化

屈臣氏认为，异常事故更需要有执行标准，任何公司在长期发展中都不是一帆风顺的，屈臣氏也同样会遇到各种各样的困难。面对困难，屈臣氏总是利用丰富的经验处理各种问题，屈臣氏居安思危，制定出更加行之有效的管理方法。

资料来源：陆影。连锁门店营运与管理实务，东北财经大学出版社，2009 年版。

案例解析：

屈臣氏将企业的业务流程和岗位人员的作业流程都进行规范。通过门店的标准化、服务的标准化、管理的标准化和异常处理的标准化等，屈臣氏个人用品商店的成功模式得以快速复制。其实，很多企业都具备各自的管理制度与标准流程，然而执行结果也许却无法达到这种效果，甚至各自为政。屈臣氏为了保障标准制度的实施和有效执行，采用培训引导、管理监督及考核奖励等方式来保证贯彻执行，其企业文化是非常值得去研究的。

◆ 本 章 小 结

门店是连锁企业的基础，门店营运管理的成败直接影响着连锁经营企业总部经营目标和经营计划的实现。因此，在门店日常作业化管理过程中，要根据不同类型门店的经营定位，遵循门店管理标准，依照作业化管理程序对管理要素做好组织与控制。

★ **主要知识点**

连锁门店　门店营运管理　提高门店赢利能力的控制点

◆ 基 础 训 练

一、选择题

1. 根据公式"利润 = 坪效 × 坪数 × 平均毛利率 – 经营费用"，连锁门店对于利润的控制点有(　　)。

A. 坪效　　　　　　　　　　B. 进店率

C. 平均毛利率　　　　　　　D. 经营费用

E. 门店面积

2. 连锁企业的门店作为一个企业资源的基层组织者，组织主要的资源有(　　)。

A. 商品资源　　　　　　　　B. 资金资源

C. 人力资源　　　　　　　　D. 货架资源

3. 下列选项属于门店经营管理的内容的有(　　)。

A. 导购　　　　　　　　　　　B. 客服
C. 收银　　　　　　　　　　　D. 换货

二、判断题

1. 一个连锁企业能否取得成功，与连锁门店的数量、营运质量密切相关。（　　　　）

2. 门店在日常作业化管理过程中，必须全面贯彻连锁经营企业总部所制定的管理标准，通过管理标准实现连锁经营的统一化、高效率运作。（　　　　）

3. 连锁经营企业只要做好自身的评估就可以规避经营中的风险。（　　　　）

4. 能否实现 $1+1>2$ 的规模经济效益是检验连锁企业成败的重要标准。（　　　　）

5. 零售业态的各种类型存在于我国的每个城市。（　　　　）

三、简答题

1. 简述连锁企业门店的功能、特征及类型。

2. 简述连锁企业门店营运管理的程序及其标准。

3. 简述连锁企业门店赢利能力提高的控制点。

◆ 实 训 项 目

(一) 实训任务

项目一：比较连锁大型超级市场与连锁便利店门店的经营定位。

项目二：某一大型连锁超市要在某市开设一家门店，请你们为其进行市场调研策划并制定实施方案。需要用问卷调查法获取以下信息：

(1) 该市零售业的发展历史或演变过程。

(2) 该市零售业的业态和业种。

(3) 该市零售业的发展的影响因素及发展趋势。

(4) 消费者对超市经营商品及服务的要求。

(5) 目前该市消费者的收入及消费水平。

(6) 不同超市企业之间主要的竞争策略或经营策略。

(7) 消费者的品牌意识及其他影响因素。

授课教师、班干部或实习指导老师要做好与校外实习基地的联系。

(二) 实训报告及测评

实训报告的主要内容为：实训项目、实训目的与要求、实训环境、实训步骤与内容、实训小结。在实训小结中可以总结本次实训的心得，如实训步骤中的关键部分、实训中获得了何种技能、开展本实训应注意的事项。

市场调查问卷设计的质量、团队合作能力、实训完成的时间在成绩评测中所占的权重分别为 60%、20%、20%。成绩按照优、良、中、及格和不及格五级积分，成绩不及格的学生必须在老师的指导下完成本次实训，直至及格为止。

实训报告参考格式如下：

实 训 报 告

实训项目名称＿＿＿＿＿＿＿＿＿　　所属课程名称＿＿＿＿＿＿＿＿＿

实训类型＿＿＿＿＿＿＿＿＿　　实训日期＿＿＿＿＿＿＿＿＿

班　　级＿＿＿＿＿＿＿＿＿　　学　　号＿＿＿＿＿＿＿＿＿

姓　　名＿＿＿＿＿＿＿＿＿　　成　　绩＿＿＿＿＿＿＿＿＿

实训概述：
【实训目的及要求】
【实训原理】
实训内容：
【实训方案设计】
【实训过程】(步骤、记录、数据、分析)
【结论】(结果)

【小结】

指导教师评语及成绩：

评语

成绩： 指导教师签名：

批阅日期：

项目二
连锁企业门店店长的作业化管理

◆ 学习目标

通过本项目的学习，理解连锁企业门店店长的含义、作用与职责；掌握店长的心态及店长应具备的能力与素质；了解店长作业化管理的重点及职业规划，为进一步学习店长的门店业务管理奠定基础。

◆ 引入案例

店长如何进行"自我诊断与提升"？

当门店业绩不理想的时候，作为店长决不能报怨，要做的第一件事情就是给门店来一个系统的"诊断"，通过诊断寻求上级或者同行找到"提升办法"！

第一，你要懂得门店业绩上升或者下降的真正原因是什么。

上个月做了300万，这个月做了100万，中间相差200万，一句话就可以带过去，如客观原因是竞争很激烈，内部原因是因为我们管理跟不上。但这不是原因，因为这两句话放到任何时候讲都是通的。

第二，知道如何实现生意目标和监控目标。

门店一个月做多少任务不是拍脑袋定下来的。上个月做了40万，拍一下脑袋，下个月定80万，结果完不成，随便乱定，他就随便做。

门店店长对目标的制定通常没有太多的弹性。因为公司通常都会制定目标，一个门店一个月完成多少钱，一年要完成多少业绩，这都是有任务的。

难的是公司给店长定的年度、月度和季度的目标，而店长需要掌握一套让每一个月的业绩完成的技术。这不能简单地将店长理解成为把目标告诉下属的人，没有办法和动作是没有用的。

第三，懂得运用相关的技术和方法对各个资源进行合理管理与有效利用。

今天越来越多的门店开始重视这样的动作和方法，以前只是停留在口号上面，说要以顾客满意为导向，经营门店就是经营顾客。但是，总是缺乏具体落实的动作。

第四，对整个店面的经营需要有一个整体的了解。

这种了解不能光凭经验的描述，而需要数据和事实作为支撑。

举个例子：业余店长和专业店长之间的区别，如同我们与医生之间的区别。

业余店长会知道这个月的业绩不好，接着他找到了问题，原因是我们门店的销售技巧不够强，这实际上是病人的思维。真正专业的店长应该找到，这个月业绩不好主要的原因是因为我们的销售技巧不够强，销售技巧不够强的原因是一二三四五六等，这叫整体诊断。

整体诊断需要快速、有效地判断从哪里开始，主要有三个方面：一是我们要了解门店的业绩从哪里来；二是目标如何去设定和下达；三是顾客资源如何来整合，这是非常重要的一件事情。

每一个门店的业绩，不管你说得多么天花乱坠，最终一定会落到两个或三个最基本的要素上：

第一，究竟有多少个客人进店。

进店的客流量决定到生意的好坏。尽管你卖货能力很强，如果商圈位置好，进店数低，你要关注以下的几个问题：

1. 你的灯光、门头形象是不是足以吸引人？

2. 进店的道路是否方便？

3. 你的橱窗陈列在当地是否有竞争力？

4. 你的门店是否做了堆头促销，或者现场的销售氛围够不够强烈？

5. 人员的形象是否足以吸引客人进店？

6. 是否有人在门口专门迎接或者派单拦截顾客？

7. 是否每个月、每一周和每一天都有定期的电话回访会员的邀约计划？

这几个方面一检查，我们就能够找到是哪些地方出了问题。

第二，你的成交率究竟有多高。

成交率即成交的人数除以进店的人数，成交率低应该从哪些方面来分析？从现象来看就是他进来了为什么不买？

(1) 商品价格的问题。顾客进来了，一看基本都是300多块钱，实际他只要二三十块钱的，这有可能导致他不买。

(2) 商品种类的问题。商品的种类够不够齐全。假如你开的这个门店属于少淑装，我进来要买中老年女装，这就属于产品的品种不齐全。

(3) 商品的品质如何。在这一点上，我们作为终端人员是无法决定的。但有一件事情可以去做，就是价值的塑造，品质的解说，这是终端人员可以决定的。

（4）商品缺货的情况。缺货有两种：一种叫隐性的缺货，一种叫显性的缺货。隐性的缺货是什么呢？我要一款红色的，门店里边没有。但营业员跟他介绍完了之后，他买了一款黑色的，顾客成交了。这件事情在绝大多数的门店当中是无法被及时地反映上去的，因为已经成交了。第二天顾客过来继续要红色的，他又成功成交了。其实已经两天缺货了，这就叫隐性的缺货。

店长在每月、每周、每天总结的时候，都要了解一下有没有哪些商品被问到，要及时盘点。顾客问到的要登记一下，这样能确保你的商品，就像血液一样能够及时畅通。

（5）商品解说能力。商品的知识也是其中一个原因，尤其越专业性的东西，越需要销售人员有更丰富的解说技巧。

（6）应对的技巧。沟通，销售，与人互动，应对是否圆柔，是否能够让顾客放心，这是一个应对技巧。

（7）服务态度怎样。

然后我们可以分析上述问题中究竟哪一些是我们需要重点去改进的地方。

第三，每个客人平均购买的单数，购买的金额有多高，也即所谓的客单价能力。

客单价低，我们需要了解一下具体的原因：

（1）它的价位设定是否够宽；

（2）价格带的组合是否符合消费者的需求。

你要根据你的商圈人群来定你的价格带。如果发现你的人群跟你的价格带不符合，那高档的货品比例就要逐渐地下降。进店数增加，成交率增加，客单价增加，总业绩肯定增加。如总业绩从 10 万要增加到 15 万，我们首先要思考的问题就是进店数要增加多少，成交率要增加多少，客单价要增加多少，这是最基本的思路。

如何增加进店的人数呢？实践表明，可以从以下几方面考虑：

（1）富有感召力的店头陈列。超强的视觉冲击力能够引起大家的注意，店头陈列要跟别人不一样，要有亲和力的店头服务。你没有微笑，顾客想进来估计都不进来了。

（2）门店口不要两边各站一个人。

（3）看见客人的时候，轻轻地把他邀请进来。

（4）店员形象要尽量时尚一点。

如何提升顾客成交率？

假设来店的客人数不变，我们需要提高购买力。一要充分地去了解顾客的需求，及时向他推荐他想要的商品；二要了解究竟店里边哪些东西才是吻合他的需求的。顾客不会直接说型号和产品的名称，顾客会说一个模糊的方向。你就要快速地了解这个方向大概需要什么样的东西。

充分做好客人的参谋，如何提高购买的客数是我们值得关注的问题。

如何提高每一个顾客的平均购买金额？

作为卖场的销售人员，店长要带动大家做的第一件事情是熟悉产品，针对客人做连带销售。什么叫连带销售？买完一件商品之后，再进行二次、三次的推销，这叫连带销售。

连带销售怎么做会比较好呢？

(1) 相关产品要主动介绍。这里的主动介绍是根据我们在终端里边研究的经验，发现大多数顾客买完了第一套产品之后，在收银的时候，营业员如果问：先生，那您看还需要点什么吗？通常得到的回答都是不用了，谢谢。这种主动介绍的成功概率就太低。如果在买完单之后，你的介绍指向性非常明确，并说出向顾客推荐这套产品的理由，成功率就很大。

(2) 要多询问、多关怀。要了解顾客的需求，多询问、多关怀能够挖掘出顾客更多的需求。

(3) 店长们要设定平均购买点数的目标。对每一个客人就是我所服务的每一天、每一周、每一月的平均客单价，客单价应该达到多少，这就有一个目标。

假如我一个月的平均客单价达到 2000 块钱，现在剩下最后一星期，我的平均客单价才 1500 块钱，这一周我就想办法要提高。我可能会抓紧时间加大对大宗商品、高价商品及高端商品的介绍，这就是一些终端的经验，先熟悉产品，然后做连带的销售。

此外，从环境上要做好一件事情就是做好卖场的陈列，激发顾客购买的欲望。

在一些男士精品店当中，我们经常会注意到一种现象，他只是卖西装而已，但非常奇怪的是旁边还放一个烟斗、一个名片夹或一个高尔夫球具。实际上，店主明明不卖高尔夫球具，为什么他要这样做？

这样三件东西，烟斗是不卖的，高尔夫球具是不卖的，红酒杯也是不卖的，但是它给你塑造的是一个生活的形象，是你这个人群在生活工作当中经常要碰到的。这就激发了你整体购买的欲望，能够勾起你的生活回忆。

资料来源：上海安邦智业管理咨询公司. 一个年入百万的店长告诉你高效经营的秘笈。

http://blog.sina.com.cn/s/blog_b52c160d0101qu7e.html

店长在门店经营管理中起着举足轻重的作用。在日常营运中，店长既履行着领导与指挥的职能，同时又是团队的核心。门店店长要做好本职工作，必须要明确其工作职责、范围及作业流程。

任务一　连锁企业门店店长的作用与职责

店长是受连锁企业委派管理一个单独门店的管理人员职位的名称，也可以是自主经营门店的业主的称谓。"店长是门店的中流砥柱",这句话恰到好处地说明了连锁企业门店店长的重要性。"分店易开,店长难求",店长的素质与能力直接影响到整个门店的营运。

一、店长的含义

通常对于独立店而言,门店的最高管理者称为店主或店经理;而对连锁企业门店的最高管理者,则称为店长而不用经理称呼,这是由连锁企业的特有性质所决定的。连锁企业门店不是一家单体店,而是连锁店体系中的一分子,它是一个非独立核算单位,不具有独立的法人资格,即使是加盟店,在店长之上可能还有一个"店主",店主是门店的所有者,而店长是门店的管理者。所以,店长不是法人代表,其工作重点是管理而不是经营,这种从店经理到店长的称谓改变,是连锁制经营方式带来的。国外先进的连锁企业,店长对门店的管理都是依据连锁企业总部的营运管理部制定的店长手册来进行的,这样能保证连锁企业属下的各门店管理的统一性及作业上的简便性和标准化。

二、店长的作用

店长是门店中最重要的灵魂,可带动团队,赋予门店生命力,以团队精神塑造门店特色。就店长而言,处于众多利益相关的关系之间,应顺应当时的时间、场合及状况,有效利用总部授予使用的资源,控制成本,维护设备,热情接待顾客,以发挥各个相关者的优势。

1. 店长代表整个门店的形象

店长是门店的代表者。就连锁企业而言,店长是代表连锁企业与顾客、社会有关部门的公共关系;就员工而言,店长是员工利益的代表者,是门店员工不可或缺的代言人。门店内不论有多少服务人员,他们在不同的时间、不同的部门为顾客提供不同的服务。每位服务人员的表现可能有好坏之别,但整体门店的经营绩效及门店形象都必须由店长负责。所以,店长对门店的营运必须了如指掌,才能在实际工作中做好安排与管理,发挥最大功效。

2. 店长必须执行总部的经营目标

连锁企业门店既要能满足顾客需求,同时又必须创造一定的经营利润。对于总部的一系列政策、经营标准、管理规范和经营目标,店长必须如实地执行。因此,店长必须懂得善于运用所有资源,以达成兼顾顾客需求及连锁企业需要的经营目标。同时,店长在门店中必须成为重要的中间管理者,才能强化门店的营运与管理,确保连锁企业门店经营目标的实现。

3. 店长指挥门店卖场的作业

门店的区域有卖场、后场之分,其中以卖场最为重要,因为顾客每天接触最频繁的场所就是卖场。因此，店长必须负起总指挥的责任，安排好各部门、各班次服务人员的工作，指示服务人员，严格依照总部下达的门店营运计划，运用合适的销售技巧，将最好的商品在卖场各处以最佳的面貌展现出来，以刺激顾客的购买欲望，提升销售业绩，实现门店销售的既定目标。

4. 店长应激励员工的士气

员工工作欲望的高低是一件不可忽视的事情，将直接影响到员工工作的质量。所以，店长应时时激励全体员工保持高昂的工作热情，形成良好的工作状态，让全体员工人人都具有强烈的使命感、责任心和进取心。

5. 店长需对员工进行培训

员工整体的业务水平高低，是关系到连锁企业门店经营好坏的一个重要因素。所以，店长不仅要时时充实自己的实务经验及相关技能，更要不断地对所属员工进行岗位训练，以促使门店整体经营水平的提高。同时，店长工作繁忙，常有会务活动等，为了不影响店内事务的正常处理，店长还应适当授权，以培养下属的独立工作能力，训练下属的工作技能，并在工作过程中及时、耐心地予以指导、指正与帮助。由此可见，培育下属就是提高工作效率，也是间接促成连锁企业顺利发展的保证。

6. 店长需要协调门店出现的各种问题

连锁企业门店的全体员工是一个有机协作的工作团队，而作为这个团队的带头人，店长的使命不仅在于全面贯彻落实公司的营运计划，创造优异的销售业绩，提供良好的顾客服务，还在于如何领导、布置门店各部门的日常工作，在日常工作中深刻理解、把握和弘扬连锁经营企业的企业文化，最大限度地激发员工的积极性和创造性，从而不但营造一个令全体员工心情愉快的工作环境，而且使自己成为一名连锁企业文化最基层的执行者和捍卫者，最大可能地为连锁企业的集体和长远利益服务。

店长应具有处理各种矛盾和问题的耐心及技巧，如与顾客、员工及总部的沟通等方面。如果店长对上级的报告、对员工的指令传达都没有问题，但是在与顾客、员工、总部的沟通等方面却做得不够好，无形中就会恶化人际关系，所以，店长在上情下达、下情上达和内外沟通过程中，应尽量注意运用技巧和方法，以协调好各种关系。

7. 店长是营运与管理业务的控制者

为了保证门店的实际作业与连锁企业总部的规范、标准、营运计划和外部环境相统一，店长必须对门店的日常营运与管理业务进行有力的、实质性的控制。其控制的重点是人员控制、商品控制、现金控制、信息控制及地域环境的控制等。

8. 店长是工作成果的分析员

店长应具有统计、计算与理解门店营运各项数据的能力，以便及时掌握门店的业绩，进行合理的目标管理。同时，店长应始终保持理性，善于观察和收集与门店营运及管理有关的情报，并进行有效分析及对可能发生的情况做出预估。

 阅读链接 2-1　当门店没生意的时候，业绩增长 N 倍的店长在做什么？

当没生意的时候

我会调整橱窗模特陈列，让经过的路人看到门店每两三天就有新款。

当没生意的时候

我会打扫场里场外，鞋柜鞋面鞋里，挂图橱窗的卫生，连植物的叶子也擦一次，早上10 点前，下午 4 点前做一次，时刻保持店面整洁，让每一位进店的客人随时感受品牌高档的购物环境。

当没生意的时候

我会查看数据，从货品销售的单品款式码提前向商品部补货，要求款式集中，库存量加深，每周的五六日前和节日活动前保证足够库存。

当没生意的时候

我会统计员工节点数据，当看到附加低我会培训搭配，当看到单价低我会培训高单价产品的 FAB，当看到成交低迷时我会培训成交八部曲，当看到员工开卡低我会培训开卡语言技巧，当见到 VIP 消费少时我会培训客户管理技巧，每周根据员工弱点练内功，时刻保持员工专业度。

当没生意的时候

我会与店员研究搭配，让店员能够以最快的速度将滞销产品找到好看的一款三搭给客人，节省试衣服务中找搭配的烦恼。

当没生意的时候

我会问周边品牌数据，提前提供第一手信息给主管做活动申请。

当没生意的时候

我会去商场的前三名品牌看别人的陈列和货品结构，向公司相关部门提出建议取长补短，避免不足处重复出现。

当没生意的时候

我会将 VIP 分类，非常清楚新货通知哪些 A 类顾客，活动通知哪些 B 类顾客。

当没生意的时候

我会非常不安分，发展第三渠道，通过微信、彩信主动发图吸引客人。

当没生意的时候

我喜欢竞争，将能力好坏的同事平等分配，两班用数据较高下，时刻保持追数动力。

当没生意的时候

为了成交生意门店每人都会去改衣处学习钉暗扣、缝针，免费为客人提供简单修改留住客人。当遇到团购的时候，会上门为团购公司每人量身度衣，修改完再送货上门。

当没生意的时候

我会休息找潮流咨询，教员工学习洗涤保养方法，提升同事的品位和常识。

资料来源：深圳市慧涛企业管理顾问有限公司. 当门店没生意的时候，业绩增 N 倍的店长在做啥。
http://blog.sina.com.cn/s/blog_13e26828a0102v89e.html

三、店长的工作职责与范围

1. 店长的总体工作职责与范围

一个连锁门店店长的工作职责与范围包括：了解连锁企业的经营理念；完成总公司下达的各项指标；制定门店的经营计划；督促各部门服务人员贯彻执行经营计划；组织员工进行教育培训；监督门店的商品进货验收、库存管理、商品陈列等作业内容；监督检查门店的财务管理；监督人事部门的职员管理及业绩考核；执行总公司下达的促销活动与促销计划；了解并掌握门店的销售动态，调整货架商品陈列比例；监督检查门店的门面、标志、橱窗等，维护商店的清洁与卫生；负责处理顾客的投诉与抱怨；处理日常经营中出现的例外和突发事件；参加一些公益活动，成为门店的代言人；执行总公司下达的商品价格调整。

2. 店长的具体工作职责与范围

(1) 总部各项指令和规定的宣布与执行。

① 传达、执行总部的各项指令和规定。

② 负责解释各项规定、营运管理手册的条文。

(2) 完成总部下达的各项经营指标。

据总部下达的各项经营指标，各门店的店长应结合本店的实际情况，制定本店完成年度销售计划的执行计划(包括商品、销售、培训、人员等项目的计划)，可具体细分为月计划、周计划和日计划等。

(3) 负责连锁企业门店的经营管理。

① 店长应监督连锁企业门店的商品进货验收、仓库管理、商品陈列、商品质量管理等有关作业。

② 店长应执行总部下达的商品价格变动。

③ 店长应执行总部下达的促销计划与促销活动。

(4) 掌握门店销售动态，向总部建议新商品的引进和滞销商品的淘汰。

店长要掌握每日、每周、每月的销售指标的完成情况，并按时向总部汇报门店销售动态、库存情况及新产品引进销售状况，并对门店的滞销商品淘汰情况提出对策和建议，帮助总部制定和修改销售计划。

(5) 监督与改善门店各部门各类别商品的损耗管理。

不同性质的门店，其损耗商品的类别会有所差异，店长应针对本门店的主要损耗商品进行重点管理，将损耗降到最低。

(6) 监督和审核门店的会计、收银等作业。

店长要做好各种报表的管理，如店内的顾客意见表、盘点记录表、商品损耗记录表和进销商品单据凭证等，以加强监督和审核门店的会计、收银等作业。

(7) 门店员工的安排与管理、员工人事考核、员工提升、降级和调动的建议。

① 考勤簿的记录、报告，依据工作情况分配人员，对门店员工考勤、仪容、仪表和服务规范执行情况进行监督与管理。

② 店长要按时评估门店员工的表现，实事求是地向连锁企业总部人事主管提交有关员工的人事考核、职工提升、降级和调动的建议。

(8) 情报的收集和传达事项的管理。

有关商圈的动向、竞争店的情报、顾客的情报、商品的情报等各种情报的收集，公司的方针、指示事项的传达等，店长都有责任和权限。

(9) 维护门店的清洁卫生与安全。

① 店内设备完好率的保持，设备出现故障的修理与更换，冷冻柜、冷藏柜、收银机等主力设备的维护等。

② 门店卖场与后场的环境卫生，一般按区域安排责任到人，由店长检查落实。

③ 在营业结束后，店长应对店内的封闭情况、保安人员的到位情况、消防设施情况等主要环节做最后的核实，确保安全保卫工作万无一失。

(10) 教育、指导工作的推进。

教育、指导员工自觉遵守公司规范，积极开展细致的思想工作。通过对员工的教育指导和工作场所的规范，使其在工作时能有良好的人际关系，使员工有一个良好的工作环境，增强门店的凝聚力。

(11) 顾客投诉与意见处理。

要满足和适应消费者不断增长、变化的购买需求，方法之一就是正确对待、恰当处理顾客的各类投诉和意见。同时，保持与消费者经常性的沟通、交流，深入居民或顾客中倾听他们的意见与要求，随时改进门店的工作，这也是门店店长的工作职责之一。可以在店内准备建议箱，借以了解顾客的抱怨和需求。

(12) 各种信息的书面汇报。

有关竞争店的情况、顾客的意向、商品的信息、员工的思想等各种信息，店长应及时用书面形式向连锁企业总部和营运部汇报。

(13) 其他非固定模式的作业管理。

店长面对门店各种突发的意外事件，如火灾、停电、盗窃、抢劫等，应独立判断并迅速处理，做好与门店周围社区的各项协调工作。

任务二　连锁企业门店店长的作业流程

连锁企业门店营运与管理是一个作业化管理过程。通过门店的运营管理，不折不扣地有效实现连锁企业总部的目标、计划和具体要求，实现连锁经营的统一化。因此，确立明确的管理目标与制定严格的科学管理标准是驱动连锁企业规模发展的核心。

一、店长的作业时间

不同的连锁企业，因其经营的业态形式不同，其门店的营业时间也有所差异。一般超市门店的营业时间为早上 8 点至晚上 10 点。因此，通常店长的作业时间，除每星期必须有一天实行全天工作制外，一般为早班出勤，即上班时间为早上 8 点至下午 6 点半。这种作业时间的规定，可使店长充分掌握门店销售过程中，中午及下午的两个营业高峰，对掌握门店每日的营业状况，确保开店的状况良好极有好处。店长下班后，店内管理工作通常可由副店长代理。

二、店长每日每时段的工作内容

连锁企业总部对门店店长的作业流程有其明确的时段控制和工作内容。总部对店长在管理上的要求是很高很严的，是岗位职责和作业标准在工作中的细化。阅读链接 2-2 是某超市总部对店长作业流程的时段控制和对店长工作内容的规定。

我国的连锁企业可根据自己的实际情况，制定适合企业自身需要的店长作业流程内容。值得指出的是，要提高连锁企业门店管理的现代化水平，必须从岗位职责管理上升到岗位作业管理，也就是说从粗线条的岗位职责要求向细化的作业管理发展。

阅读链接 2-2 店长一天的活动

(1) 早晨开门的准备(开店前半小时)：

A. 手下员工的确认，出勤和休假的情况，以及人员的精神状况；

B. 营业店面的检查：存货的复核、新货的盘点、物品的陈列、店面的清洁、灯光、价格、设备、零钱等状况；

C. 昨日营业额的分析：具体的数目，是降是升(找出原因)、寻找提高营业额的方法；

D. 宣布当日营业目标。

(2) 开店后到中午的工作：

A. 今日工作重点的确认(今日营业额要做多少，今日全力促销哪种产品)；

B. 营业问题的追踪(设备修理、灯光、产品排列等)；

C. 营业店近期产品品类进行销售量/额比较；

D. 统计今天的营业高峰是什么时候。

(3) 中午轮班午餐。

(4) 下午(1:00～3:00)的工作：

A. 对员工进行培训和交谈、鼓舞士气；   B. 对发现的问题进行处理和上报；

C. 四周同行店的调查(生意和我们比较如何)。

(5) 傍晚(3:00～6:00)的工作：

A. 确认营业额的完成情况；   B. 检查店面的整体情况；

C. 指示接班人员或代理人员的注意事项；   D. 进行订货工作，和总部协调。

(6) 晚间(6:00～关门)的工作：

A. 推销产品，尽力完成当日目标；   B. 盘点物品、收银；

C. 制作日报表；   D. 打烊工作的完成；

E. 做好离店的工作(保障店面晚间的安全)。

三、店长每日检查项目表

门店店长的工作重点是管理，即店长对门店营业活动的统筹与管理。通常，门店的店长每天应认真并实事求是地填写连锁企业总部所制定的门店时段检核表，对门店进行重点管理。每日检查项目表是连锁企业总部统一制定的、进行每日作业重点式管理的基本工具，店长应认真并实事求是地填写。

任务三　店长作业化管理工作的重点

通常连锁企业门店店长作业管理的事项非常烦琐，但其内容大部分是重复的例行性事务，占总工作量的 70%～80%，仅有 20%～30% 是非例行性的事务，由店长自行判断处理。作为门店店长只要把握门店和作业环节的重点，就能基本保证门店作业的正常进行。店长作业管理的重点无非是人、财、物和现代商业企业所需要的信息。店长必须有效地利用和管理门店的人、财、物、信息资源，做好日常销售服务工作，最大限度地使顾客满意，最终实现预定销售计划和利润目标。

一、人员管理

连锁企业门店对人的管理主要是本店员工、来店购买商品的顾客及对门店商品的供货者的管理。

1. 内部员工管理

根据门店销售状况、竞争对手对员工的安排情况，制定出员工岗位出勤安排表，保证出勤人员的数量与顾客流量相符合，使每个岗位的效率达到最优化。另外，店长还要加强员工为顾客服务的理念，时常督促员工保持良好的服务仪容、礼貌的服务用语和友善的待客态度。

(1) 出勤状况。

连锁企业由于其涉及的特定业态的要求(如超级市场、便利店等)，通常经营利润是不高的，因而控制员工人数是提高连锁企业门店盈利水平的重要环节。这就要求店长合理、经济地配置好各作业部门的工作人员，安排好出勤人数、休假人数、排班表，并严格考核员工的出勤情况。如果店长控制不好门店的出勤状况，就会直接影响门店的进货、出货、补货、陈列及服务水准等，难以维持较佳的营业状态。

店长通常要分析竞争对手的休息日、节假日、地方性活动来预测不同日子及一日中各时间段可能的消费额、顾客人数和销售数量，以此掌握适当的工作量，安排适当人数的员工，制定出月间和周间出勤安排表。具体地可按不同时段的顾客流量，安排好岗位出勤，使岗位出勤人员的工作性质与顾客流量相配合，并使每一个岗位达到效率最大化。

(2) 服务状况。

店长对员工的管理重点还体现在员工对顾客的服务水准的管理和控制上。高的服务水准是连锁企业市场竞争的优势，店长要时常督促职工保持良好的服饰仪容、对顾客的礼貌用语和友善的应对态度，并且随时留意顾客的投诉及意见反馈，不能让顾客因对服务不满而不再上门的情况发生。

(3) 工作效率。

一般人事费用在连锁企业门店总成本核算中所占的比率最高，往往会超过月营业额的 6%，故应经常调查各部门作业人员的作业安排表，并将人员予以灵活调度，这样才能产生最高的工作效率。此外，由于连锁企业门店均采用标准化作业管理，工作相对比较单调，因此国外大多数连锁店有意识地让员工在不同岗位上轮流工作，即采取柔性工作时间(允许员工在一定范围内自己选择上班时间或在不同工作时段，分别在不同岗位工作)等措施，以提高连锁企业门店的工作效率，这也是国内连锁企业门店今后可逐步借鉴的方式。

(4) 门店共同作业守则，一般包括如下内容：

① 上班时间必须穿着制服，维持服装仪容整洁。

② 上班前 5 分钟到达工作岗位。

③ 服从主管命令、指示，不得顶撞或故意违抗。

④ 上班时不得随意离开工作岗位，有事要离开时必须事先向主管报告。

⑤ 上班时间不得与人争吵或冲突。

⑥ 严格遵守休息时间。

⑦ 爱护门店内一切商品、设备和器具。

⑧ 遵守顾客至上原则，提供亲切满意的服务。

⑨ 随时维护卖场的环境整洁。

⑩ 顾客进入卖场时员工必须大声喊"欢迎光临"。

2. 顾客管理

顾客是连锁企业门店的利润来源。没有顾客没有销售额，就没有盈利，连锁企业门店也就失去了存在的意义。因此，对顾客群进行分析和有效的把握，是门店成长与发展的基本重点。对顾客的了解应把握以下几点：

(1) 顾客管理的主要内容。

顾客管理通常包括如下三个方面：

① 顾客来自何处。通过问卷的形式了解顾客分布状况，以及该商圈的户数、人数、家庭规模、结构、收入水平、性别、年龄、消费偏好等市场因素，据此为顾客提供其所需要的商品和服务，提高顾客对门店及本连锁企业的忠诚度。

② 顾客需要什么。随着人们生活潮流的不断变化，生活水平的提高和消费个性的增强，顾客的需求也是日新月异的。因而店长要经常组织对顾客需求的调查，虚心听取顾客对门店的商品种类、质量及服务方面的要求和建议，采取各种措施来保持与顾客良好的沟通，随时掌握好需求信息。

③ 妥善处理顾客投诉和意见。连锁企业门店的自我服务形式，使顾客购物的自主性得到充分体现，可以避免传统零售面对面营业中营业员与顾客间可能发生的冲突，但顾客在商品的质量、服务上也会产生不满，如何处理好顾客的投诉和意见，是维持好与顾客关系的一个重要环节，必须妥善地处理顾客的不满，以维护企业的信誉和顾客利益。

(2) 建立顾客档案。

为了掌握顾客活动的重要资料，与顾客建立长远关系，顾客档案的建立是店长必做的日常作业。通常包括以下事项：

① 顾客档案和管理形式。由于顾客的数量较多，而且顾客档案包含较多的收录项目，因此现代连锁企业对于顾客档案的管理与分析必须使用先进的 POS 系统。而在顾客档案未整理好时，要对顾客进行详细分析是相当困难的，更不用说如何服务于目标顾客了。

② 顾客档案的登录项目。顾客档案的登录项目应尽量精简，应该以"何时、谁、买什么"为事实的基础，将顾客的姓名、地址、电话号码、惠购品(即主要惠顾本店何种商品)、采购时间等内容登记在前面，其他项目不妨另行登记，如顾客的职业、家庭成员、年龄等。

③ 如何请顾客填写收录项目。建立顾客档案时，一直成为问题的是"怎样请求顾客填写"。为了解决此问题，可以将起初的记录项目限定于顾客的姓名、地址和电话号码三项内容，而顾客的采购时间和惠购品则由顾客口述，填写工作由门店的工作人员来完成。同时可诚恳地向顾客说明"是为通知顾客本店举行的特惠促销活动或由本店寄送免费券、折扣券及厂商的新商品介绍用的"。

④ 一年一次定期核对。一年一次向登记于顾客档案的顾客寄送本店的问卷调查表，征求顾客的意见。该表应设有住址变更记录栏，以这样的方法定期把握顾客的迁移情况。同时可采用顾客凭填好的问卷调查表领取精美小礼品的方式，以保证门店能基本收回问卷调查表，以此重新确认顾客的档案资料。

⑤ 建立顾客管理制度。在建立顾客档案的基础上，需要进一步建立完善的门店管理制度，其目的是为了确立顾客的重点需求和重点顾客，以便及时对商品和服务进行调整，并把重点顾客逐步转变成门店的稳定顾客群。现代零售业的一个显著特点就是科学地管理顾客，要充分运用 POS 系统所提供的各种信息，通过 IC 卡、磁卡和会员卡等现代化工具进行信息管理。

3. 供货者管理

无论是门店的供应商、连锁企业内部配送中心的配送人员，还是来门店送货或者洽谈有关事宜，都必须在指定的地点进行，按照连锁企业总部规定的程序执行。

(1) 要求其准时配送。

连锁企业门店中食品、果汁、牛奶、果蔬等日配食品在销售的比重中超过 40%，这些食品都对有效期、鲜度要求很高，供货商能否在开业前将这些商品及时送到店内，以满足顾客对鲜度和质量的要求是非常重要的。因此，对供货商首要的一条要求是遵守送货时间。

(2) 确保产品的品质。

连锁企业门店以经营食品为主，70% 以上的品质会对人体产生直接的影响。因此，门店必须严格要求厂商提供商品的品质是新鲜合格的，同时超市门店一定要对商品质量严格把关，包括外观、保存期限、标示内容等。特别是对那些直接食用的产品更要重视，否则一旦顾客出现食用问题，对门店将造成不可挽回的名誉损害。

二、商品管理

店长对连锁企业门店的商品管理是其作业管理的又一个重点，商品管理的好坏也是考核店长管理能力高低的重要标准。

商品管理即有关门店内商品所有作业的管理，若有服务时，服务也包含在内。其中包括商品的包装、验收、订货、损耗、盘点的作业，同时包含店长对于商品的管理、清洁、缺货等的监督。如果是连锁专卖店的话，待客销售技术也是其中的一种。门店对于商品的管理重点主要有以下几个方面：

1. 订货管理

根据门店的年度销售计划准确做出市场预测，提出每月的商品订货计划，报总部配送中心统一组织货源。每天按时向总部提交订货计划，保证商品供给的及时性。

2. 自采业务管理

由于受多种条件的限制，分店不可能全部依靠总部配送货品，总部会下放一部分商品的采购权，店长要重点负责好这方面的监督和检查工作。

3. 商品质量管理

商品质量是企业的生命。对连锁超市、便利店来讲，由于销售的商品基本上是包装商品，消费者往往在使用时才能判别商品的质量。有些甚至在使用后也不了解商品的品质对自己的影响程度，所以超市把好商品质量关，对维护消费者的利益是至关重要的。店长对商品质量的管理重点是销售包装的商品在货架上陈列期间的质量变化和保质期的控制，冷冻设备、冷藏设备的完好率，收货、验货的质量把关，搬运、陈列方法的正确操作，以及商品质量的统计资料，并将这些及时上报到总部的采购部。

4. 缺货管理

零售业都把缺货称作是"营业的最大敌人"。这是因为商品缺货会使得顾客的需要无法得到满足，顾客群就会流失，导致销售量下降。而如果顾客的需要能在其他竞争店得以满足的话，就等于将顾客推向了竞争对手，从而大大削弱了自己的竞争力。店长要时时刻刻统计商品的缺货率，及时与供应商联系，把缺货率降到最低水平。

5. 鲜度管理

鲜度管理主要是加强对生鲜食品及熟食品等日配品和对鲜度要求高的商品的管理。

6. 商品陈列管理

商品陈列是连锁企业商品促进销售的利器，店长对其管理的要点包括：商品是否做到了满陈列；商品陈列是否做到了关联性和活性化；商品陈列是否做到了与促销活动相配合；商品补充陈列是否做到了先进先出。

7. 商品损耗管理

商品的破包、变质、失窃等因素可能造成较高的损耗率，而损耗率的高低就成为获利多少的关键之一。上海超市业曾做过一项统计，往往一件商品的损耗需要5～6件商品的销售毛利才可弥补。因此，店长对商品损耗的管理就成为门店节流创利的重要环节。店长对商品损耗管理的主要事项是：商品标价是否正确；销售处理是否得当(如特价卖出，原售价退回)；商品的有效期是否管理不当；价格变动是否及时；商品盘点是否有误；商品进货是否不实，残货是否过多；职工是否擅自领取自用品；收银作业是否因错误引起损耗；顾客和员工的偷窃行为引起的损耗。

三、现金管理

现金管理是非常重要的，必须谨慎行事，连锁企业门店的全部工作最终要在收银台的交易中实现。连锁企业门店的直接盈利来自门店的销售收入，因此店长对现金管理的重点就是收银管理和进货票据的管理。一些24小时经营的连锁企业门店更要小心防范，以免发生意外。

1. 收银管理

店长对连锁门店现金的管理重点就是收银台，因为收银台是门店现金进出的集中点。而对收银台的管理又可归结到对收银员的管理，因此对收银员的选聘就十分重要。通常收银员的选聘标准是：诚实、责任、快捷与友善。对收银员的管理往往是用控制收银差错率来进行的。一般连锁企业总部制定的门店收银差错率的控制标准是万分之五。如果差错率不控制在这个标准之内，那么对连锁企业造成的损失将是很大的。除了控制收银员的差错率以外，收银管理的其他主要事项是：伪币；退货不实；价格错误；亲朋好友结账少付；内外勾结逃过结款；少找顾客钱；直接偷钱。

2. 试验性购物检验收银员

除了制定收银员作业外，为了评核收银员在为顾客做结账服务时的工作表现，店长不定期的督察是非常重要的，因为制度靠人监督才能得到有效的执行。例如，派出专员以顾客的身份出现在门店中，根据自己所接受的一系列服务，按营业手册所规定的标准，对连锁店的营业水平进行检查，店长可以采取一种称为试验性购物的方法来检验收银员工作时的准确性。具体步骤如下：

(1) 选择 20～30 种不同性质的商品，如上几周特价商品、几个外包装相似但价格不同的商品等。

(2) 付款时，提供几张折扣不同的商品折扣券和一张过期的购物卡等。

(3) 购物结算后，再多买一种商品。

(4) 每一次试验的结果都必须记录在收银员准确率记录卡上，并注明错误的种类。店长必须和收银员及时讨论试验中出现的错误，对收银完全正确的收银员则予以表扬和奖励。

3. 进货票据管理

相对于收银台的现金收入来说，进货票据也是店长对现金管理不可忽视的环节。因为进货票据是付款的凭证，是门店现金的支出，这一点对于总部送货或代理商送货都是一样的。尤其是在连锁企业销售商品中有相当高比例的商品，甚至是全部商品都以供应商直接送到门店的方式进货。如果在进货接收过程中，其中一些商品的进货票据出现差错，都可能给这家门店带来很大的损失。

四、信息资料管理

不懂得对信息资料管理的店长不是合格的店长，这是现代化的零售连锁企业对门店店长的基本要求。运用 POS 系统来管理的连锁企业门店，店长会很快得到有关经营状况的准确信息资料，店长要对这些资料进行分析研究，寻找改进经营的对策。POS 系统能提供给店长的信息资料包括以下内容：

(1) 商品销售日报表。由 POS 系统所生成的销售日报表能够按商品和时间细化地反映每日销售情况，包括日销售总额、商品销售比重、来客总数、来客平均购买额、来客购买商品的品项数和每一个品项的平均单价，并可分析每个产品项目对利润的贡献，从而有助于确定增加或删除哪些产品项目。

(2) 商品销售排行表。商品销售排行表主要包括销售额排行、毛利率排行、销售比重、销售额和量的交叉比率排行等数据，使门店有能力追踪不同产品销售额的变化，分析产品受欢迎的程度，调整产品和促销策略。

（3）促销效果表。促销效果表主要反映促销活动中销售额的变化率、顾客的增加率、来客平均购买额变化率、毛利率变化、促销活动前后的差异比较等。

（4）费用明细表。费用明细表主要反映各项费用的金额和所占费用总额的比重等内容。

（5）盘点记录表。盘点记录表主要反映各部门商品的存货额和周转率等。

（6）损益表。每月的损益表所包含的内容是：销售额、毛利额、损耗额、费用额等。

（7）顾客意见表。重视顾客意见的超级市场，都会在电脑设定特定的程序，要求 POS 系统做出顾客意见表。该表所反映的内容是：顾客意见的内容、意见的条数、意见所指的商品部门和服务项目，顾客满意的内容、件数和部门。经过良好管理素质培训的店长会较容易地根据这些信息资料，通过定性分析迅速提出相应的改进对策，保证经营蒸蒸日上。

连锁企业建立初期没有使用 POS 系统进行管理，但必须用人工统计的方法来汇集以上诸项信息资料。虽然当时所做出的改进对策的速度较之现在使用 POS 管理系统的连锁企业要滞后许多，但也是一个不得已而为之的信息管理办法。在连锁企业从传统管理手段向现代化管理手段的过渡时期，这种传统的管理手段也是不能丢掉的，而且正是这种管理手段的经验总结，成为了后来连锁企业建立 POS 系统及其他信息系统时的依据。

任务四　店长能力的自我提升

一、连锁企业在店长能力提升过程中存在的常见误区

门店店长的能力直接影响着一个门店业绩，那么如何来提升店长能力呢？店长能力的提升，"选"比"育"更重要。有效的店长招聘、选拔、盘点，是企业实现优秀店长人才精准匹配的必由之路。目前在中国连锁企业门店的店长能力提升中往往存在以下三大误区：

● 误区一：强调培养，忽视招聘选拔。

一说能力不足马上想到培训，这是企业人才能力建设的思维惯性，然而大多数培训往往不能带来理想的效果。关键并不在于培训的方式，今天绞尽脑汁花样翻新的各种培训方式已经很多了，问题的根结很有可能是在于并没有挑选对的人。

我们把招聘和选拔对的人称之为前置培养。你在选人的时候已经找了合适的种子，实际上就为你在未来培养的有效性提升铺平了道路。以内部选拔为例，选拔那些合适的人放在储备店长的位置上，做得好可以上，做不好淘汰出局，形成一个良性的竞争机制。把有意愿成长有潜力的人挑选出来，这批人甚至不需要你花费多少培训资源就会自己拼命成长起来，这就是选拔机制的作用。

● 误区二：强调绩效，忽视匹配。

"学而优则仕"，中国传统人才选拔的观念就是以偏概全的典范，文章做得好，某种程度上可以推断这个人具备当官所需的一些才能，如说会写报告、能引经据典说服等。同样，在大多数中国连锁企业门店选才中也存在"绩而优则仕"的现象。某个店员销售业绩好就提拔当店长，当然有成功的案例，也有失败的案例。

国内某鞋服企业曾经遇到过这样的例子：该公司在华南地区的一个门店招了一个店员，到店两个月销售业绩就刷新了华南区域门店单人业绩的纪录，也带动他所在门店的业绩由中间水平上升到了前几位。这个人非常有成就导向，有很好的客户沟通引导技巧，华南区把他树为标兵，还安排他做区域内部经验分享。半年后刚好他所在门店店长休产假了，他就顺理成章地提拔为店长。没想到是，才提拔完3个月的时间，他就跟他的老板提出离职，最后也没留住。后来听说这个人去了另外一个竞争对手那，还是做个普通店员。这是个典型的"戴错帽子"的案例。优秀的店员是不是一定适合当店长，答案很显然。

绩效优秀是选拔的条件，但并不是绩效优秀就盖过一切，人才选拔重在匹配。懂不懂、会不会、能不能、愿不愿，都是匹配需要考虑的因素。具体来说，我们认为选拔一个合格的店长需要考虑，有没有好的学习能力，具不具备作为店长的能力素质要求，个性特点能否与团队较好的搭配，情商是不是足够，以及价值观是否与企业的要求相匹配。优秀店长通常都有较好的学习能力，在个性和价值观上与团队、公司能较好的匹配，在个人的情绪管理和理解他人方面有较好的展现。

● 误区三：强调岗位技能，忽视能力素质。

在中国连锁企业中，很多企业对门店店长的选拔和培养仍然更多地强调技能、经验等"硬条件"因素。如果能更多地增加对"软素质"的考量，会对店长的选、育起到更好的促进作用。那么店长应该具备哪些方面的软素质呢？

一名优秀店长同时需要扮演好以下四种角色：门店营运能手、卓越执行先锋、终端业务专家和团队塑造者，因此需要有针对性地提高自己的能力和素质。以门店营运能手为例，要管理一个门店，营运作为基本能力首当其冲。作为门店的管家，要求店长需要有更多的时间和精力关注全局经营，关注资源协调和具体店务的管理。例如，客户需要某件货品，但店内某项货品库存耗尽，而其他店这个产品也销售很热，此时，店长需要能够有足够的协调能力，调度和获取资源满足客户需求。

二、店长如何实现自我提升

店长必须不断学习以实现自我提升，可以在工作中遵循以下自我提升的技巧并不断成长：

1. 自律

如果你想在生活中积极向上，这是十分重要的一点。每个成功者都是高度自律的人。如果你既懒惰又没有强有力的一面，很可能就要过着平庸的生活了。店长想要提升自我，不妨对比表 2-1 进行自我评价，从中找出自己值得改进的方面来不断提升自我。

表 2-1　店长工作表现评价表

员工姓名：　　　　员工编号：　　　　员工职位/门店名称：

到职日期：　　　　　　　　评核期间：年 月 日 至 年 月 日

请依下列各评核项目圈选出分数，并将不好表现的实例，简述于备注栏.

评　核　项　目	罕见 (劣)	偶尔 (普通)	经常 (佳)	频繁 (优良)	备注栏
A. 信赖度					
1. 上班准时，不早退	1	2	3	4	
2. 工作谨慎，错误少	1	2	3	4	
3. 不适当使用私人电话，妨碍工作进度	1	2	3	4	
4. 门店支持及协调配合度高	1	2	3	4	
5. 态度及观念经常保持正面	1	2	3	4	
B. 人员形象					
6. 制服/仪容整齐	1	2	3	4	
C. 管理技巧					
7. 指导员工改善工作表现	1	2	3	4	
8. 激励/培养员工发挥公司文化热诚	1	2	3	4	
9. 汇报及听取汇报做得简单、有效	1	2	3	4	
10. 有效委任及定期跟进工作进度	1	2	3	4	
11. 确实落实公司传达的重要事项	1	2	3	4	
12. 维持员工之间的紧密合作/沟通	1	2	3	4	
D. 货品管理					
13. 保持货品的陈列整齐及有吸引力	1	2	3	4	
14. 维持货架上货品充足	1	2	3	4	
15. 维持门店得到足够的补货	1	2	3	4	
16. 经常转换货品的陈列以吸引顾客	1	2	3	4	

评 核 项 目	罕见 (劣)	偶尔 (普通)	经常 (佳)	频繁 (优良)	备注栏
E. 门店间的合作					
17. 积极协助其他门店	1	2	3	4	
F. 顾客服务					
18. 维持并提供一致性优质服务	1	2	3	4	
19. 妥善处理顾客的不满或投诉	1	2	3	4	
G. 决策能力					
20. 旺淡季节灵活调配门店人员	1	2	3	4	
H. 沟通技巧					
21. 善于与上司/公司沟通反映意见	1	2	3	4	
22. 热诚及有礼地对待同事	1	2	3	4	
I. 不断进取的积极程度					
23. 尝试新方法以提高门店的营业额	1	2	3	4	
24. 善于运用培训时所学的方法	1	2	3	4	
25. 善于运用表现评核/上司指导的结果来改善自己的表现	1	2	3	4	
门店管理人员工作表现总评 A. 信赖度(1～5 项)的总和 B. 人员形象(6 项)的总和 C. 管理技巧(7～12 项)的总和 D. 货品管理(13～16 项)的总和 E. 门店间的合作(17 项)的总和 F. 顾客服务(18～19 项)的总和 G. 决策能力(20 项)的总和 H. 沟通技巧(21～22 项)的总和 I. 不断进取的积极程度(23～25 项)的总和 总分数 =					
优点					
需要加强/改善的地方					

2. 设定目标

你需要在生活中设定目标以实现自我提升。否则，你便会在自己的安乐窝中停滞不前。尽管你知道改变将会让你在多方面受益，缺乏目标的你还是不愿意去改变自己的处境。

3. 积极态度

积极的态度能激发出你最好的一面，也会抵制偶尔出现的消极的自我暗示。同时，伤感及其他负面情绪也会在你生活中逐步消失。

4. 感恩的心

每当你经历美好的事情，就表达你的感激之情。这会为你带来更多、更美好的事物。感激可以创造奇迹。你也可以开始一段感激之旅，每天花五分钟时间写下你感激之言。

5. 锻炼

每天的锻炼可以缓解压力、强身壮体，增加自己正能量，锻炼可以增加自己的意志力，也能改善自我感觉。

6. 深思熟虑

认真思考会理清你的思路，消除负面思想并把你的幸福感提高到新的层面，并将会改善你的生活。

7. 发挥自己的价值

当你开始想要发挥自身作用时，就会发现你在不断提升自我。如果你诚心诚意地付诸行动，人们也会好好犒赏你并衷心感谢你。

8. 把握自己的思想

如果你想掌控自己的生活，很重要的一点是掌控自己的思想。不要让大脑的思想陷入混乱之中，管理他们——去粗取精，扬长避短。这会为你的自我提升奠定坚实的基础。

9. 深化你的知识体系

坚持每天至少花 30 分钟以上的时间来学习感兴趣的学科。这将增强你的自信心，提高智力。

10. 有条不紊

尝试提前做每日计划，你将能避免浪费时间，并把精力集中在重要的事情上。

11. 保持整洁

整洁的生活环境也能使你的思路更为明朗、更加效率，以便更好地掌控自己的生活，这是最能统筹自我提升的思想之一。

12. 多与积极向上的人来往

尝试结交积极向上的人。花时间与那些让你感受被爱和尊严的朋友在一起，你的命运不是掌握在你自己手里，而是你时常接触的朋友手里。圈子决定命运，圈子的级别决定你的级别。

13. 阅读自我提升的书籍

提前为你下一步的提升做好准备，看什么书决定你以后成什么人。

14. 为他人高兴

当别人获得成功时，为他们喝彩。这会让人倍感良好，他们也会因此感谢你。当收获感激时，你也会感觉更好。

15. 善始善终

不要半途而废。完成一件事情可以提升你的自信心，自我激励。很多人没能做到这点，同样他们也没能取得优秀的成果。

16. 克服恐惧

恐惧是唯一能阻挡你前进的东西。想要克服恐惧，你先要感受恐惧，然后想办法克服它。好好体会这一点，只有如此方能克服恐惧。最终你会更自信，更能因时而变。你会常常回首过去，对过去害怕的事物一笑而过。

17. 改变一个习惯

至少彻底改变一个习惯。例如，如果你每天晚起床，设定闹钟让自己早起一些。这可并不简单，但如果你坚持 30 天，这项新任务将成为你的习惯。

18. 多微笑

你会感觉更好，美好的事情也会不断找上门来。简简单单的一个微笑，会给生活带来很大的改观。你所需要的，仅仅是从现在开始去做。

◇ **案例精讲**　　　　艺之卉崇光百货店的店长心经

走进位于北京崇光百货三楼的艺之卉(EACHWAY)服装店，物品摆放有序，陈列吸引眼球，店员温暖的微笑和细致专业的服务使人心情愉悦。艺之卉崇光百货店店长——邢轩用这样一个出色的店面向我们传递出店长的主要职能：维护店内设施、设计店内陈列、领导团结店员、传递品牌文化。邢轩在工作中秉持着"120 分"的理念："我不是要完成工作，而是要做好工作。要做好一个店长，要履行 100 分的职责，就要付出 120 分的努力。"

★ "我推销的是品牌"

在成为店长之前，邢轩在其他品牌做了 9 年的导购。当她具备了成为店长的能力后，选择来到艺之卉。邢轩说："店员要做得是服务顾客，而店长必须十分了解和热爱这个品牌，我选择了艺之卉，理由很简单，我喜欢艺之卉的衣服。"

采访过程中，店内走进了两位顾客，邢轩立刻上前热情地招呼着，交谈了两句她发现对方并不熟悉艺之卉，只是进来随便看看。这时她放下了手中拿着的衣服，开始向顾客介绍起艺之卉这个品牌，从品牌文化到服装气质，她的讲解简洁而不失幽默。很明显，顾客已经被她说得心动了。这时，她又重新拿起衣服向客人推荐起来。客人拿起衣服试穿的时候，邢轩露出了笑容，她知道这次销售已经成功了一大半。

店员常常问邢轩，为什么她特别擅长推销服装，很容易就把一件衣服卖出去并且拉来回头客？邢轩说："因为我理解品牌所传递的文化，并且真心喜欢店内的每一款设计，这样我向消费者推荐的时候才能底气十足、言之有物。"

★　"店长就是店员的家长"

处理与店员的关系是邢轩工作中遇到的最大难题。"现在这个团结的销售团队是非常来之不易的。"邢轩是从其他品牌的导购直接成为艺之卉的店长的，她来到这个店的时候，店内的导购都比她有更多的在艺之卉工作的经验。这个年纪小、经验少的新店长，刚一上任就遇到了麻烦。

有一次一位店员生病了，向邢轩请假，但正好是周末工作量最大的时候，邢轩没有批准。事后那位店员就带着怨气做事，对顾客的态度非常不好。邢轩批评她的时候，她找了很多理由反驳。有一段时间，整个团队的工作气氛都非常沉重，销售业绩不尽如人意。后来邢轩转变了方式，不再板着脸工作，试着与店员做朋友。但是时间长了，她又发现在严肃、认真的谈话时，店员仍然像平常一样嬉笑，令她逐渐失去了店长的威信。

处在两难境地的邢轩开始深入思考、反复尝试。终于，她总结出了一个道理：店长就是店员的家长。"要把店员当成家人，毫无保留地关心和付出，但是不要过度亲密，要让店员知道自己的身份和职责。这样，当你严肃地指出她们的问题时，她们就会接受，明白你是为了更好地完成工作。"

★　"要找准客户的特点"

邢轩随身携带的包里有一个厚厚的本子，那是邢轩的"销售秘籍"。翻开本子，原来是一本电话簿，里面工整地排列着所有客户的名字、职业、年龄和电话。邢轩解释说，艺之卉崇光百货店有一个"病症"，而这本电话簿就是它的"药方"。

邢轩上任一个星期之后，就发现了一个很大的问题。"你也看到了，崇光百货并不处在北京的几个繁华商业区中，每天的客流量相对要少很多。"面对这个问题，邢轩第一时间进行了思考。她观察到崇光百货购物的客人很少是休闲逛街的，大部分都是某个品牌的忠实客户，来这里的目的性很强。抓住了这个特点，邢轩马上明白了自己的工作重点——建立

VIP 客户网。于是，她在每次交易成功后，留下客户的资料和联系电话，日积月累下来她已经攒下了整整一本的客户名单。

邢轩跟客户保持着良好的联系，时常打电话问候，有了新品就打电话通知她们，有些客户甚至和她成了生活中的朋友。邢轩说："这些工作其实都不在店长的工作范围之内，但是我一直秉持着要做就做到最好的信念。即使因为各种客观原因完成不了既定目标，也一定要尽最大的努力。"

★　"好店长是一个空杯"

很多品牌的店长更换速度都很快，人们都说店长是个留不住人的职位，一个不高兴就要跳槽。事实上并非如此，对店长来说，看不到未来的工作是最可怕的。邢轩说："一个好店长就像一个空杯子，你要不断地给他加水，他才能得到满足。当然，加水并不只是指薪水的提升，主要是在技能上和职业前景上。当一个品牌让店长永远都觉得有提升的空间时，店长自然不会走。"

店长的工作很累、很繁琐，要面对不同个性的客户，要调节工作中的矛盾，还要完成每月的销售任务。有时候邢轩也感到力不从心，但她有一个给自己"加油"的好办法。每当灰心丧气时，她就会回想给她做培训的运营部总监和营销主管，想到他们优雅的谈吐和干练的气质，她觉得这就是明天的她。"每当我累了、烦了的时候，我就想想他们，仿佛看见了光明的未来。这时我就会像加满了油的赛车，干活的时候觉得浑身都是力量。"邢轩说。

资料来源：胡晶. "120 分"店长——艺之卉崇光百货店店长邢轩的店长心经. 纺织服装周刊，2011 年第 45 期。

案例点评：

店长的工作很累、很繁琐，要面对不同个性的客户，要调节工作中的矛盾，还要完成每个月的销售任务。因此，做好一个好店长就得像一个空杯子，要不断地给他加水，他才能得到满足。当然，加水并不只是指薪水的提升，主要是在技能上和职业前景上。只有不断学习、不断自我提升，一名店长才会永远都觉得有提升的空间，才能在店长这一职业中找到归属感与成就感。

◆ 本 章 小 结

认识店长角色，理解店长的使命与职责、素质与能力、思想与心态、良好的职业形象和职业规划，是每一位优秀店长的必修课。因此，要想成长为明天的金牌店长，我们就必须做一个追求卓越的人，做一个精于细节的人，做一个日有所长的人，做一个充实有用的人。

★ 主要知识点

店长 店长的作业化管理 店长能力的自我提升

◆ 基 础 训 练

一、选择题

1. 连锁门店店长要提高销售业绩，可以采用的主要方法有( )。

A. 提高销售额 B. 减低运营成本

C. 对人员奖惩 D. 减少商品品类

2. 连锁企业门店降低运营成本的途径有( )。

A. 用工合理 B. 缩短营业时间

C. 减低租金 D. 延长商品的保质期

3. 在连锁经营企业门店店长的日常工作中，通常要扮演的角色有( )。

A. 赢利责任人 B. 制度执行者

C. 店务管理者 D. 问题的终结者

4. 当连锁门店一天的营业工作要结束的时候，要进行的工作有( )。

A. 检查安全系统 B. 清点货品

C. 锁门 D. 发奖金

5. 连锁门店店长的工作职责有( )。

A. 业绩提升 B. 降低损耗

C. 防火防盗 D. 资金预算

二、判断题

1. 店长对门店的营运必须了如指掌，才能在实际工作中做好安排与管理，发挥其最大功效。( )

2. 能够执行好总部的标准和管理规范的店长，就是一名称职的店长了。因此，只要熟悉了门店各项规章制度和作业流程，就没有必要再强调店长的学习能力。( )

3. 正所谓"巧妇难为无米之炊"，当门店没有生意时，再好的店长也无计可施。( )

三、简答题

1. 简述店长的作用。

2. 简述连锁企业门店店长的主要工作职责与范围。

3. 连锁企业门店店长应该如何把握门店作业管理的重点，以保证门店作业正常、有序地进行。

◆ 实 训 项 目

（一）实训任务

由4～6人一组，选出 1 人担任店长，虚拟开办一家连锁超市(或餐饮企业)，由店长负责组建门店的管理部门，分配各部门负责人，每人负责一个部门，写出各主管部门的管理规范。

（二）实训要求

针对实训任务，每组提交实训报告一份，报告不少于 1000 字，需对该门店的职责分配状况进行分析和评价。

项目三
店长表格管理与门店的数字化管理

❁※❁❁※❁❁※❁❁※❁❁※❁❁※❁❁※❁❁※❁❁※❁❁※❁❁※❁❁

◆ **学习目标**

通过本项目的学习，理解连锁企业门店店长用表格管理门店的意义及常见的店长日常管理表格与应用表格管理的技巧等；理解表格和数字在门店运营标准化、规范化中的意义和应用实践。

◆ **引入案例**

王品集团，不能管理数字，别谈加薪、升迁

想找出公司营运漏洞，数字是最好的线索与佐证！年营业额近 50 亿元新台币(下同)的台湾王品集团董事长戴胜益是个十足的数字管理者，1 个人要管理 9 个餐厅品牌、5200 位员工。数字是他重要的决策依据。

戴胜益相信，所有事情都能用数字衡量，拥有数字敏感度更是经理人责无旁贷的义务，没有数字概念不但无法做好领导，更不会成为他培养和选拔的对象。台湾大学中国文学系毕业的戴胜益，为什么这么重视数字？一个经理人又要如何建立掌握数字的能力，还能正确采取行动？

问题：为什么数字很重要？

对我而言，所有事都能用数字衡量，包括企业营运、管理、个人健康。例如，我每天走 1 万步路，我认为"You can't improve，if you can't measure."(你如果无法衡量，你就无法改进。)

问题：数字对企业的意义是什么？

企业像坦克车，数字像坦克车上环环相扣的齿轮，只要一个齿轮脱钩，坦克车的铝带就会卡住，无法行走。没有数字概念的公司，就像没有齿轮的坦克车，当车子不运转时很难知道问题出在哪里。就算运转，也不知道还能运转多久，所以数字能帮助我解读各种必

要的讯息。

★ 数字 v.s.营运

· 问题：在营运上，什么是你必看的数字？

我必看的数字不是营业收入，而是顾客满意度与顾客抱怨数。

王品每家店每天会收到 100 张顾客意见表，1 个月共 18 万张。顾客抱怨数是顾客拨打的 0800 客诉电话的通数。这两项数据可反应顾客想法，作为分店改进依据。

例如，上个月全集团顾客抱怨数是 107 通，上上个月是每万人次 2.91 通，从中可看出每家店的经营好坏。107 通中，有一家店占 4 通是最严重的，也有无抱怨数的店。

王品集团每个月都会计算业绩、红利，而且公开让大家自己去看。数字好看，红利就多；数字不好看，不仅大家红利领得少，我也会发出警告。若再这样下去，你会丢掉这个品牌的总经理位子。

为什么要每月分红，不是等到年底再一次分红？一是让员工实时得到收获，另一则是要让赔钱的店实时检讨。若等到年底再来检讨，就太慢了。

数字管理要公开、实时，而且当全部靠数字时，我就不用骂人，也不怕被蒙蔽。我的心得是，把公司交给顾客管理，把财务交给同仁管理。公开全部数字，每个人都能帮你检视各部门的财务运行状况。例如，之前总部帮分店添购捕蚊灯，每台价格是 2200 元，但分店去市场看才 1900 元，就叫总部退货，他们自己采购。

· 问题：公开财务，难道不怕成绩不理想，影响员工士气或公司声誉？

乱传会影响声誉，全部公开，才能安定人心。不管数字好不好看，只要公开，大家就会接受它。

我认为老板不想公开数字，原因之一是他怕员工知道其实公司很赚钱，要发很多年终奖金。原因之二是增加老板的权威，老板常常说："没赚啦！你们还要再努力。"借此扩大本身的权威感。

况且不公开数字，很难培养员工的数字敏感度。我常说："老板的心胸，决定这个事业规模的大小；老板的品德，决定这个事业规模的长久。"

· 问题：数字可帮助你做出哪些决策上的判断？

例如，新餐饮品牌能不能做，有三项判断指标：① 要能做到 5 亿市场。② 品牌要能开到 20 家店。③ 获利率须达到 10%。假使这三项指标都能达成，这个品牌就能做。接着营运就朝"151"方程式发展，也就是投资金额 1000 万，1 年营业额要达 5000 万，每年要有 1000 万获利，全部都有数字，部下再评估可不可行。

· 问题：每天看，你会不会被数字吓到？

不会！而且数字敏感度会更高，很快就能抓到重点数字。仔细研究重点数字，决策会更精准。当你看到一个数字会吓到，比较容易乱做决策，而且一家公司若一直有令人惊讶的数字，表示这家公司的营运很不正常，必须留意。

★　数字 v.s.管理

·问题：你会把看过的数字都记下来吗？

对。我为什么愈来愈重视数字？因为我想授权，但我授权时会担心无法衡量这个人、这个事业做得好不好？所以我开始运用数字做管理。一个人处在安全期愈久，愈喜欢运用"营运正常""获利不错""士气高昂"之类的形容词。但对我而言，形容词是无意义的，无法真实描述营运状况。

我要求自己背过所有与产业、营运及工作相关的数字。每天上班第一件事，就是看前一天的数字报表，包括每个品牌、每家店的顾客满意度、顾客抱怨数和营业额。即使没有进公司也请秘书传前一天所有品牌的营业总额简讯给我，否则会心神不宁。因为没有抓到前一天结账后的所有数据，根本无法知道今天的状况好不好。

·问题：你带领下属也是这种方式？

我给下属的指示都是数字，形容词不具意义，大家会不知如何遵循。我发现我给的数字愈详细，员工愈清楚知道目标。例如，我提出获利率 17.5%的目标，如果达到就有奖赏。而不是说，好好做，年底赚了钱就给大家好处，但到底什么叫赚了钱，什么叫没赚钱，大家根本搞不清楚。

同时，主管贡献度也用数字管理，每个人都可以给每位主管打成绩，从 0～100 分，每5 分 1 格，再累计所有分数计算平均值。大家好奇，我这个董事长领导得好不好？今年我的分数是 89.16 分。

·问题：投票是王品集团内部常用来决策的方式，这也跟数字有关吗？

这也是数字管理。例如，王品的股权合一政策是投票表决成立，177 位股东，3 人反对，174 人赞成，最后决策时大家都会心服。没有数字就没有说服力。

投票是王品的特殊文化。开会时，秘书会拿一大沓报废纸裁成的小纸片进会议室，当提案没有共识时立刻不记名投票，这样决策就很公平，较不易失误。

·问题：每项制度都要用数字管理，会不会让管理制度越来越复杂？

不复杂。只要写好程序，这些数字都是计算机在计算，隔天一早就知道。而且数字会让人心更纯净，组织、领导更简单化。以前要用形容词、表面文章向大家证明，现在都不用做无谓的邀功。

·问题：那你怎么看待对数字不敏感的员工？

他不会高升。在 teamwork 时代，即使个人工作能力很强，没有数字，会降低说服力，也很难领导下属。

★　数字 v.s. 节约成本

·问题：不景气当头，大家都在谈抓漏、节流，这方面你必看的数字是什么？

我们给各个品牌明确的成本占比数字，包括食材、福利、人事、租金、税金、总部费用等成本，各有其占比。店长可加加减减每项占比的比例，但最后加总数值要符合规定。若当超出或少于规定时，就算是"不当金额"，总部会直接算出金额数。

举例来说，这家店不当金额比例是 3%，不当金额是 26 万 8 千元，具体金额可促使店长警惕，因为他的管理不当造成店的营运成本多出这么多。不当金额也可能有负的，但最好是零，分店不能因为要降低不当金额而偷工减料，或减少门店人数。

•问题：当你发现不当金额出现时，会怎么做？

我会做各品牌比较，如西堤这些比例加起来是 72%、陶板屋是 68%，西堤就要检讨为何会如此高。

此外，每个品牌每个月有 5 项报表来检视品牌总经理的绩效，包括分红金额、0800 通数、获利率、投资报酬率及营业额等。我们将这 5 大项数据化成相对的指针值、排名，大至各品牌，小至各分店，我都能清楚知道谁表现好。

★ 数字的盲点

•问题：但数字管理也可能产生盲点，如局限经理人做出比较大胆的决策，你怎么看？

总比没有数字好。如果进行新案子，没有数字就等于是蒙住眼睛走路。有数字，走 10 步路后掉下去了，至少还有依据。错误的数字也比没有数字好，至少你还可以边走边修正那个数字的正确与否。完全没有数字，随时可能莫名其妙就掉下去了。

•问题：你观察其他企业无法落实数字管理的障碍在哪里？

是老板的问题，因为这个老板不重视数字概念。

•问题：一个经理人应该如何培养对数字的敏感度？你有什么建议？

就像进飞机舱，200 多个开关，但开飞机要动的就那么几个。你不用心时，每天面对几千个数字，就会觉得压力大。但当你投入时就会知道哪些是关键数字，只要记住这些数字就可以。

我最喜欢到每家店问店长：到今天为止，总计营业额是多少？或问主厨：你这个月打算做多少？今天的达标率多少？其中，西堤台南店主厨最有数字概念，到 4 月 20 号他就能算出他们 4 月的奖金是多少。他会直接告诉你：到现在营业额多少？到何时会有多少？货款有多少？员工薪资又是多少？扣除成本后，这家店还剩多少盈余？员工又可以分到多少钱？

当你习惯用数字思考，即使看到不好的数字也容易释怀，不会有压力，只觉得应该还要再做些什么。最后，我要提醒经理人，数字管理要伺机而动，什么数字要改变，什么数字还在容许范围内可以 go on，要给部属明确的指示，才能用数字做好领导。

资料来源：王晓晴. 不能管理数字别谈加薪、升迁，台湾《Cheers 杂志》104 期。

http://www.cheers.com.tw/article/article.action?id=5028956

任务一　店长运用表格管理门店

一、店长运用表格管理门店的意义

门店报表是在管理控制系统运行中为总部内部的各级管理层以定期或非定期形式提供，用于企业沟通、控制、判断、决策等灵活的各种报表，包含着每日、周、月报表，以及商品、价格、促销、竞争对手、市场动态等信息。所以，门店必须有标准的报表才能清晰、准确、及时、系统将信息汇总分析，便于门店管理者和总部能够迅速掌握信息作出正确的决策。

如今门店竞争已经非常白热化，所以门店经营管理就非常重要了。连锁门店如何通过规范的管理和数据分析来提升业绩就需要方法和工具，门店管理者也不是有三头六臂，可以一看就知道哪些地方需要改善，而且也不是一个人在工作。作为门店管理者就要通过有效的工具报表和店员的智慧汇总起来，然后判断需要提升和完善的地方。所以，表格能够给经营门店的管理者及连锁门店提供更方便、高效的管理工具，是连锁门店推行标准化管理的前提。没有表格管理的门店就不是连锁店。

日报表是店长每天要做的重要工作。店长不做日报表，就不能把握每日营业情况。连锁企业门店都应该有自己的日报表。有一些门店只注意营业额的高、低，甚至有的只把重点放在当天的日报表上，而忽略了也应该要把往年的报表作为参考数据，细心的店长甚至还会算出今年与去年的成长对比。逐日记账是营业的重要例行工作。身为店长，要更多地了解日报表，并逐日登记日报表。

天气状况会影响店面业绩的高低。如果能每天详细列出天气状况与业绩状况，就可做更有效的预防或补救措施。例如，预知每年此时天气变化不稳定，是否需要改变哪些商品的组合？或者配合气候变化做某些促销活动？举办各种促销活动的结果，店长都要登记在日报表上，作为未来举办类似活动的重要参考。

二、常用的店长日常管理检核表格

表格的应用管理是简单化、明文化、专业化与标准化四大经营原则的灵魂工具，连锁门店可以借助表格的管理与应用来掌握目前问题与未来趋势。表格管理是经营的灵魂工具，店长善于运用检核表，可轻易地掌握商店营运状况。工作要顺利，必须透过重点管理，而运用表格管理是最方便、有效的方法之一。店长的重点式管理，即店长对门店营业活动的统筹与管理。店长每天应认真并实事求是地填写所制定的门店时段检核表，对门店进行重点式管理。

连锁经营业态不同，比如餐饮、家居建材、服装、超市百货等表格设计也都不同，所以本书整理了门店店长管理环节中的一些典型表格模板，如表 3-1～表 3-3 都是要求门店的店长填写的。大家可以参考和对照自己企业情况进行修改，当然有些表格是可以直接使用的。因为门店管理还是有很多相同的地方，希望这些表格能够给经营门店的管理者及连锁店提供更方便、高效的管理工具。

表 3-1　店长有效做好时间管理的 15 项确认点表格

店名：　　　　　　　　填表人：　　　　　　　　日期：		
事　　　项	选　　　项	
1. 对营业过程中，应用的营业用具是否整理得井然有序？	是□	否□
2. 是否可以立即找到顾客所需商品摆放的位置？	是□	否□
3. 有无因无心之过而重复做相同目的的工作？	是□	否□
4. 次日的工作计划是否已拟好？	是□	否□
5. 次日重要工作及准备工作是否已准备好？	是□	否□
6. 答应为顾客办理的事项是否已完成？	是□	否□
7. 今天工作的优先顺序是否已明确？	是□	否□
8. 必须处理的店务事项是否做好时间计划安排？	是□	否□
9. 处理门店客户投诉是否做好前期准备工作？	是□	否□
10. 在电话中允诺客户的事情是否记录下来了？	是□	否□
11. 相关的业务是否同时并行处理？	是□	否□
12. 与顾客、团购者进行沟通时是否能把握重点？	是□	否□
13. 允诺顾客要做的事是否确实实行？	是□	否□
14. 突发事件发生时是否考虑到应对措施？	是□	否□
15. 是否有创新方法提升门店管理、提高管理效率？	是□	否□

说明：对以上选择"否"的题目进行思考，找到解决和改善的办法，这样你的时间才会用得更加有效率。

表 3-2 店长每日工作计划表

门店排班、出勤情况、销售目标达成情况等记录栏	员工姓名	班次	实际出勤	今日目标	实际完成	达成率	离岗签字	调/请/加	备注

晨会	主持人		参会人员	
	内容		(目标奖惩、总结鼓劲、促销安排、重大事项等)	

店铺自查	通报业绩	卫生	收银	商品	陈列	迎宾	空调照明	橱窗	促销物料
10:00									
13:00									
16:00									
19:00									
巡店抽查									
备注			(发现的主要问题、违规开罚单情况等)						

进出货	接货	箱数		件数		有无误差		点数签名	
	调出	箱数		件数		调入店名		签名	
	退货	箱数		件数		有无误差		封箱签名	

收铺总结	当日业绩		达成率		新品业绩		占比	
	自有品牌业绩		占比		特价		占比	
畅销系列								
畅销类别								
促销情况								
信息反馈								
客流情况	上午人数		促成		下午人数		促成	
交换班注意事项及签名				签名				

表3-3 店长每日门店检查表

检查性质: 检查( ) 自查( )	
检查频次: 每日( ) 每周( ) 每月( ) 每季( )	
检查日期: _____ 检查时间: ____:____ 至____:____	

项　　目	
(合格)√ (不合格)×	
一、作业流程检视	
(一) 到达岗位	
1. 是否更换工作服、工鞋、工牌?	
2. 是否整理头发、化妆、剪指甲、佩戴首饰?	
3. 早会是否准时召开,有无按早会制度执行?	
4. 员工个人形象和状态是否合乎标准?	
(二) 营业前准备	
1. 是否清点货品,货品是否准确无误?	
2. 是否清点现金,现金是否准确无误?	
3. 是否按以下次序清扫货场并保持清洁?	
(1) 门口招牌及 LOGO 标完整、清洁;	
(2) 橱窗、玻璃、地板、展台及模特整洁;	
(3) 通道、门口、地板、天花板整洁;	
(4) 店铺后仓综合卫生状况、规范情况;	
(5) 机器设备、货架及层板整洁;	
(6) 玻璃、镜身及墙身整洁;	
(7) 收银台桌面、电脑 POS 设备清洁;	
(8) 休息区域卫生状况;	
(9) 商品、包装物、衣架、裤架等配件整洁;	
(10) 试衣间(镜子、墙壁、地面、试衣鞋)卫生状况。	
4. 营业用品是否齐备?特许经营牌是否正确摆放?	
5. 标准背景音乐播放是否合乎规定?	
6. 店铺灯光合乎实际需要(招牌、室内、橱窗)吗?	
7. 应急灯备量足够。	

8. 灭火器数量齐全并在使用期内。	
9. 店铺门、窗正常使用，符合安全需要。	
10. 室内温度属于正常范围。	
11. VIP 客户是否填写《VIP 积分记录卡》?	
12. 按公司规定包装货品。	
13. 将包装袋递给客户的同时，介绍货品的洗涤方法。	
14. 收银完毕后，问顾客还有别的需要吗。	
15. 用"送别"标准用语，送别顾客。	
16. 服务过程中，是否全程"微笑服务"?	
17. 电话回访:	
(1) 售后三天，电话回访客户对我们的商品及质量的满意度;	
(2) 节假日、客户生日以及重要日子要给客户以问候;	
(3) 节气有重大变化，例如天气突然变冷(或热)，我们必须要主动提示顾客，借以触发消费动机;	
(4) 新货上市或公司有优惠活动时必须优先告知会员客户和 VIP 客户。	
(三) 营业中的检视	
1. 是否保持货场卫生、收银台卫生?	
2. 音乐保持正常播放、室内温度正常。	
3. 试衣间门保持关闭。	
(四) 营业结束的准备	
1. 货品是否清点，并核对账目?	
2. 整理货场货品。	
3. 是否将现金正确存放?	
4. 是否规范操作账务工作?	
5. 晚会是否准时召开? 有无按晚会制度执行?	
6. 是否关闭所有电脑、音响、照明、门窗?	
二、服务流程检视	
1. 顾客进店时，用"打招呼"的标准用语时必须分时段、分节日打招呼。	
2. 顾客进门时，需主动为顾客开门。	
3. 留意顾客的需求，主动跟随顾客。	

续表二

项目	评价
4. 主动为顾客介绍货品。	
5. 介绍货品时应运用 FAB 的技巧。	
6. 主动邀请顾客试衣。	
7. 按试衣间服务的规范要求执行：先了解顾客尺码，取出合适服装，拆装衣、裤架，解开服装纽扣、拉链，带领顾客到试衣间前，敲门，将货品挂在试衣间内，温馨提示，关门。	
8. 顾客从试衣间出来后，主动为顾客整理衣服。	
9. 询问顾客感受，介绍产品 FAB，主动进行附加销售。	
10. 主动引导顾客到收银台付款。	
11. 付款时唱收唱付，告知顾客商品的洗涤保养方法。	
12. 为客户建立资料卡：	
(1) 主动询问顾客是否有 VIP 卡；	
(2) 普通客户购物是否都主动为顾客填写了《普通会员积分记录卡》？	
三、店面形象类检视	
综合评价：　1. 优秀；　　　2. 合格；　　　3. 不合格	
1. 是否完全按公司形象装修(含试衣间)？	
2. 形象商品、装修物品有没有配送完全？	
3. POP 牌和 VIP 办理须知是否齐全？是否放在正确位置？	
4. 喷绘、灯箱画是否当季适用、完整？	
5. 节假日/日常店铺 POP 要足量，气氛适宜。	
四、货品检视	
1. 畅销款是否充足？普通款是否充足？	
2. 有无形象款、主推款商品？	
3. 总量是否足够？库存比例是否协调？	
五、产品、橱窗陈列规范管理	
1. 商品品牌规范。	
2. 店铺上柜商品经过熨烫、平整。	
3. 商品、陈列配饰品没有破损。	
4. 形象品、服饰品是否配备齐全？	
5. 店铺商品搭配陈列是否按公司规定执行？	

续表三

6. 橱窗是否按公司要求布置？	
7. 是否一周两次更换橱窗陈列？	
六、员工基本技能和态度	
1. 员工工作态度是否端正？	
2. 员工工作职责是否明确？	
3. 货品(含货号、价格、面料成分、洗涤方式)知识是否熟悉？	
4. 员工是否都掌握衣服整烫知识？	
5. 员工熟悉消防灭火知识吗？	
6. 销售小票、发票是否填写完全、正确？	
7. 熟悉公司商品的退换货制度。	
8. 熟悉店铺管理制度。	
七、文件规范管理	
1. 店铺管理制度齐全。	
2. 店铺历史资料整理、归档清楚。	
3. 店铺各种报表清晰、明了。	
4. VIP积分记录卡、普通客户积分记录卡(存根联)是否完备？	
5. 日常购销、往来单据齐全、清晰。	
6. 公司发文通知、传真资料保管清楚。	
7. 店铺营业证件齐全、有效。	
八、顾客投诉处理	
1. 是否对我们的服务不周或产品缺陷进行道歉？	
2. 是否仔细倾听顾客的投诉？	
3. 是否耐心接待客户的投诉？	
4. 是否及时采取相应的弥补措施？	
5. 是否对相应的责任人采取教育及处罚措施？	
其他评价：	

　　　　店长签字确认　　　　　　　客户签字　　　　　　　检查人签字

店长要管理商店、卖场，必须善用表格管理。表格的应用与管理，是门店实践专业化与标准化的工具。门店经营管理的优良与否，往往可以通过表格的信息、流程、实际填写的内容、签核的层次中显现出来。其他需要由店长填写或关注的管理表格还有以下类型：

1. 营运类表格

(1) 门店日营业时段分析表。

日营销时段分析表是将每日营业时间划分为若干个时间段，并根据各时段营业额占日营业目标的比重，了解当日剩余营业时间是否应采取必要措施，加速业绩的冲刺，并借以统计营业低峰和高峰时段，作为日常排班及人力需求、商品调度的依据。表 3-4 为服装专卖店的门店成交分析表样。

表 3-4 服装店的门店成交分析表

填表人： 填表日期： 天气：晴；阴；雨； 属：季初/中/末		
测试时间段： 月 日( )午 时 分… 时 分共 小时		
人流量分析		
从左经过人数	从右经过人数	
合计人流量	进店人数	
进店率	进店率与日常相比	1. 高；2. 中；3. 低
周边品牌名称	与周边品牌相比	1. 高；2. 中；3. 低
原因分析		
试穿分析		
试穿人数	试穿率 = 试穿数/进店数	
试穿率与日常相比	1. 高；2. 中；3. 低	
原因分析		
每个试穿客户成交分析		

序号	时间段	有无成交 (√，×)	成交或不能成交原因
1			1. 尺码；2. 质量；3. 服务不标准；4. 成交技巧；5. 款式；6. 价格
2			1. 尺码；2. 质量；3. 服务不标准；4. 成交技巧；5. 款式；6. 价格
3			1. 尺码；2. 质量；3. 服务不标准；4. 成交技巧；5. 款式；6. 价格
4			1. 尺码；2. 质量；3. 服务不标准；4. 成交技巧；5. 款式；6. 价格
5			1. 尺码；2. 质量；3. 服务不标准；4. 成交技巧；5. 款式；6. 价格

续表

成交数		成交率＝成交数/试穿数				
成交率与日常相比		1. 高；2. 中；3. 低				
成交率与周边品牌相比		1. 高；2. 中；3. 低				
不能成交原因汇总	尺码	质量	服务不标准	成交技巧	款式	其他
占比						

续销率分析

成交人数			续销人数	
成交件数			续销件数	
续销率与日常相比		1. 高；2. 中；3. 低		
原因分析				

横向比较分析

（　）其他门店：＿＿＿＿＿＿＿＿＿				
进店率	1. 高；2. 相同；3. 低		原因	
试穿率	1. 高；2. 相同；3. 低		原因	
成交率	1. 高；2. 相同；3. 低		原因	
续销率	1. 高；2. 相同；3. 低		原因	

综合改进意见：
在产品不能更改的情况下，如何提升业绩？给出主要建议与具体步骤：

(2) 门店营业面积。

门店营业面积既不是建筑面积，也不是房东说的使用面积，而是经过品牌公司工程部规划设计的"营业面积"，或是营业套内面积。既然开发商将门店是按平方销售的，甚至房东也是按门店的平方租赁的，店长就不得不关注营业面积。按年核算的为年坪效，按月核算的为月坪效。例如，优衣库专卖店年坪效平均 40 000 元人民币，ZARA 坪效才 30 000 元，国内美特斯邦威坪效才区区的 20 000 元，而国内休闲男装品牌劲霸、七匹狼及利郎的坪效连 20 000 元都达不到。由此可见，连锁企业不能光靠开店数量带动增长，还必须关注坪效的提高。

(3) 员工配置人数。

在耐克、阿迪达斯等品牌专卖店，单个员工往往能达到人均月效 6 万～10 万，也就是配置 5～8 个员工，门店的月销售额就是 30 万～80 万元区间。如果人均销售额过低，就要加强培训及挖掘员工的销售潜力，而不是要增加编制。员工人数不是越多越好，也不是越少越好。一方面需要有必要的人力储备，另一方也需要有"优胜劣汰"的体系。另外，门店可以参考"淡季适当超配，旺季适当紧缩"的人才配置策略。

(4) 门店租赁年限。

门店租赁年限包含两项指标，一是现有合约年限，二是累计合约年限(包含续约部分)。

很多连锁企业之所以经营失败，往往不是经营效益不好，而是因为耐不住寂寞。通过对连锁企业成功的门店分析发现，门店的业绩高峰期往往从第三年开始、盈利高峰期从第五年开始。但很多人坚持不住。

马云曾经说过：今天竞争很残酷，明天更残酷，后天很美好，但很多人都死在明天晚上。想想也是如此，为什么要租长约店，很多人担心房租涨，这只是其中一个方面，更重要的是营运的持续性效益。

2. 费用类表格

将门店营业费用所占销售额比率作为控制营业费用的依据，再根据重点法则找出"重要的少数"加以管理，寻找差异原因，加以改善，以降低费用。费用主要有销售人工费率、销售租金费率、装修费用率及水电费用率等。

(1) 销售人工费率。

以服装专卖店为例，销售人工费率通常是运动品牌在 3%～5% 之间、男装在 5%～10% 之间、部分品牌超过 12%。单个员工工资高低很难评判，但通过与销售额对比分析就可以看出整个门店单位人均产出高不高，或是评判人均效能好不好。

(2) 销售租金费率。

早期销售租金费率都在 10%～15%，而现实中有很多店甚至超过 30%。这也是很多拓展人员口中的销售预算，即只要预算业绩额超过租金额 3 倍就可以开设。从商场的扣点看租金比高低，普通商场的扣点在 15%～20%，高端一些的在 25%～30%。商场的扣点费里面承接了公共管理、推广费、场地租金及水电费，以及商场的管理经营利润。

(3) 装修费用率。

已经有一些连锁品牌在为终端补助所谓的装修补贴，尤其是服装运动品牌连锁门店较为明显。装修费用的分摊，更多采用的是平均分摊制度，分摊年限界定在 3 年左右。常见的分摊方法是按 532 分摊，即第一年分摊 50%、第二年 30%、第三年 20%。由此可见是将经营风险放置靠前，但很多经销商几乎都是一次性分摊，这也未尝不可。随着连锁总部对终端形象的要求越来越苛刻，这个费用也愈来愈大。

(4) 水电费用率。

在很多人的眼里这项支出几乎是"变动费用"，可以人为地进行降低调节。在零售业里，几乎都是"固定费用"，很少存在变动费用(员工提成可以视同是变动的，另外非定税制门店的税务支出也是变动的)。因此，门店员工在人为调节门店空调、灯光时，往往都是"反作用"。不是因为顾客进店才需要开灯，而是因为你开灯了顾客才进来，否则那不就是"黑店"了吗?

3. 损益类表格

依据损益统计门店预算、实绩，并找出两者之间的差异，检讨差异问题点后再加以改善。

三、连锁门店做好表格管理的要领

表格管理作为一种科学的门店管理手段，越来越被更多企业所重视和运用，也为这些企业带来了很大的效益。但在实际操作过程中，很多企业却因为对表格管理的无序运用而使连锁企业的门店管理走进误区。

门店员工对待管理表格经常有抗拒心理，有的人怕麻烦，有的人认为只要有业绩，报表无所谓。有些门店管理者不愿意填写报表，或者填写不清晰，主要原因是门店管理者没有意识到表格的好处，或者表格设计的不合理而造成表格没有生命力。

在某连锁企业曾经发生过这样一件事。由于缺乏对门店人员的有效管理和监控，该化妆品企业某个门店员工常常不能有效贯彻总部的销售政策，甚至站在经销商的立场向总部要政策、讲条件，使企业管理者们十分头疼，虽然多次更换店长人选，但结果都不甚理想。

最新上任的店长根据以往的管理经验，认为该门店管理层与员工之间长期缺乏有效沟通，店长与门店员工之间没有科学的汇报机制和管理措施。于是，该店长制定了一套门店员工管理制度，并设计出一整套相应的销售管理表格，包括门店员工周工作汇报表、门店销售情况统计表及月度市场调研报告等，还将门店人员的工作汇报频率由原来的 1 月 1 次改为 1 周 1 次。新上任的店长还在培训会上强调了表格管理的重要性与科学性。

在该制度最初实施的几个星期之内，经过催促大部分门店人员都能按时填好表格并递交表格。但在接下来的时间里，部分门店人员开始以种种理由推迟递交工作表格。如工作太忙、时间太紧无法填写这么多表格;经销商十分反感导致某些数据无法获得;他们在表格中提出的一些建议并不能为公司所采纳，因此觉得不能再做这些表面文章等。而且，在实施表格管理的这段时间，因为管理人员的人手不够，并不能及时将门店人员的工作汇报表格有效汇总，数量繁多的表格和文件反而占用了管理者大量的时间。于是，门店管理实际上又走上了以前的老路，一套套表格形同虚设。

事实上，上面这个案例并不仅仅发生在某个企业中，表格的繁杂与管理的形式主义现象可以说是比比皆是，"为表格而制作表格"成为许多销售管理者痛苦而无奈的工作。要做好门店管理中的表格设计与运用，避免表格的繁杂与资源的浪费，应该从以下三方面入手来解决。

1. 门店管理表格的设计工作

表格管理最重要的一项工作就是设计出一套符合连锁企业需求特点的门店管理表格，那么设计表格就要考虑到企业的发展阶段、企业的需要、门店人员的素质、工作强度以及项目的科学性等因素。企业在不同的发展阶段需要了解不同的市场信息，需要采取不同的门店管理制度，门店管理表格就要根据企业的发展阶段来设计。例如，从表格的多少来说，一个刚成立的企业是不需要也不可能在门店管理中采用一套繁杂的门店管理表格的，那样将造成资源的巨大浪费与市场决策行为的迟缓，轻装上阵反而能够有效地发挥门店人员的主观能动性和工作积极性。

管理表格的设计要考虑到企业的需要，因为表格的制作与填写主要是帮助企业完成对门店人员的管理及有效了解门店经营信息。企业要了解店人员究竟在做什么、怎么做的，有无损害企业的行为，也要了解其他竞争品牌的情况，"知己知彼，百战不殆。"所以，门店管理表格中也要考虑到这些信息的获得。

表格设计要考虑到门店人员的素质与工作强度。由于受文化程度、个人经验及市场情况等因素的制约，门店人员素质高低不一，工作强度也各有不同。考虑到这些因素，如何让门店管理表格能够适用于最大范围的门店人员，以及如何在管理的过程中有效教育门店人员并使之规范化地填写，也都是表格设计时所必须注意的。

当然，表格设计还要考虑到各项目设计的科学性。门店管理者与表格设计者应该认识到，管理表格中所获取的信息并非企业决策的唯一依据，我们更要注意的是这些表格如何能够起到其应有的作用。也就是说，各项目的设计必须科学，必须符合企业、市场和人员的实际情况，并能够通过简单的问题获得企业想要获取的信息。

2. 门店管理表格的整理与信息利用

前面案例中的那家企业对门店管理表格的整理与信息利用可以说是"零"。他们所设计和执行的这套表格因为缺乏整理与信息利用而起不到应有的门店管理作用。这不但浪费了企业资源，还给门店人员的日常工作造成负面影响。

如何做好这些表格的整理工作呢？项目那么多，数据那么多，怎么进行整理呢？门店管理表格的整理要考虑两个方面：一是整理的周期。这应该根据表格设计的情况来进行，力争第一时间进行整理。如果有周报表的最好是一周一次，这样将避免表格的累积与信息的滞后，以免失去时效性。二是整理的项目。哪些项目是应该重点整理和分析的，哪些项目是保留在门店的而哪些项目又是应该递交给连锁企业总部的？企业应该根据门店管理表格的种类设计出相应的整理表格，并以最有效的方式整理出最宝贵的信息。

门店管理表格的作用除了管理之外，还有一个就是信息利用。企业应该在整理出这些信息之后，及时抓住这些信息中的闪光点进行有效利用。例如，竞争对手有什么动态，自身应该如何应对？客户有什么样的投诉和建议？企业是不是应该增加新的产品？当然，企业的决策依据来自于多方面，但来自于市场第一线的信息往往是最真实的。不过，连锁企业总部还应该去有效甄别这些信息的真伪，因为门店人员毕竟会受其区域局限性的制约。

此外，即使拥有了一套科学的管理表格，管理人员还必须能够通过有效和便捷的渠道及时反馈相关信息，以免推迟工作表格的反馈时间，影响及时沟通，耽误了门店的管理工作。

3. 门店管理表格的总结与改善

企业在不同的发展阶段需要运用不同的门店管理模式，采取不同的门店管理制度。所以，门店管理表格将随着制度的变化而不断修订和改正。即使是在同一个门店管理阶段，也应该根据市场的不同变化、企业的需求变化来总结和改善门店管理表格。因为任何一套门店管理表格都不可能是完美无缺的，都会有这样或那样的缺点，所以需要不断修正。没有任何一套门店管理表格能够得到所有人的认同，但一套门店管理表格应该在基于企业利益和市场需求的基础上，得到最大多数人员的认同与遵守执行。所以，不要以为有了这样一套表格企业就可以坐镇无忧了。门店营运管理是动态的，门店管理表格的设计与运用也是动态的。

任务二　连锁门店的数字化管理

一、门店数字化管理简介

业绩好不好，数字说了算。不论门店大小，经营者都要对数字有充分的敏感，时刻关注门店运营状况及财务报表中的信息，及时分析、调整以改善门店管理，实现最大利润。目前许多门店的运营仍然靠的还是店长个人意识或经验，而缺乏系统化的运营依据，所以常常导致店内生意经常顾此失彼，门店经营管理的不科学、不规范。

数字是简单的，也是真实的。当今天的数据跟昨天的数据对比时，我们很容易找出其中的问题所在，并制订出相应的解决方案。数字代表的是门店真实的运营状况，只有建立在数据之上的解决方案才是实际并有意义的。发现哪个数字有问题就要着重解决对应的营运问题。只有这样，我们门店的营运能力才能科学进步，才能保障销售业绩节节高升。

 阅读链接 3-1 做零售不能不知的超市趣味数字

• 超市哪个收银台结账速度最快？

超市购物结账时很考验人的耐性。哪个收银台结账最快？据统计，两侧的收银台往往比中间的人流量小。而面对卖场，最右侧的收银台一天接待的顾客比最繁忙的收银台约少 10%。

• 最热门商品是什么？

以销售数量统计，2013 年销售最热商品前十名分别为蔬菜、水果、肉类、鱼类、饮料、零食、日化用品、服装、卫生用品和食用油。

• 最忙时段：18:00～20:00。

超市行业一天有两个最繁忙时段——清晨和傍晚。每天从早晨 8:30～9:30 会迎来一天中约 20% 的顾客，其中近 9 成是中老年人。他们进超市后，往往直奔目标——清晨最新鲜的蔬菜、鲜肉和鸡蛋。50% 的顾客会选择 18:00～20:00 这个时段进店购物，其中大部分是忙碌了一天的上班族，也有相当部分家庭会选择在饭后以逛超市作为散步方式，这个时间手推车上坐孩子的场景最多。

• 最忙碌岗位：收银员。

超市收银一直是最繁忙的岗位。两侧的收银台往往比中间的人流量少些。急于结账的顾客，可以试试往两侧的收银台结账。

• 最容易被遗忘的角落：超市储物柜。

一个小小的方格，可以将随身物品在进店购物前方便保存，可是很多粗心的顾客会在离开卖场时忘记取出。据几家大型连锁超市统计，2013 年每天约有高达 20% 的储物柜会在当天被遗忘开启，约有 8% 的储物柜内寄存物品超过一周都无人理会。

二、门店经营中的关键数字分析

数字唯一真实反映了营运的实际情况。门店业绩诊断也是围绕六个数字展开的，分别是客流量、进店量、试用率、成交率、连单率和回头率。店长可以通过这六个数字前后时间的比较分析来诊断门店运营状况，找出影响业绩的关键因素，进而对门店运营进行调整。

1. 客流量

客流量是指以某地点为准，在一定时段内经过店前的目标消费者人数，即从门店门前经过，符合品牌目标消费者要求的人数(注意不是人流量，人流量是包含非目标消费者的所有经过门店的人数)。客流量主要受店址、天气和大型活动的影响而变化。门店碰到下雨天，客流量就减少；商场店碰到商场做大型促销活动，客流量就剧增。

解决客流量减少的方法，一般是围绕门店周边进行推广和广告来提升客流。

2. 进店量/进店率

进店量是指进入门店的消费者数量。门店的进店率就是单位时间内进入门店的顾客人数占到经过门店的总客流人数的比例。

$$进店率 = \frac{进店量}{客流量} \times 100\%$$

这个指标反应的是顾客进入门店的情况，在一定程度上能够指导门店的设计、促销等决策。

一般来说，提高进店率的措施主要包含两方面：提高新顾客的进店率和吸引回头客。

3. 试用率

消费者在店内驻留时间超过 X 分钟以上，用手触摸产品，并进行试用体验或产品咨询，为有效试用率。

$$试用率 = \frac{试用产品的消费者人数}{进店量} \times 100\%$$

试用率反映的是专业和技巧问题，主要包涵产品设计、陈列、搭配和服务流程等范畴。

不同的消费者有不同的性格、情绪和习惯，但无论是哪种类型的消费者进店后进行产品试用主要取决于两点，即产品和店员的服务。所以，提升试用率的要点是根据消费者特征合理陈列和规范员工服务技巧。

4. 成交率

成交率是指成交人数占来店人数的比例。

$$成交率 = \frac{购买产品的消费者数量}{进店量} \times 100\%$$

如进店 100 人，成交 30 人，则成交率为 30%。成交率反映人员素质、团队协作、销售流程和技巧等问题。

提升成交率的主要方法是提高团队协作能力和员工的销售、服务技巧。

5. 连单率

连单率是指消费者单笔购买两件或两件以上商品的人数占当期总成交顾客人数(客单数)的比例。

$$连单率 = \frac{消费者购买两件或两件以上商品的人数}{客单数} \times 100\%$$

例如，当天有 100 个消费者买单，其中有 50 个成交商品件数在两件或两件以上的，则连单率为 50%。连单率反映的是连单销售技巧、收银和休息区域产品陈列的问题。

提高连单率是在进店量减少的情况下提升业绩的有效方法。具体的做法包括：一是提高员工的附加销售和服务技巧，建立不同品类产品的附加销售术，增加员工对不同产品之间和产品跟顾客着装、场合之间的搭配知识，引导顾客对整体搭配的需求；二是消费者买单的收银区、等候包装的休息区陈列配饰和小件商品，方便顾客搜索和店员附加销售；三是推销店内惠赠商品，给予消费者二次购物优惠；四是推荐达到销售门槛，加入会员资格，享受会员权益。

6. 回头率

由于统计的原因，门店的回头率主要是指顾客成为会员后再次进入门店消费的人数占会员总数的比例。

$$回头率 = \frac{再次消费的会员数量}{总会员数量} \times 100\%$$

例如，A 店有 3000 个会员，当月有 200 个会员来店再次消费，则回头率为 6.7%。根据行业和品牌不同，回头率目标值的设计也不同，跟会员维护、营销和增值服务有关。

一家门店业绩的稳定和发展，很大程度取决于会员的回头率。也就是通常所说的，老顾客的多少决定一家门店业绩的好坏，回头率的变化代表门店会员服务能力的高低。提高回头率的方法有两种。一是会员的售后回访，以皮具专卖店为例，在顾客购物后一周内进行电话回访，询问是否有品质问题，是否穿着舒适感觉时尚，邀请经常回店护理和保养；二是主动电话联系，询问产品感受并邀请至店等流程化的会员维护和服务。

 阅读链接 3-2　　日化连锁店的数字化管理误区及对策

★ 日化连锁店营运数字化管理的五大误区

(1) 眼里只有单品无全品

许多店家都只重视畅销品或高毛利产品的销售及生意贡献，而不注重如何合理平衡店内整体品项的生意，而这样做通常的结果往往带来的只是门店局部生意的突破，而很难实现门店整体生意的提升，畅销品或高毛利产品的利润往往被大量滞销或遗忘品类库存所冲抵。

(2) 强卖促进连带销售

通常有意无意地鼓励口才好、善忽悠的店员，只重视一时客单价提升，通过大力度促销将过多商品强行卖给客人。当时产品销售出去了、单次客单价提升了，但带来的后果是顾客的黏性大大降低，并且更重要的是返单率也随之降低，导致门店长周期的平均客单价实际也并未提升。

例如，一个客人本来到店里买 1 瓶洗发水，店员一下子推销给了这个客人 3 瓶洗发水，按 1 瓶洗发水用 1 个月计，本来客人会每个月来一次门店，这次买 3 瓶洗发水有可能他就要在 3 个月后才来门店，单次的客单价是提升了 3 倍，但是从 3 个月周期来说客单价实际并没有提升，并且连每个月来购洗发水时有可能产生其他购物机会也丧失了。

(3) 只重视单品项利润，而忽视商品的流通周期

高毛利、低折扣的商品表面看来是极大的诱惑，但是需要多久才能卖出去？如果同样的进货资金，进了其他低毛利但流通性高的商品，在同样周期里哪个产品的资金回收更快？如果只重视高毛利、低折扣商品的引进，而忽视对商品流通周期的考虑，通常很容易就在店内造成不少商品的大量库存。

例如，店家 10 000 元进货资金，进了 A 商品有 3000 元毛利，但需 3 个月卖完；如果进了 B 商品只有 1500 元毛利，却 1 个月卖完，3 个月就流通了 3 个周期，实际 B 商品带来 4500 元毛利，并且保障每个月都能实现 10 000 元进货资金的回收。试分析孰优孰劣？

(4) 缺乏广度的体验服务意识。

体验服务在日化店的重要性，相信大家都有共识，但更多店家认为服务仅仅是指环境、修眉、化妆等。这些能够吸引顾客，但却忽略了顾客最需要、也是最直接的"体验"其实是产品本身的体验，店家/厂家为了节省成本而尽可能地节约开样产品的使用，往往断送了更多的成交机会。

(5) 缺乏利用定期生意数据管理门店运营的意识。

很多日化店渠道的店家，都通常是以个人经验判断商品进货、销售趋势。对于门店畅销品项、明星品项销售情况可能较清楚，但是对于门店滞销/遗忘品项为何滞销，遗忘品项所在社区居民喜好商品细分占比等就不甚了解了，常常以偏概全。以销售个案代替对整店生意运营的判断，实际上对于整店运营情况处于模糊数据状态，只知大概，不知其详。因为以单品项或局部品项生意数据替代整店生意数据，所以不可避免地导致门店运营呈现诸多问题。

★ 还是让我们共同来看一看日化门店的数字经吧

数据化运营管理坪效路径(注：坪效 = 单位面积商品销售业绩)：

(1) 整店大品类的坪效分析——实现匹配商圈属性的品类选择与整店资源布局。

通常顾客进店的选择顺序是品类＞功能＞品牌，所以门店的品类选择关乎是否适合所在商圈消费人群，各品类占比是否能满足商圈消费人群需求度。这些都直接关系到门店大品类区域的合理布局与显性化。

(2) 同一品类下细分品类的坪效分析——实现同一品类的资源合理分布与坪效提升。

细分品类坪效关系到店家对同一品类不同分类商品的合理进货选择，提升流动资金运营效率，提升单一品类对整店生意的贡献效率。

(3) 细分品类下的品牌坪效分析——实现单品牌的合理选择与店内资源合理配给。

同一细分品类下不同品牌的坪效差异是较大的。分析单品牌的坪效，有利于细分品类商品的进货选择，有助于将店内陈列资源合理配置细化至每一个品牌。

(4) 体验商品的坪效分析——促进店内商品最广度体验，大幅提升商品成交机会。

分析店内销售业绩较好的品类(尤其是护肤彩妆类)，会发现通常销售业绩好的商品绝大多数都是产品开样试用最多的商品。通过分析开样产品试用量与正品销售量，通常会发现开样产品数量多，但在正比销售量中占比反而越小。因此，加大销售业绩较差品项的产品开样试用推荐，有助于创造销售业绩大幅提升的成交机会。

(5) 店内促销推广区域的坪效分析——有助于最大化提升店内商品促销活动效能。

店内的促销推广区域，如门店入口区域及斗柜、独立陈列架、堆码等，是店内主要用于不同类型促销商品推广。如何合理在这些区域或陈列工具上进行商品合理布局、改善坪效，关系到能否最大化实现门店引流、商品促销业绩最大化。

★ 以华南一大型日化连锁渠道终端为例

该店属于人流较大的商圈店，消费者以白领和学生居多。

(1) 店内家庭日用品类销量占比不足7%，符合商圈店人群消费趋势，但陈列资源却仅占30%，显然是对店内紧张陈列资源的极大浪费。

调整：将整个日用品类陈列压缩至不到10%，削减大规格装产品。

(2) 门店主力品类护肤品大类整体占到近50%，其中基础护理品类(如洁面、卸妆等产品)的销量占比整个护肤品类50%以上，符合这个商圈人群年轻化、偏快决策的需求，但实际陈列产品却散落在各个品类货架不显性，并不方便购物者快速选购。

调整：除名品专柜中的清洁类商品不调动外，规划了一个开放货架区域集中陈列，更加方便顾客快速选购。

(3) 面膜类产品销量占整店生意比 10%，但在该店内仅有一个中岛位置，陈列占比不到5%，而近年来面膜的普及性较高，又是购物者购买随机性高的商品，其流通快、适合用于门店引流。

调整：增加一组中岛货架用于面膜陈列，并且在入口处设置了面膜的促销专区。

资料来源：悦易咨询. 动销管理之运营管理篇。

http://www.qun.hk/news/f383e34d3ff92666cbfa9895f1742965

总之，门店的日常经营与数字化的营销和流程管理紧密相关联，门店营运唯有深入理解和重视运用这些关键数字指标，店长才能将门店的绩效管理和业务提升工作落到实处。

◇ **案例精讲**　　　"面爱面"连锁店的制胜法宝——管理表格

　　"表格管理"是京日集团董事长，日本骨汤拉面连锁店——面爱面(北京)的创始人正山四郎先生实行企业管理的一个核心。正山四郎先生认为，他们在公司推行的所有表格管理，并不只是一个简单的记录表而已，而是企业成功经营的一个重要助力者。在他企业的实际操作中，表格可以帮助他们做很多的"前准备""前管理""前工作"。

　　日本的管理做得比较细，而且还特别强调科学的计算方法与管理理论。其管理特点是：不光只有概念，而应有一些具体化的东西。那么，怎样才能反映它对概念这个抽象性东西的具体化呢？重要的一点是要用数据和准确的语言来表示它。例如日式管理，他们不让说"马上""一会儿"等词。他们会设问，"马上"和"一会儿"到底是几分钟？具体多长的时间?所以说，他们只讲求一些具体的东西，而不要这种抽象的概念。公司要求员工将"马上""一会儿"具体量化到5分钟、10分钟或20分钟。又如对某件东西的评价说"不合格"，那你就要说它什么地方不合格，哪儿不合格。例如，一个包装箱不合格，那么是包装箱封口不合格，还是它内部的衬料不合格，所有这些都必须准确地说出来。让工作人员能够做到准确、无误地找出哪个环节有问题。

　　这种科学的管理理论，可以说在他们公司的"月千元用量表"体现得较为突出。该表每一个项目的月卖额预估，都需要经过严格的科学化计算而得出结果。要求计算出对一千块钱的卖额，所需用的诸如生面多少份，以及叉烧肉、皮蛋、五花扣肉、瓜条汁、烤鳗鱼、川虾、青豆、香葱、生姜、扣肉面调料、牛筋面调料等的需求量是多少，并且能将所有一切的原料都很精确地算出来。

　　当然，严格按照这种科学计算公式算出来的好处，是保证了产品月用量的规律性，使每月原材料的用量相差无几。当工作人员再依据这个表的计算去作订购时，库存量就大大地减少了。这比过去不用表格，而仅凭经验来预估所造成成本的浪费要少得多。

　　"面爱面"所有连锁店的这份"月千元用量表"，都严格按照公司的统一管理，并要求于每月的25日下午4点前传真到公司，然后再做一个"实际储存记录表"和"一个当天到货记录表"。由此不难看出，他们公司用这种科学的管理方法，使表格在管理中起到了提前准备，数字量化的高效率工作效果。整个企业的所有部门均由表格控制管理，而不是由老板来控制员工的工作。如此一来就做到了在生产全过程中每位员工都能自觉地严格按表格进行工作，使企业各项管理程序井然，从而保证现代化企业管理的科学性。

　　当一个企业的管理是以"表格管理"为核心时，那么将所有表格集中、细化后再按管理单位对每项工作的分项进行落实。这是整个管理中应当实施的一个最重要的步骤。对表格集中化或分项管理来落实工作，即将表格分成能够各自对落实确认结果负责的自然管理单位，那么这样就会在公司内部产生"内部自控管理"。这种管理具有极大的灵活性，对环境变化具有较强的适应能力。公司领导通过这种内部自控管理，就能够将公司的各个部分组成一个协调一致的有效整体。

正山四郎先生对食品企业的管理有着深刻而独到的理解。他认为商品经济的基础在于物质的"质"和"量"。也就是说，现实世界中必须以"质"和"量"为两大基础，切实地开拓销售才能成功。对食品企业来说，"品质"的管理尤为重要，即"不良品不会带来效益"。所以说，正山先生的公司，特别重视这种集中细化的表格管理方式。表格在公司中所起的作用，不单是一个现场记录的过程。像他们的"生产表格"，就是一个现场的记录，但对诸如叉烧蛋的质量、时间、温度(在什么时候生产出来的)，以及它的良品与不良品等细节的要求，则是一个跟踪的过程。另外，对原材料的接收则要求有"验收表"来记录原材料是合格的，对不合格的应填反馈单要用表格来确认。因为有时候只口头说它质量好坏，没有任何凭据，而通过记录它的好坏就有凭据了，使人看了一目了然。

另外，对表格的集中细分，"面爱面"还有如下几大类：一个是品质方面的确认表。如在食品的现场制作过程当中，配有"电炸锅换油登记表""冰箱除霜确认表""冰箱温度确认表"等。冰箱除霜的目的在于：第一是防止冰箱结冰太厚，直接影响箱内材料的新鲜度或变质等；第二是保持冰箱卫生，以免食品有异味。店里的每一台冰箱规定一周除霜两次，并要求在除霜时冰箱内所放置的材料应转移到其他冰箱内，以防止化冻、变质等因素直接影响原材料。冰箱确认的目的在于：第一，要求冰箱的冷藏温度至 0℃，冷冻温度在 -9℃左右(上下不能超过 3℃)，并且要求有专人负责填写此表。第二，要求各店自行安排时间，每天对温度要测试 3 次。电炸锅换油时，则又要求要注意以下两条：① 换油原则，确认油的颜色以分析油的品质；确认更换时间，并且要求每周换油应在 3 次以上。② 每次换油后要求清洁油锅，油在保存时不要暴露在空气中，避免强光直射等。所有这些都是有一定标准的，要按标准规定操作。

品质方面还有退货表与备货表各一张。这些表格当中都体现了正山社长说的时间、温度的准确度，它也是以千用量记录的。如"备货表"，要求记录一周卖额是多少钱，它的千用量是多少，上班有多少量的剩余，早班要准备多少货等，待核算好后再备货，这样大大提高了备货的准确率。然后到晚班剩了多少、有多少备货等，在表格上都记得非常清楚，这点也非常重要。表格的早班制作者要签字，确认者确认后也要签字。因为一旦出错，任何人看到这张表后就能知道错出在哪儿，以便及时解决问题。也就是说，这张表对产品的现场控制、产品的新鲜度及产品的质量起了一个很重要的作用。它可以克服以前的那种经验性管理，直接到达一个科学的规范化管理中去。

当然，表格的集中分类还包括"卫生方面的确认表"与"营运方面的管理表"两大类。

它们的细分跟上面阐述的大致相似。

表格就是一个重要的管理工具。从以上表格的集中、分类、细化中，我们可以归纳出表格管理的四个明显特点：第一，起到一个记录的作用；第二，是一个现场跟踪；第三，便于工作人员对一些数据进行准确的分析；第四，便于采取措施进行改善。当然，它更是"面爱面"八字方针经营的具体体现，即理解、准备、确认、实行。

日本公司的管理，最重要的一个环节是体现在表格上，是通过表格来体现公司的管理的，对落实具体的工作任务起着决定性意义。它的重要性已经渗透到整个企业的生产、经营之中，发挥着一个巨大的作用，并成为企业整体策略的一个协力者。可以这么说，"面爱面"表格管理在公司里实在是"无孔不入"。但这种表格管理又包含在看板管理当中。对看板管理泛义的理解就相当于"广而告之"的方式，它把要让员工及消费者了解的东西，从各个方面都告诉大家。对消费者，它会告诉大家这个产品有什么营养，其营养含量是多少；对公司内部的员工，则又明确地告诉他们这个工作要不要做、应该如何做等。最新的看板能将最新的管理内容、最新的管理信息及最新的管理思想与管理新理念都反映在看板管理上，读者从中可以挖掘出整个企业管理的企业文化，对社会有着很大的指导意义。

当然，有些表格也是大多中国企业中已有的，但"面爱面"却将它细化了。例如，它们的"员工工作改善书"就是以表格的性质，就职员在工作中出现的问题(品质、服务或工作懈怠)或违反了公司的规定与店规，经提醒后尚未改善者应填写的一份改善书。他们管理员工的整体策略是：对员工的失职，并不是靠处罚就可以解决的，因为这不是一个企业对工作要求的最终目的。他们在"前管理"理念上，就有这么一条——应该给员工一个专利证书的过程，能让他们自己明白他的改善点在哪儿？所以"改善书"的表格上就明显地标明有什么岗位、上岗日期、改善点、什么时候给他提出来改善及什么时间改善等多条细则，而并不只说说要如何改善就完了。对于什么时间改善和用什么方式改善都有具体的要求，并在改善完之后提出改善的人要确认，而改善者本人也应有这样的承诺。如果没有改善的话(指在规定期限内如不能达到公司要求的标准)愿意接受什么处分，是接受处罚，还是降薪、降职或辞退？自己承诺后还应签字，以便约束自己，然后再广而告之，让大家都来监督。一旦改善人还做不到的话，那么公司就处罚他。他也会心甘情愿、毫无怨言。这又是利用表格去督促员工养成一个好的习惯。

另外，这种整体策略理论中还有"员工的技能考核表"，要求员工在一定的时间内对其工作业绩达到什么程度都要进行考核，这又与中国的多数企业不同。中国企业的管理工作做得太抽象化(不细化)，爱凭经验去办事，并总是容易在失误面前找理由，很容易扯皮，而日式企业却从来都不需要你去找个理由来解释。可以这么说，它是个不听理由的企业，像"面爱面"的座右铭(个人理念)就是：你的错就是我的错。所以，从来都是企业的最高领导(社长)提出改善方针，下属再去理解，然后去改善，它从来不会拿很多理由去讲。

日本的管理特点不是只求结果，而是要过程。他们认为：过程管理好了，那么结果就自然会好。也就是正山社长提倡"前管理"八字方针的主要用意——理解、准备、确认和实行。要求店里店外的所有管理表格及做各项工作的员工都来按照这八字方针严格去做，要用思维、思想、勇气、理念、信心等加起来一块儿去做。

资料来源：陈秀明，面爱面的制胜法宝——表格管理，中外食品，2001 年第 5 期。

案例评价：

表格管理是"面爱面"连锁店的制胜法宝，日本的企业文化是如何通过各种管理表格复制与贯彻到在中国开设的连锁门店中的。从中我们看到，表格是门店标准化的重要工具。

关于数字化管理，做到"凡事心中有数"。中国企业有关这方面的管理不能说没有，但关键是个落实问题。那么，怎么样才能将自己的企业文化渗透在整个企业管理的全过程中呢(即产品整个生产加工的全过程)？"面爱面"的经验告诉我们：关键点就得靠表格管理。

◆ 本 章 小 结

标准化是连锁企业门店的主要特征，在标准化的实施过程中数字化和表格管理是重要的工具。店长对门店营运要做到"心中有数"，而不能凭经验、靠感觉，只有表格管理门店才真正地有规范、有标准和有执行力。因此，没有表格管理的门店就不是连锁店，店长要学会表格管理和数字化管理门店，不会表格管理的店长都应该下课。

★主要知识点

门店表格　表格管理　数字化管理

◆ 基 础 训 练

一、选择题

1. 下列门店管理表格中，属于费用类表格的有(　　　)。

A. 导购员工资费率　　　　　　　　B. 装修费用表

C. 水电费用表　　　　　　　　　　D. 门店坪效率

2. 以下几种门店店长的做法中，会引起门店员工对表格管理产生抗拒心理的有(　　　)。

A. 表格设计不合理

B. 表格填写过于繁琐

C. 店长不能及时对管理表格进行分析和反馈

D. 店长严格按照管理表格的结果进行奖金发放和绩效考核评价

3. 某门店一天的来店人数为 200 人，其中试用产品的有 120 人，最终购买产品的人数为 70 人，则该门店一天的成交率为(　　)。

A. 25%　　　　　　B. 35%　　　　　　C. 60%　　　　　　D. 75%

二、判断题

1. 表格管理是一种科学的门店管理手段，只要凡事有表格，门店管理肯定规范。(　　)

2. 根据连锁经营业态的特点，例如餐饮、家居建材、服装、超市百货等，门店管理表格的设计也要有不同的侧重点。(　　)

3. 表格管理是经营的灵魂工具，店长若能善用检核表，便可以轻易掌握门店的营运状况。(　　)

三、简答题

1. 简述店长用表格管理门店的意义何在。

2. 谈谈你对连锁企业门店管理中"不能管理数字，别谈加薪、升迁" 是如何理解的。

3. 简述店长在门店营运中要对哪些关键数字进行诊断和分析。

◆ 实 训 项 目

(一) 背景介绍

时间就是生命，时间就是财富。失去了时间，就失去了一切。大凡是在事业上做出卓越成就的人都是时间管理的专家。著名数学家华罗庚就曾用烧水泡茶的简单例子向我们说明了时间管理的方法：

例如，某人想泡壶茶喝。当时的情况是：开水没有；水壶要洗，茶壶茶杯要洗；火生了，茶叶也有了。怎么办?

方案甲：洗好水壶，灌上凉水，放在火上；在烧水等待水开的时间里，洗茶壶、洗茶杯、拿茶叶；等水开了，泡茶喝。

方案乙：先做好一些准备工作，洗水壶，洗茶壶茶杯，拿茶叶；一切就绪，灌水烧水；坐待水开了泡茶喝。

方案丙：洗净水壶，灌上凉水，放在火上，坐待水开；水开了之后，急急忙忙找茶叶，洗茶壶茶杯，泡茶喝。

显然，方案甲最好。

在这里，华罗庚用一个让人一目了然的例子，说明了时间统筹规划的概念。巧妙地搭配时间，就能提高工作的效率。而作为门店店长的日常工作是非常繁忙的。如果能够在门店营运管理工作中自觉、合理地安排时间，做好日常工作的时间管理，店长就能做到自己的长远规划，工作效率也就会大幅提升。

(二) 实训任务

将班级分为若干小组，以小组为单位调查一家门店，并对店长的日常工作进行观察、剖析，归纳、整理这些店长每日工作，然后按照"重要不紧急""重要且紧急""不重要不紧急""不重要但紧急"这四个标准对工作进行分类，最后为该门店店长设计一张时间管理的表格，并说明如何应用该表格提高店长的工作效率。

(三) 实训评价标准

教师指导分组完成该任务，然后根据店长工作调查的准确性(30%)、表格设计的合理性(30%)、时间管理方案的可行性(40%)对团队的实训完成情况进行评价。成绩分为优、良、中、及格和不及格五档。

项目四
店长对连锁企业门店员工的作业管理

◈※◈※◈※◈※◈※◈※◈※◈※◈※◈※◈※◈※◈※◈※◈※◈※◈

◆ 学习目标

通过本项目的学习，了解和掌握连锁企业门店的理货、收银等岗位的工作职责及作业规范；掌握店长对门店员工作业管理的要点。

◆ 引入案例

称职店长和店员的自我检核表

★ 店长自我检核项目：

1. 是否充分了解门店经营理念及工作方针？

2. 是否使用工作检核控制作业品质？

3. 是否具有做计划并执行的能力？

4. 对于团队是否具有协调、指导及提升等领导统御能力？

5. 是否为团队成员提供技能、方法、步骤等培训？

6. 是否使用各项表单将作业的结果以数字表现、并具体地分析且提出改善建议？

7. 是否具有包括顾客资料收集、顾客关系建立，顾客抱怨处理等顾客管理能力？

8. 是否建立了良好的社区公共关系？

9. 是否具有包括验收进货、整理标价、卖场布置、展示陈列、销售分析、库存控制等商品管理能力？

10. 是否具有充足的商品知识并能训练团队成员使其具有同等能力？

11. 是否具有基本服务态度、待客应对技巧、销售技术等销售能力？

12. 是否具有维护门店设备安全与完备，并使门店购物环境更方便、舒适的能力？

13. 是否能做好金钱管理工作？

14. 是否重视商圈的经营，包括消费者、竞争店的调查与交通情报的收集？

15. 是否了解门店会计账务流程，并对财务报表具备分析解读能力？

16. 对于公司内部的各项管理规定、作业流程，是否充分了解并能实践？

17. 是否具有成本意识，能时时考虑如何在日常工作中降低成本？

18. 是否具有问题意识，能时时考虑如何在日常工作中进行作业改善？

19. 是否了解时间是企业最珍贵的资源？是否能运用组织的力量充分发挥时间的效能？

20. 是否能随着企业的成长不断进步、自我提升？

★ 店员自我检核项目：

1. 是否衣着整洁？是否有化淡妆？

2. 是否以微笑待客？

3. 是否谈吐文雅、音量适中？

4. 是否动作利落、步伐敏捷？

5. 是否利用空余时间整理卖场或处理行政工作？

6. 是否积极协助同事？

7. 是否令人容易亲近？

8. 是否有随时迎客的心理准备？

9. 是否专注倾听顾客询问，诚恳应对并留意其反应？

10. 对于收银及包装动作是否熟练？

11. 是否能把握接近顾客的时机？

12. 商品知识是否丰富？是否能简明地将其特性介绍给顾客？

13. 在接待顾客时是否充满信心？是否态度从容且技术熟练？

14. 是否能灵活运用卖场基本用语？

15. 专业知识、流行资讯、市场情报及同业动态，是否皆能清楚掌握？

16. 门店外部表现(包括外观、店招、展示橱窗等)的视觉效果是否良好？

17. 门店色彩搭配与照明效果是否良好？

18. 门店从入口到内部动线的设计及道具的使用是否能引导顾客入内，并方便其了解及选购商品？

19. 卖场的商品陈列是否能表现出主题？重点商品是否突出？

20. 卖场POP是否发挥了应有效果？有无错误、污损、过期等情况？

任务一　门店主要工作岗位的职责

一、理货员的工作职责和工作要点

理货员是指在敞开式销售的连锁店内，通过理货活动，依靠商品展示与陈列、POP 广告、标价、排面整理、商品补充与调整、环境卫生、购物工具准备等作业活动，与顾客间接或直接地发生联系的工作人员。超市中的理货员看似工作较简单、普通，但他们是与顾客接触最直接的人。他们的一举一动、一言一行无不体现着超市的整体服务质量和服务水平，他们的素质好与差将直接影响到公司的生意和声誉，所以只有不断地提高理货员的素质和业务能力，才能使连锁超市在激烈的市场竞争中立于不败之地。因此，员工的基础知识培训非常重要。

1. 理货员的工作职责和日常完成本职工作的要点

(1) 有对商品进行验收和为顾客提供退货服务的工作职责。

(2) 对商品按编码进行标价和价格标签管理的工作职责。

(3) 有对商品进行分类，并按商品陈列方法和原则进行商品陈列(包括补货)的工作职责。

(4) 有对顾客的咨询导购提供服务的工作职责。

(5) 有对超市内卫生进行保洁及商品防损管理的工作职责。其包括：

① 废弃纸箱及时处理，严禁放入过道。

② 保管好本部门的工作用具、清洁用具，放于指定位置，打码枪和条形码必须保管好，严禁放于顾客随手拿到的地方。

2. 日常完成本职工作的要点

(1) 熟练掌握本岗位所经营商品的性能、用途及使用方法。

(2) 经常性记录所经营商品的缺货情况，制定补货计划。

(3) 对商品和货架每间隔 5～7 天必须进行一次清洁,地面用具必须实行每天清洁一次。

(4) 搞好市场调查，掌握消费者需求，及时上报主管，制定新产品购销计划。

二、超市理货员的作业规范

1. 岗前准备

准时打卡，更换工作服，佩戴工作牌，整理仪容仪表。

2. 卖场检查与记录

检查货品与价签是否相符，摆放位置是否正确；货架上商品有无缺货状况，有无破损品或过期变质品，对上述检查做详细记录。本人所辖区域内商品无破损、变质，并且一货一签，货签对位。对自己所要补货的品项及数量做到大致了解。

3. 日常作业规范

(1) 领货作业要领。

领货是指根据卖场内的商品销售情况，由理货员去后仓领货以补充货架。理货员在领货作业时必须凭领货单领货；理货员应在领货单上写明商品的大类、品种、货名、数量及单价；理货员对仓库管理员所发的商品，必须按领货单上的事项逐一核对验收，以防止商品串号和提错货物。

(2) 标价作业要领。

标价是指商品代码和价格以标签方式粘贴于商品包装上的工作。每个上架陈列的商品都要标上价格标签，有利于顾客识别商品售价，以及门店进行商品分类、收银、盘点、订货作业。一般商品的标签位置最好打贴在商品正面的右上角，因为一般商品包装其右上角无文字信息。如右上角有商品说明文字，则可打贴在右下角。礼品则尽量使用特殊标价卡，最好不要直接打贴在包装盒上，可以考虑使用特殊展示卡。

(3) 变价作业要领。

变价作业是指商品在销售过程中，由于某些内部或外部环境因素的发生，而进行改变原销售价格的作业。理货员在进行变价作业时，应注意：商品调整时，如价格调高，则要将原价标签纸去掉，重新要价，以免顾客产生抗衡心理；如价格调低，可将新的标价打在原价之上。每一个商品上不可有不同的两个价格标签，这样会招来不必要的麻烦和争议，也往往会导致收银作业的错误。

(4) 商品陈列作业要领。

商品陈列作业是指门店根据商品配置表的具体要求，将规定数量的标好价格的商品，摆设在规定货架的相应位置。商品陈列的检查要点包括：

① 商品是否有灰尘；

② 货架隔板、隔物板中有胶带的地方是否弄脏；

③ 标签是否贴在规定位置；

④ 标签及价格卡售价是否一致；

⑤ 商品最上层是否太高；

⑥ 商品是否容易拿取及放回原处；

⑦ 上、下隔板之间是否间距适中；

⑧ 商品陈列是否先进先出；

⑨ 商品是否做好前进陈列；

⑩ 商品是否快过期或接近报警期；

⑪ 商品是否有破损、异味等不适合销售的状态存在。

(5) 商品补货作业要领。

补货作业是指店员将标好价格的商品，依照商品各自既定的陈列位置，定时或不定时地将商品补充到货架上去的作业。为了符合商品陈列的先进先出原则，通常补货上架要按照以下六个步骤进行：

① 先检查核对一下欲补货物陈列架前的价目卡是否与要补上去的商品售价一致；

② 将货架上原有的商品取下；

③ 清洁货架，这是彻底清洁货架里面的最好时机；

④ 将准备补充的新货摆放在货架的后段；

⑤ 清洁原有商品，这是彻底清洁货架最里面老商品的最佳时机；

⑥ 将原商品放于货架的前段。

4. 顾客服务

超市理货员在进行商品补货的时候，切记不可妨碍顾客的正常购物，将商品补货工作做好之后，要进行区域内的清洁整理工作，给顾客一个良好的门店印象。理货员熟悉本部门商品的陈列位置及单价，按顾客要求为顾客提供服务，简单介绍商品，协助顾客购物，对本人所辖区域内的商品位置及单价都应对答如流。对顾客热情，做到百问不烦，百拿不厌，并注意体积小、单价高的商品。注意残品要及时下架、及时将其送到商品退换区。

5. 用餐

在保证不空岗的情况下轮流用餐，用餐时间不得超过 30 分钟。

6. 清洁作业

所辖区域内的通道地面清洁，不能有碎纸屑及空箱子，清洁用具(如抹布等)用后摆放于合适的位置，不能乱丢。

三、收银员的工作职责

近年来，超级市场作为新型的零售业态在我国发展迅速。丰富的商品种类、便利的购物方式及低利销售的经营方针，使超市日益走进了寻常百姓的生活。与传统的百货商店的售货员不同，超市员工一般并不直接或主动与顾客打交道。顾客在店内通过比较，选购自己喜欢的商品之后，自行到超市出口处结账。这时候，超市收银员的重要性就显现出来了。

收银员是指超市、商场、宾馆、酒店等经营场所给顾客提供结账服务的雇员。对于超市收银员或准备从事收银工作的人员来说，要想做好收银工作，成为一名合格的超市收银员，首先应该明了超市收银员的工作职责。

在局外人看来，收银员的工作很简单，就是把顾客所选物品的价款结清。实际上，虽然为顾客提供结账服务是收银员的基本工作，但这不是收银工作的全部，不能简单地把收银工作等同于结账工作。这是因为，大多数超市的出入口都与前台收银作业区设计在一起，顾客踏进超市，看到的第一个超市员工就是收银员，选好商品结账时直接接触的还是收银员，收银员的一举一动、言谈举止都代表了超市的形象。因此，超市收银员的工作职责还包括为顾客提供良好礼仪服务的重要内容。另外，超市作为一个经营实体，其经营特点决定了超市收银工作必须配合整个超市的经营工作，以达到超市利润最大化。所以，超市收银员的工作职责还包括现金管理、推广促销及防损等工作。

1. 为顾客提供结账服务

收银员在提供结账服务时不仅要快捷，还必须准确。收银员要认真点算顾客购买的商品并清楚地扫描入机，并且准确地做好收款及找赎工作。不可将低价位的商品以高价打出，损害顾客利益；也不可将高价位的商品，以低价位打出，损害企业的利益。对于扫描不出的商品应输入商品的代码，在输入时应看清数字，杜绝错误。

2. 为顾客提供咨询服务

收银员不仅要熟练掌握收银工作技能，还要全面了解整个商场商品的布局。在顾客询问时，要能够准确回答顾客的问题，热情礼貌待客，做好导向服务。

3. 现金管理

收银员由于其工作岗位的需要，每天与大量现金接触，所以必须严格遵守超市有关现金管理规定。如工作时身上不可带有现金，不可在工作岗位上清点现金等。

4. 超市防损

顾客在结账时，会因某种原因将一些商品留在收银台上，这时，收银员应及时将顾客不需要的商品归位到货架上，避免不必要的损耗。从某种程度上说，收银员也是兼职防损员。

5. 推广促销活动

超市经常有各种各样的促销活动，收银员在推广促销活动中，除正常收银作业以外，应特别注意做好宣传和告知工作，告知的内容主要包括以下两项：

(1) 得到优惠或赠品的条件。当顾客所购商品的金额已接近这次活动所需金额时，收银员应提醒顾客再选购一些商品就可以得到某种优惠或赠品等，这样可以使顾客获得某种意义上的满足并感受到被尊重。

（2）有关注意事项。收银员在解答顾客关于促销活动的问题时，应将有关注意事项告知顾客，如截止日期、参与条件等。

6. 其他工作职责

协助做好出入口的安全防盗工作。做好收银机、收银台、包装台、购物车、购物篮及出入口范围的清洁工作。协助做好理货工作。

四、店长要聘用喜欢商品的店员

有一家经营不善的"米老鼠"儿童服装店。虽然总店曾派遣一些资深销售人员前来，试图努力提高业绩，但是该店始终欲振乏力。后来情况有了转变，门店中刚好有人请假，在不得已的情况下雇佣了一名临时工。这位临时工是刚刚大专毕业的年轻女性，没想到自从她来了以后业绩不断提高。

外行的销售人员居然使业绩不断提升，实在令人不可思议。店长经过仔细探究终于发现：原来她喜欢"米老鼠"的各种商品。进来的顾客也都是喜欢"米老鼠"的人，相同嗜好的人谈起话来比较投机。该女店员和顾客对话时眼睛散发出亮光，在彼此有趣的交谈中很自然地将商品推销出去了。

换句话说，喜欢商品的店员对商品非常了解，无论顾客喜欢或不喜欢都能给予详细的解说，所说的话自然具有说服力。因此与顾客之间的交谈就更加融洽，所以店长一开始就应该雇佣喜欢商品的店员。

五、成功店长对门店员工的传帮带技巧

一个成功的店长，不仅仅要维护门店形象，更需要运用自身的智慧，鼓励与教育并施，让员工自我成长，实现自我价值的提升。店长传帮带教技术分为以下六个步骤：

步骤一：阐述意义。

这里的"阐述意义"指的不是阐述现在进行的事情对于对方的意义，而是阐述对于自己的意义，不是可以帮对方解决多少的问题，而是可以为自己解决多少的问题，以自己的角度出发。例如，在上课的时候我不会去告诉听众你做错了什么，而会告诉听众我过去曾经做错过什么，不会去告诉听众你会得到什么好处，而会告诉听众我因为某种改变而得到了什么样的好处。

尽量以他人的对作为正面的教材，而以自身的错来作为反面教材，将自己过去所发生的事件传递给对方，启发对方感同身受。这个意义和好处是一定要说的，只是看我们用什么样的角度和方式去说，同样的内容若换一个不同的立场去诠释，对方的接受度可能就会大不相同，吸收的质量也会不一样。

步骤二：你做我看。

"你做我看"的目的是要预先铺垫破除对方"我懂""我知道"的自以为是的心态。传授者不要一开始就告诉对方怎么做，而是先让对方在最真实的状态下把自己的能力及优缺点完全展现出来，这样传授者可以借此先收集目前对方的能力水平和过去经验做法的相关信息。例如，我们在教育员工表格填写的时候就可以先问对方："这表格你一般都是怎么填写的，我们先来填写看看！"千万不要让对方只是用嘴巴陈述，可以多些时间让其认真地动笔填写出来，一个人的水平高低从白纸黑字就一览无余了。

步骤三：我做你看。

"我做你看"是要让对方知道彼此的差距，从差距中取得我们接下来教育对方的巩固立场。当学员现场已经将表格填写完毕后，作为带教的传授者也要将同样的表格和任务在对方面前再做一次，然后将最终结果呈现在对方眼前即可。但是值得传授者注意的是，要想使呈现的结果最佳，那么前期预先做好门店的准备功课是必不可少的环节。应当根据带教门店目前的货品、人员、陈列及业绩状态等，把同样的表格提前先做一次，在教育员工表格应该如何填写的同时也让他们知道我们对于他们所在门店的实际状况了如指掌，甚至比他更加清楚现有的数据、分析、总结、解决方案及计划安排，将自己良好的沟通能力及动手实操能力完全展现在员工面前，让其心服口服。因为我们深入市场所带教的东西都是有一定道理的，但是对方有没有意愿听、能不能接受都会直接影响到最终的带教效果。

步骤四：寻找差距。

将员工填写的表格和传授者填写的表格放在一起，大家开始寻找差距，最好在这时候传授者可以站在启发者而不是教育者的角色上。因为有差距是肯定的，也是应该的。如果员工所填写的内容与我们的差距越大，就代表我们过去教得越不到位，更加应该做出深刻的检讨。但要注意的是，寻找差距的目的是要让对方知道接下来应该在哪些方面努力，而不是透过差距的比较把优秀的光环套在传授者自己身上。在这个环节上非常忌讳传授者拿着两份结果开始上起课来，对比每一点的不同，将彼此之间的差距剖析的头头是道，一路对比到最后就会发现传授者越说越红光满面，而员工的表情却显得尴尬无比。

步骤五：解读内容。

解读内容的意思包括差距是如何形成的，接下来应该如何缩小，做哪些事情和动作可以拉近距离等。这个环节是由传授者对员工进行讲解教育，传递思维、知识和技术，以传授者解说为主，员工听取和提问为辅，所以它特别考验的是传授者"说"的功底。要记住，此时应当做到：① 说故事不要说道理；② 有褒有贬；③ 谈行为不要谈个性；④ 深入浅出；⑤ 强化好处。

因此，要达到良好的沟通效果，管理者在沟通之前最好可以站在执行者的角度思考、总结所要传达的内容对执行者的利益和好处，这样可以让自己的沟通内容更加具有说服力。除了可以清晰地表达如何做外，更重要的是可以让对方清楚为什么要这样做。

步骤六：实操演练。

说一千遍不如实实在在动手做一遍，所有的理论和内容说明完毕之后，剩下的就是动手实操了。所以管理者在带教尾声时，一定要坚持住自己的耐心，趁热打铁让其完成最后的演练。许多管理者在后续追踪的现场辅导里会对员工做得不足之处给出指导，但是在给予指导之后也是经常会少了一个更高效的环节，那就是让他在你的面前按照最新的标准重新再做一次。暂且不说他们之后会不会改变，可能当他们转身接待下一个顾客的时候，刚刚我所指导的一切他都已经忘光了。其实员工带教是一个细活，需要有耐心，是省不了事的。因为省事的后果可能就是你必须再另外找时间把之前所有教过的东西全部抹掉重新再教一次，这样反而会更加浪费时间和精力。

建议管理者不要只动手画一个表格或写一个话语然后交给员工，最好是可以跟员工一起动手做，彼此在交流探讨的过程中将最后的工具制作出来，这样制作的同时也可以让员工理解到我们的管理思维，需要考虑哪几方面的问题，每个环节需要让员工弄清楚为什么，只有这样由大家共同商讨出来的成果，接受度也才会大大提高。

任务二　店长对理货员的工作要求

连锁企业门店的理货员有其特定的工作项目，店长必须对理货员加以管理，以追求更高的绩效。店长对理货员工作项目的管理，有领货作业的管理、标价作业的管理、变价作业的管理、商品陈列作业的管理及补货作业的管理等。其运作重点说明如下：

一、领货作业的管理

在营业过程中，陈列于货架上的商品在不断地减少，连锁企业门店理货员的主要职责就是去库房领货以补充货架。在领货作业中的重点环节如下：

(1) 理货员必须凭领货单领货。

(2) 理货员要在领货单上写明商品的大类、品种、货名、数量及单价。

(3) 理货员对内仓管理员所发出的商品，必须按领货单上的事项逐一核对验收，以免商品串号和提错货物。

二、商品陈列的管理

商品陈列作业是指理货员根据商品配置表的具体要求，将规定数量的标好价格的商品，摆设在规定货架的相应位置。商品陈列的检查要点如下：

(1) 商品是否有灰尘？如果商品上面全是灰尘，顾客还愿意购买商品吗？答案是否定的，所以保持商品的清洁是非常重要的。

(2) 货架隔板、隔物板贴有胶带的地方是否弄脏？

(3) 标签是否贴在规定位置？

(4) 标签及价格卡上的价格是否一致？

(5) POP 广告是否破损？

(6) 商品最上层是否太高？

(7) 商品是否容易拿取和放回原处？

(8) 上、下隔板之间是否间距适中？

(9) 商品陈列是否做到先进先出？

(10) 商品是否做好前进陈列？

(11) 商品是否快过期或接近有效期？

(12) 商品是否有破损、异味等不适合销售的状态存在？

 阅读链接 4-1　商品陈列的几个原则

(1) 显而易见。

贴有标签的商品正面向顾客，每一种商品不能被其他商品挡住视线，货架下层不易看清楚的商品做倾斜式陈列。

(2) 伸手可取。

对生鲜性商品，应有一个简单的外包装或配有简单的拿取工具。一些量贩陈列堆得很高，需考虑在近旁再堆放一些，以方便个子矮的顾客拿取。商品陈列应与上隔板保持距离，使顾客拿取容易、放回也容易。

(3) 满货架。

有效空间不被浪费。

商品表现力升高，若"少"易造成"卖剩下的"印象。

满陈列会吸引注意力，提高商品周转率。

(4) 使顾客容易判别商品所在地。

按商品组织结构陈列，便于顾客寻找，轻松购物。

超市必须公布商品配置位置分布图和商品指示牌并及时修正。

(5) 先进先出——保持货品新鲜。

(6) 关联性原则。

商品陈列应在通道两侧或在同一通道、同一方向同一侧的不同组货架上，而不应陈列在同一组双面货架的两侧。将不同分类但有互补作用的商品陈列在一起，尽可能地再现消费者在生活中的习惯。

三、标价作业的管理

1. 标签的用途

标签的主要用途如下：

——有利于顾客识别商品售价。

——有利于商品分类、收银、盘点及订货作业。

——可通过不同颜色的标签，便于了解商品的进销存情况，也可作为特定商品的识别符号。

2. 标签打贴的位置

一般打贴在商品正面的右上角(因为一般商品包装其右上角无文字信息)。如右上角有商品说明文字，则可打贴在右下角。

(1) 几种特殊商品标签的打贴位置规定如下：

· 罐装商品，标签打贴在罐盖上方；

· 瓶装商品，标签打贴在瓶肚与瓶颈的连接处；

· 礼品，尽量使用特殊标价卡，最好不要直接打贴在包装盒上。因为送礼人往往不喜欢受礼人知道礼品的价格，购买礼品后他们往往会撕掉包装上的价格标签，因此可能损坏商品的外包装。

(2) 打价前要核对商品的代号和售价，核对进货单和陈列架上的价格卡，调整好打价机上的数码。

(3) 价格标签纸要妥善保管，为防止不良顾客偷换标签，即以低价格标签贴在高价格商品上，通常可选用仅能一次使用的折线标签纸。

(4) 商品价格调整时，如价格调高则要将原价格标签纸去掉，并重新打价，以免顾客产生抗拒心理；如价格调低，可将新标价打在原标价之上。每一个商品上不可有不同的两个价格标签。这样会招来不必要的麻烦和争议，也往往会导致收银作业的错误。

四、补货作业的管理

补货作业是指理货员将标好价格的商品，依照商品各自既定的陈列位置，定时或不定时地将商品补充到货架上去的作业。

定时补货是指在非营业高峰时的集中补货。

不定时补货是指只要货架上的商品即将售完就立即补货，以免由于缺货影响销售。

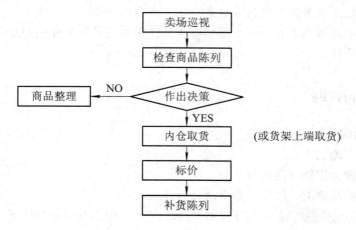

图 4-1　理货员补货作业流程示意图

(1) 理货员在进行卖场巡视时，如不需补货可进行商品的整理作业：

① 清洁商品。要求理货员在巡视时手中的抹布不能离手，就像士兵手中的枪一样重要。

② 做好商品的前进陈列，即当前一排的商品出现空缺时要将后面的商品移到空缺处，商品朝前陈列，这样既能体现商品陈列的丰富感，又符合商品陈列先进先出的原则。

③ 检查商品的质量，如发现商品变质、破包或超过保质期应立即从货架上撤下来。

(2) 理货员补货上架时的作业流程如下：

① 根据商品陈列图，做好商品陈列定位化工作。

② 检查核对一下欲补货陈列架前的价签是否与要补上去的商品售价一致。

③ 补货时先将原有的商品取下，然后打扫陈列架(这是整理清洁货架里面的最好时机)，再将补充的新货放在里面，最后将原有的商品放在前面，做到商品陈列先进先出。

④ 整理商品排面，以呈现商品的丰富感。

⑤ 对冷冻食品和生鲜食品的补充要注意时段投放量的控制。一般补充的时段控制量是在早晨营业前将所有品种全部补充到位，但数量控制在预定销售额的 40%，中午再补充 30%，下午营业高峰到来之前再补充 30%。

任务三　店长对收银员的工作要求

收银作业是门店销售服务管理的一个关键点。收银台是门店商品、现金的"闸门"，商品流出、现金流入都要经过收银台，因而，稍有疏忽就会为公司带来不小的损失。收银工作是门店服务中一个非常重要的环节，收银作业已经不仅仅是一个单纯的结账服务，收银工作直接面对的就是顾客，在收取货款的过程中，也能体现出公司的服务形象和服务精神，要让顾客在购买商品的同时还能收获心灵上的满足感。

一、收银员的工作理念

(1) 态度和蔼亲切，面带微笑。

(2) 结账正确迅速。

(3) 不能以任何理由同顾客发生争吵。

(4) 积极主动、服务顾客。

(5) 不短收、超收顾客金额。

二、做好收银工作应具备的基本知识

1. 熟识门店的主要商品

(1) 熟识门店主要商品的分类及摆放位置。

(2) 熟识门店主要商品每期的特价和调价。

2. 熟练掌握收银机和读卡机的操作

(1) 收银机操作：熟识收银机操作，熟练掌握。其具体包括：

① 输入商品资料。

② 更正输入商品资料。

③ 退货、换货(由门店店长控制操作)，在已完成交易后作出的退换(必须是本店售出的商品)。

④ 取消整笔交易(顾客突然取消购买)。

⑤ 更改售价(由门店店长控制操作)，包括临时改价(残次商品销售)和原价销售(特价商品以原价售出)。

⑥ 收款方式，包括现金收款，各种储值卡、提款卡及信用卡收款(按公司规定接受使用)，以及礼券、现金代金券收款(按公司规定接受使用，礼券回收后立即在正面的右上角加划"//"代表此券已作废，同时于其背后加签收银员姓名和日期)。

⑦ 其他操作功能。

⑧ 下班前结算。

(2) 读卡机的操作，要求掌握好：

① 各种卡的输入使用方法。

② 成功接受交易的操作。

③ 不接受交易的操作。

④ 各种卡的真伪鉴别。

3. 现金找赎技巧

(1) 收取大面额纸币的找赎，先把收到的大额纸币压放一旁，找赎清楚后再把大额纸币存放好。

(2) 三唱一复。"您好，有会员卡吗？"接过顾客会员卡后，先在读卡机上读出会员卡，然后根据会员的类别对商品进行优惠。同时，读出商品总价、顾客交款总额及找给顾客金额，将收银机票据连同找赎现金一同交到顾客手上。

收银员在工作中应做到"三唱一复"，即唱收、唱付、唱零及复核。所有商品输入电脑后应快速、准确、响亮地说出应付金额，并询问顾客是否还有其他商品及采用何种方式结算。

(3) 识别假币和变造币。假币是指依照真人民币的纸张、图案、水印及安全线等原样，利用各种手段非法制作的伪币。变造币是指拼接的假币，人为地将真币的一部分与假币的一部分拼接而成的一张假币，这种币假币要仔细辨别。钞票可采用外观、声音、手感及机器检验等方式加以识别。

4. 为顾客装袋技巧

(1) 装袋并不是把商品放进袋子里就行了，装袋服务要按照一定规范来进行。

(2) 根据顾客购买商品的数量来选择大、小袋子。

(3) 不同性质的商品分别装进不同的袋子。

(4) 容易出水或味道较强烈的商品，先用其他购物袋包装好，再放进大的购物袋内。

(5) 商品不能高过袋口，以免顾客手提不方便。

(6) 掌握好装袋顺序：重、大且底部不稳的商品放置于袋子底部，正方形或长方形的商品放在袋子两侧，瓶装和罐装的商品放在中间，容易碰损、破碎、较轻、较小的商品置于上方。

(7) 装袋后提醒顾客不要遗忘商品。

三、结账程序

(1) 应面向顾客，并说"欢迎光临"！

(2) 唱收唱付，"您总计应付 XX 元""收您 XX 元""找您 XX 元""请您点收""祝您中奖"。

(3) 顾客结账等候时间过长时，应说"抱歉，让您久等了"。

(4) 收银时应等顾客全额付款后，再点确定键。如顾客钱款不够时，应建议顾客退回部分商品，对已确定的应即刻找主管冲退。

四、收银员注意事项

遵守有关现金规定，通常包括：

- 上班中不可随便打开钱箱点钞；
- 注意伪钞判断及仪器鉴别；
- 当日现金溢短收超过 10 元时，须注明原因填于交班表中；
- 下机后清点现金仅限于在现金清点区进行，现金清点完毕后应迅速离开，现金清点时严禁非相关人员进入；
- 禁止上班时身上携带金钱，以免混淆。

有关收银规定如下所述。

(1) 收银过程中的要求：

- 结账时，须注意购物车内及下层商品是否全部取出结账；
- 每项商品须确认全部输入收款机内，注意漏扫或者多扫造成客诉问题；
- 严禁与他人私通作弊，收银员对亲友收款应回避；
- 随时收集顾客建议或抱怨事项，可填写于交班表中，由组长收集交至店长；
- 收银动作要求：左手推商品，右手扫条码，不可用乘键，应逐一扫商品并查看屏幕，以确保质量。

(2) 收银员中途离台要求：

- 收银员有事需离开款台时，先向组长报告，否则以旷工论处；
- 收银员应熟记自己的密码，如怀疑密码泄露应及时更改，要保管好自己的钥匙；
- 严禁员工上班中购物或购物后再进入卖场。

(3) 指定收银台和收银员完成特殊业务的规定：

只能由指定收银台和指定收银员，进行退换货处理，接受退换货处理单，进行大量采购(团购)处理、员工购物结账处理及受理支票。

(4) 有关收银安全的要求：

- 收银台不可让闲人靠近，应提高警惕；
- 遇意外抢劫应保持沉着冷静、机智应变，并以自身安全为第一。

五、店长对收银员异常情况的处理

店长发觉收银员有下列异常情况时，应立即采取修正措施。

(1) 不告而别。这是指员工不办辞职手续就离开，当员工不告而别时店长应采取下列行动。

① 马上清场。

② 更换锁，清点钥匙是否遗失。

③ 检查现金，看是否有短少。

④ 检查账面与实物货品数量。

(2) 发现现金。在收银机上或其他设备或高处的商品处发现额外现金时，店长应采取下列行动。

① 检查排班表，了解在此时段内轮班的人是谁。

② 将人员打散，避免串通。

③ 要贯彻执行每日现金清点作业与交接作业，并且当场立即询问员工该金钱的由来。

(3) 员工行为举止怪异，工作态度改变。

① 主动关心该员工，并询问其是否有工作上不如意、家中有事或感情纠纷等。

② 调动该员工轮其他班，谨防其违规。

◇ **案例精讲**　　百货公司收银员用漏洞办虚假退货，私吞近 600 万

2013 年 6 月，北京某百货公司财务人员核对账目时发现其公司发行的购物充值卡出现金额异常巨大的退货操作，经调查后发现公司收银领班胡某利用公司收银系统中办理退货服务的系统漏洞，两年间共侵占公司营业收入上万元。

据胡某回忆，2011 年 7 月有一次她正在给客户办理退款业务时电脑突然死机，退款业务虽然办理成功但数据并没有上传系统，就因为这次偶然的机会胡某随即动了歪心思。几天后，胡某找到一张废弃购物卡，将 1000 元退到这张购物卡内，并迅速在电脑中删除相关数据。胡某发现此后几天核算部并没发现这笔错账。一个多月后，胡某再次以同样手法试探性分两次转出两个 5000 元，并以 9.4 折价钱卖给"黄牛"。这三笔异常退款直到当年年底也没被商场发现，胡某的胆子这才大了起来。进入 2013 年后，胡某开始疯狂作案，仅 2013 年 5 月就退款 209 万元，并用侵占来的钱在郊区购置了三套房产。

经商场方调查，首次发生购物卡异常退款情况是在 2011 年 7 月，金额是 1000 元，与胡某回忆一致。统计结果显示，2011 年 7 月至 2013 年 5 月胡某在担任百货公司收银员领班期间，利用商场计算机系统漏洞，通过办理虚假退货将资金转入废弃购物卡，并从"黄牛"处套现的方式共非法侵占 576 万元。

资料来源：锐思研究. 每周案例–系统 BUG + 管理缺陷 = 收银舞弊。

http://lx-rs.com/news_1.aspx?Id=733&jdfwkey=h25yc3

案例评述：

收银人员利用职务便利侵占本单位钱款的舞弊行为时有发生，其主要原因是内部人员

深谙公司内部管理制度及操作系统上的漏洞，利用经手和管理货款的便利进行犯罪活动，隐蔽性强，有关单位往往是遭受巨额财产损失后才有所发觉。

本案例中，胡某通过收银系统进行办理退货，在短短 22 个月侵吞钱款达 576 万元，平均每个月 26 万元，平均每天 8700 余元，如此金额不可谓不多。这样的情况发生在一家商场一个收银员身上，而且持续了近两年时间也没有被发觉，管理方面不能不说存在着很大的漏洞，这主要体现在以下几方面：

(1) 收银系统引入测试不严谨，存在重大设计缺陷。

收银员在退款信息未成功上传内部核算系统的情况下能办理购物卡退款，这说明收银系统存在着重大的设计缺陷。

目前社会上的各商场、超市及零售批发的卖场普遍上都使用了收银系统。该系统的开发商也是各种各样、参差不齐。而人们由于缺乏对信息系统安全性的基本认知，大多认为信息系统是便捷的、安全的和可靠的，但殊不知信息系统带来的不仅仅是方便，伴随着的也可能是巨大的威胁。如果在引入信息系统时未能对系统的安全性进行充分测试，那引入的系统就可能潜藏"不安全"因素，在日常使用过程中被"有心人"察觉后并加以利用，就必然会给单位带来损失。此外，作为收银员在电脑系统内的修改权限也需要进一步控制，绝对不能允许收银员即使是领班能随意删除电脑内任何已生成数据。

(2) 退货流程不规范，未实际退货就能办理退款。

一般商场或超市的退货，都会要求先办理退货再办理退款。这首先要求退回货物的接受人员不能是收银人员，而起码应当是实物的管理人员，这两者应做到绝对的分离。货物的接受人员在收到货物后应仔细检查包装、商标等的完整性，以保证可以进行二次销售。如因质量问题发生退货的，应按厂家要求填写质量问题记录或其他。收银人员应在见到收货人员的签字后方可办理退款手续。

在本案例的细节描述中，我们无法发现该商场的退货经过了上述的流程，即先需收货人员的验收签字确认后才能办理退款，且该退货小票也未能单独保管并上交。这就给收银人员退款的随意性带来了很大的便捷，因为无其他人员对其进行约束。更为安全和严格的控制应该是办理退款手续由收银员发起，收银员领班进行复核后通过刷卡、指纹或其他方式进行授权后方可办理。当然也可由收银员将退货单据统一收好后，由中后台统一办理。

(3) 退款路径不控制，废卡均能随意接受退款。

在本案例中，胡某随意找了若干废卡，并将退款打至这些废卡后再次出售。这是对退款路径的控制不够严格，给予胡某可趁之机。一般的商场或超市发生退货，都会明确告诉买家，退款是按照当时购买商品的付款路径"原路退回"，即付现金的退还现金，刷银行卡的退还至原银行卡，刷购物卡的退还至购物卡。如购物卡丢失，则应由中后台办理一张新购物卡退还至客户，如此可以有效地防范收银人员随意退款的现象。

(4) 商场库存商品日常盘点工作有待加强。

时隔 22 个月，发生了如此巨额的损失后商场方才察觉，我们有理由相信商场存货日常盘点工作还有很大的改进空间。我们认为该商场日常工作未足够重视库存商品财务账、仓库实物账与仓库实物三者间的核对工作。柜员在日常工作中对于在销售时发现的账实不符的现象也未及时上报、调查，导致胡某的行为未被及时发现。所以商场定期(每月)组织盘货是十分必要的。

◆ 本 章 小 结

理货员的工作包括领货作业、标价作业、变价作业、商品陈列作业及补货作业等。收银员的工作职责除了结算货款以外，还包括为顾客提供良好礼仪服务、现金管理、推广促销及防损等工作。店长对于门店员工的作业管理包含职业修养、作业活动规范、重点环节的管理等，以保证门店的有序经营，为连锁企业树立良好的社会形象。

★主要知识点

理货员　标价　前进陈列　先进先出　收银员　三唱一复

◆ 基 础 训 练

一、选择题

1. 下列选项属于门店经营管理的内容有(　　　)。

A. 导购　　　　　B. 客服　　　　　C. 收银　　　　　D. 换货

2. 连锁门店的店长对员工管理的内容有(　　　)。

A. 出勤管理　　　B. 服务管理　　　C. 效率管理　　　D. 培训

3. 收银过程中应遵循的"三唱一复"原则中的"三唱"不包括(　　　)。

A. 唱价　　　　　B. 唱收　　　　　C. 唱付　　　　　D. 唱零

二、判断题

1. 商品管理中补货区域的先后次序为端架→堆头→货架。(　　　)

2. 缺货是连锁门店工作中最大的罪恶。(　　　)

3. 收银员的职责就是给顾客结账，其他的事情可以不用问。(　　　)

三、简答题

1. 谈谈理货员提高顾客服务意识的重要性有哪些。

2. 收银员应掌握哪些识别假币的技巧?

3. 收银员为顾客装袋有哪些注意事项?

◆ 实 训 项 目

(一) 实训任务

当一天收银员,体会收银工作。

(二) 实训要求

通过"当一天收银员"的实训项目,掌握收银工作的流程及工作内容。

(三) 项目考核

按表4-1进行考核。

表4-1　"当一天收银员"实训项目考核评价表

项　　目	表 现 描 述	得　分
仪容仪表(10 分)		
待客用语(10 分)		
作业纪律(20 分)		
收银设备使用、维护(10 分)		
大钞、零钱管理(10 分)		
商品管理(10 分)		
突发情况处理与应对(30 分)		
合计		

项目五

店长对门店作业安全的管理

◆ **学习目标**

通过本项目的学习，了解连锁企业门店损耗产生的原因及安全管理的重点；掌握门店防损和安全管理的常见途径，以及门店对员工偷窃和顾客事件的防范与相关处理方法。

◆ **引入案例**

一位老店长的门店防损七妙招分享

十年前，我刚就职于一家上市公司，该公司为运作一个投资数亿元的商业地产项目，筹划先开设一家标准超市以提升人气。因我的人事档案中有曾就职于百货商场的经历，就派我去当这个标准超市的店长。

接受任命的当晚，我怎么也不能入睡，想来自己平时常去超市购物，对超市的相貌和结构似乎有印象，但对它的内部管理、运作流程却一点也不了解，就这样去当店长，能管理好一个几千平方米的门店吗？要是商品丢失了该怎么办？要是人气不旺、生意不红火该怎么办？类似这样的困惑，压迫着我的整个身心。

果然，在忙碌的第一个月结束后月底盘点，商品丢失 27 000 余元，总公司派人来调查，店内的员工都人心惶惶。我经过反复查找，总结了损失的六大原因：一是顾客偷盗；二是员工内盗；三是供货商欺诈；四是员工在内场不付款使用商品；五是收银员漏录或不录；六是出入口混乱。

找出原因，我就对症下药，一个个地堵漏。为此，我采取了以下几种措施：

(1) 提高全员防损意识，凡抓住外盗，按所盗商品价值的十倍给予奖励；凡举报内盗，一次奖励 1000 元。

(2) 及时调换部分收银员，在出入口设专人看管，并在出口处增设验票程序。

(3) 采用 POS 机纠错权限登记制。

（4）在货物的进出库管理上采用"两验一核"的办法：两个人初验，货架理货员复核，三人分别在货单上签名。

（5）当班员工限时购物、定机结算。下班前30分钟当班员工轮流购物，由当日值班长或收银主管监督，在指定的收银台结算。

（6）内场不准使用商品，一经发现按偷盗论处。

（7）特意定制了寄存柜，解决女员工随身携带的化妆品和护理用品的存放问题。

通过以上措施的实施，次月盘点结果十分理想，商品丢失率控制在 1.5‰ 以内，比公司总部限制的损耗标准还低了50%，公司领导也因此给予了物质奖励。

如今十年了，我从外行转为了内行，从超市店长到卖场店长，我的付出得到同事们的认可和支持，也得到领导的肯定和赞扬。如今作为一名老店长，我没有什么丰碑，只有很多的感受。在此，我把我自己写的一首《店长三字经》奉献给同行的新老朋友们一起分享：

当店长，不轻松，官不大，责任重，心胸宽，多包容；
眼放亮，是非清，嘴多讲，言必行，手脚勤，事先行；
做家长，爱员工，任校长，培训兵，当队长，重带领；
好店长，抓经营，爱商品，品类清，畅滞销，分外明；
四季货，气氛浓，上帝来，笑脸迎，顾客走，好声送；
防火盗，保安平，任操劳，无怨情，苦在前，视为荣；
乐其后，树标兵，讲原则，杜私情，勤学习，立新功。
资料来源：姚天帮. "老店长的十年店长经"。

http://www.ydzz.com/news.php?col=67&file=51371

任务一　对门店损耗的防范与管理

一、门店防损工作的意义及损耗产生的原因

1. 门店防损工作的意义

"损耗"是一个在连锁企业经营过程中经常听到或论及的字眼。所谓门店损耗，是指门店接收进货时的商品零售总额与售出后获得的零售总额之间的差额。例如，某家门店收到了价值 10 000 元的化妆品，完全售出后门店只实现了 9000 元的收入，那么这批化妆品的价值减少了 1000 元，就存在着 10% 的损耗系数。

全世界零售业每年的商品损耗高达 1600 亿美元，而中国的这一数字也已高达 250 亿元

人民币。防损是门店利润的守门员，如果一个门店的损耗无法有效控制，实际上这个店很难赚到钱，保证损耗最小化是实现门店利润最大化的前提条件。据国内某些统计资料显示，国内商业连锁超市由于其竞争日趋激烈，目前其经营利润只有 1% 左右；而业内人士普遍认为，若能够将目前国内大卖场 2% 以上的商品损耗率降低到 1% 的话，则其经营利润就可以增长 100%。这相当于多开了一倍的门店数所能取得的效益。

2. 门店损耗产生的原因

由于大卖场营业面积大、部门众多，对员工的管理也相对比较混乱。绝大部分员工为一己私利或工作不认真、不负责而造成卖场损耗的事已屡见不鲜。境外有关统计资料显示：在卖场全部损耗中 88% 是由于员工操作失误、员工偷窃或意外损失导致的，7% 是顾客偷窃，5% 则属于厂商偷窃，其中尤以员工偷窃造成的损失最大。以美国大卖场为例，全美全年由于员工偷窃所造成的损失高达 4000 万美元，比顾客偷窃额高出 5～6 倍；在中国台湾，卖场员工偷窃比率也高达 60%。这些资料表明，防止损耗应以加强内部员工管理及员工作业管理为主。

二、连锁门店的防损措施

一般来讲，门店易发生偷窃的场所主要有卖场的死角或看不见的场所、易混杂的场所、照明较暗的场所、通道狭小的场所及商品陈列杂乱的场所等。门店应尽量避免卖场出现上述情况，也可采用下列措施进行防损：

1. 成立专门的防损部

随着社会的发展和进步，大卖场防损部的职责已经从预防偷盗向多样化方向发展。例如，承担有门店的安全管理项目(如食品安全、消防安全、职业健康与安全等)、商品盘点、顾客服务、成本控制、风险控制及环境保护等，但门店防损仍然是一项重心工作。

防损部的工作人员又被称为内保人员，在门店营业期间身着便衣，并在店内各处来回巡视，通过"人盯人"、免费存包、店内广播等方式发现，并善意提醒或预防员工、顾客及供应商的不规范行为给门店带来的损耗。这些不规范行为的具体表现有：顾客的偷吃、偷拿，随身夹带、随包夹带，调换商品包装或标签，高价商品混杂于类似低价商品中，使收银员受骗等；员工的监守自盗，作业不当，随身夹带，与亲友串通不规范的购物行为等；供应商的随箱夹带，随同退、换货夹带，误记交货单位(数量)，供应商套号，以低价商品冒充高价商品，混淆品质等级不同的商品，与员工勾结实施偷窃等。

全员参与门店防损要求全体店员提高警惕，加强责任心，能在各自的工作岗位上把好防损关。同时，门店也要加强员工自身的防损教育。勿以恶小而为之，勿以善小而不为。

千里之堤溃于蚁穴，杜绝失职、品德差的员工，对员工出入门店、员工购物等都要有明确的规定，门店可通过设立内部举报奖励制度。当班店长要加强卖场巡视和内部安全调查店内张贴的各种警示标语等措施时，应将门店防损工作落到实处。

2. 门店前台收银区防损措施

收银员与亲友串通或有意作业不当对门店造成的损耗，具体表现为：

(1) 减少录入商品的数量和应收金额。当亲友来购物时，亲友购买了两件相同商品，但收银员可能只输入了一件商品，其余一件相当于免费赠送了。无独有偶，当亲友购买了一管高露洁牙膏，收银员看四下无人，输入了两面针的编码，从而给门店带来不明损耗。

(2) 采用取消功能。单品删除是指删除在交易进行中的某个单品。取消交易是指取消尚未付款的交易，在整笔交易结账之前将整单都取消。在大卖场中，取消交易和取消收款都要由收银主管完成，而有些超市这两种工作都由收银员来做，这样会后患无穷。因此，门店应避免收银员利用单品删除键、退货键或更正键来消除已登录的商品记录。

(3) 收银员可能通过不给顾客小票、主机断电、打印机色带问题、卡纸等方式将没有计入系统而多出来的钱，利用钱箱、服饰、护腕、中途兑款及下班后点款时的混乱机会及零钱袋等适当机会将钱带走，从而给门店造成营业额损失。因此，收银主管必须紧密注意各收银台的金额进度。如果发现异常情况要先停止该机台的操作，进行彻底检查，并加强对收银员的作业纪律培训。

3. 门店出口处的防损措施

这是门店防损的最后一道防线，门店出口处要做好防损工作，服务至关重要。根据顾客的心理，核查等于是对他们的不信任、不尊重，往往会产生逆反心理。所以，出口处的保安要突出服务意识，让顾客支持自己的工作。当顾客走向出口时，保安要微笑迎接顾客，观察顾客所购买的商品，估算出大概的金额，并特别留意大件或较贵重的商品，这样会节省核查的时间，不至于让顾客反感。核查章上千万不能印成"核查"二字，可印成"谢谢惠顾""欢迎下次光临"等字样。这样令顾客感觉到商场是站在顾客的角度考虑问题，为顾客着想，也就会支持保安进行核查工作。

三、现代防损科技的进展

这是连锁门店防损的主要手段。所谓技术防损，是指门店利用一系列现代化的设备进行防损的一种措施，具体有以下表现形式：

1. 店内安装各种监控系统

店内通过在各个角落安装摄像头、录像、无线射频自动识别技术(RFID)、电视监控系统、大门报警器、防损人员随身携带对讲机等手段进行防损的一种措施。甚至有人说，门店为了抓住惯犯，还安装了面部识别程序及车牌辨别装置。顾客可能觉察不出他最喜欢光顾的购物场所有什么太大变化，但可以肯定的是，门店正在注视着顾客的一举一动。为了打击盗窃行为，门店的监控系统正在朝小巧、智能及普及化的方向发展。

2. 商品 EAS 电子防盗系统

EAS(Electronic Article Surveillance)于 20 世纪 60 年代中期在美国问世，最初应用于服装行业，现在已经扩展到全世界 80 多个国家和地区，应用领域也扩展到百货、超市及图书等各行业。

EAS 系统主要由检测器(安检门)、解码器(收银台)和电子标签三部分组成。其中，电子标签分为软标签和硬标签。软标签成本较低，直接黏附在较"硬"商品上，不可重复使用；硬标签(又叫防盗扣)，可重复使用，成本较软标签高，但须配备专门的取钉器，多用于服装类柔软的、易穿透的物品。

不用多久，门店可能就会采用 RFID 标签来取代 EAS 标签，因为 RFID 标签可以更准确、更隐蔽地追踪销售区内的商品。这种标签形态各异，许多甚至比邮票还小。它们能够与手提设备之间进行信号传输，告诉员工某一特定商品的具体位置，像沃尔玛、麦德龙等目前仅把这种技术用于监控库存。如果 RFID 标签单位成本一旦降至合理的水平，可以监控库存并且控制偷窃行为的 RFID 芯片就有可能在未来取代大块头的 EAS 标签。

3. 推广使用智能购物车

智能购物车功能强大，会导购、算账、促销及防盗。美国加利福尼亚州某公司发明了名为 GS2 的系统，是利用镶嵌在购物车轮子里的 RFID 芯片及门店周围可以向芯片发射信号的天线。当购物车接近门店边缘时，它的轮子会自动锁住。只有拿着遥控设备的员工才能解锁，使窃贼无法推动购物车，他们必须把偷的东西从车里拿出来，然后步行离开。由于这种智能购物车成本较高，故目前国内连锁门店使用者并不多见。

四、其他防损措施

1. 加强员工日常作业管理

目前，在加强员工日常作业管理方面主要采取的应对措施包括：对高损耗商品加强盘点；定期检查商品价格标示有无错误或漏标现象；定期检查货架上商品的有效期限，做好商品的先进先出管理；由于顾客不小心或商品堆放不合理而造成的损坏或破包，各部门可针对这一情况在仓库里留出专门区域作为退货商品堆放区，并由资深员工负责退货和管理；定期检查商品库存，除畅销品外其他商品不要有太多库存或最好无库存；对于提价商品应该立即更换标签，更换时要先将旧标签撕下方能贴上新标签；定期检查仓库、门锁及防盗设施等。

2. 卖场采用防盗性卖场布局与商品陈列方式

在采用开架自选销售方式的门店中，防盗性的卖场布局与商品陈列技巧主要有：

(1) 将最容易失窃的商品陈列在店员视线最常光顾的地方，即使店员很忙的时候，也能兼顾照看这些商品，这样会增加小偷作案的困难，有利于商品防盗；另外，最容易失窃的商品不应该放置在靠近出口处，因为这里人员流动大，店员不易发现或区分偷窃者。

(2) 可以采用局部封闭的方式，如在大卖场中将一些易丢失、高价格的商品集中到一个相当较小的区域，形成类似"精品间"的销售空间，也是一种很"安全"的商品陈列方式。例如，大型百货商场，对最易丢失的裘皮大衣、女性内衣、高档西服等商品采用局部封闭的保护方式，以便于安装电子防盗系统，确保最佳的防盗效果。

3. 小型门店可使用防盗镜

对于小型门店，安装电子防盗系统的必要性不大，可以广泛采取防盗镜进行保护。防盗镜一般安装在门店的各个角落，能方便店员监视整个店内情况，再配合安全的商品陈列及店长、店员的巡视，一般可以满足其对防盗的需要。总之，不同类型的门店，在卖场设计时考虑防盗措施应有所不同。目前，中国连锁大卖场和超市防损的主要手段是人员防损。因为中国人力成本低、操作灵活，但实际操作起来易出现错抓、漏抓的现象，防损人员本身也可能会出现问题。技术防损手段能有效搜集证据，但购买设备需要大量资金投入，对专业盗窃者来说效果有时并不明显。总之，各门店应结合自身实际情况选择适合自身的防损措施。

任务二　连锁企业门店的安全管理

一、安全管理概述

超市、大卖场是人流量比较密集的场所，通常也被认为是较为安全的公共场所。一家良好的门店除了满足顾客的购物需求之外，还必须为顾客提供一个安全、舒适的购物环境。有效维护顾客在卖场的购物安全，是门店不可推卸的责任。但是，由于促销拥挤、硬件设施故障、管理粗放、安全意识薄弱等原因，连锁超市和大卖场的安全管理问题仍然不容忽视。

 阅读链接 5-1　门店如何做到"全员安全"

安全工作重于泰山，"全员安全"更是门店工作的重中之重。就门店基层而言，"全员安全"是实现门店整体目标的基石。那么，该如何培养并提高全体员工的安全防范意识呢？

首先是在思想意识上的重视。每一次安全事故的发生对我们来说都是非常惨痛的教训，值得大家深刻的反思与借鉴。所以，定期在班前会议上对全体员工进行"安全意识"的灌输，是让我们员工提高防范意识的重要环节与手段。

其次，通过定期的"安全操作"培训，提高门店员工安全工作技能，从而减少安全事故的发生。员工通过了解安全操作的重要性，懂得一些必要的安全防范措施，并在意识上提升到一个新的高度，让每位员工知道安全工作是与大家息息相关的。

最后，在行动上制定安全责任制度并层层落实到人，使店每个层面对安全工作都非常重视。坚持分时段进行门店安全巡视，督导全体员工进行安全生产，为员工营造一个安全和谐的工作氛围。通过门店"全员安全"工作的推行，不仅门店全体员工的安全防损意识得到了提高，同时员工的安全工作技能也提升了。全员安全是门店正常运营的保障，通过"全员安全"工作的开展使全体员工对安全工作有了全新的认识，并能用自己的实际行动推进"全员安全"的工作步伐。

二、门店安全事故发生的主要原因及其防范

门店加强安全管理的作用主要包括三方面：一是确保消费者购物安全；二是提供员工工作的安全环境；三是减少门店的财务损失。门店安全事故发生的主要原因一般有门店设备老化、员工基本常识不够及员工警惕性不足等。加强安全管理，主要可以从事前预防、事中处理和事后检查三方面入手。

(一) 消防安全管理

1. 事前预防

(1) 设立紧急出口及安全门，并随时保持通畅。若该店无其他出口时，则大门口应保持畅通。

(2) 设置足够的灭火器，依消防规定设于门店的明显处，并定期保养及检查各项消防设备。

(3) 定期召集门店全体员工，讲解灭火设备的功能、使用方法及防火注意事项。

(4) 门店内一般禁止抽烟。

(5) 定期(如每半年一次)实施消防演习(含灭火器使用)。

(6) 随时检查插座、插头的绝缘体是否脱落、损坏。

(7) 打扫卫生、清理垃圾时，应注意其中有无火种等易燃物。

(8) 电器、插座和马达附近应经常清扫，不留杂物。

(9) 门店全体人员皆应知道总电源开关的位置及使用方法。

(10) 店内勿放易燃物，店内装饰应选用耐火材料。

 阅读链接 5-2　门店预防火灾的检查要点

门店经营生产过程中存在的可能性火源，主要有顾客随手丢弃的烟头、油漆、烤房内的报纸及电线线路。针对这几个安全隐患，店长和门店管理人员要倍加留意，时刻关注。

(1) 禁止顾客抽烟时进入门店，发现抽烟顾客及时提醒顾客在指定地点熄灭烟头。最好要求顾客不要进入门店，特殊情况下要有专人陪同、指引。

(2) 调漆室禁止堆放报纸等易燃物品。因为油漆本身就是易燃易爆物品，所以切勿再同其他易燃物品混在一起。如果万一油漆起火，不可用水扑救，只能使用灭火器和沙子、泥土。

(3) 使用过的报纸、美容纸及时清理，不得留在烤房和门店内。

(4) 定期检查电路，及时更换老化、破损电线。

2. 事中处理

(1) 除电灯外，关掉所有电器设备。

(2) 立刻打 119 火警电话，并报告店长。

(3) 告知门店员工立即根据"安全管理小组"的编制执行任务。

(4) 以疏散所有人员为第一优先，立即疏散门店内顾客并迅速离开现场。

(5) 听从总指挥或消防人员的指挥，保持镇定，按平时消防演习抢救金钱、财务重要资料等，并迅速将现金及贵重财物转移到安全位置。

(6) 将受伤的顾客及员工立即送往医院。

(7) 人身安全第一重要，不要因收集现金或救火而危及自身安全。

(8) 抢救的金钱、财物及重要资料要有专人负责看管，以防歹徒趁火打劫。

(9) 如有浓烟出现时应在地上爬行，迅速离开现场，尽量避免开电器设备，不要用手或身体触碰。

(10) 不要使用电梯，尽量由楼梯疏散。

3. 事后检查

(1) 离开门店后，到附近指定地点集合，并迅速清点人数。

(2) 未获得消防人员许可，不可重新进入火灾现场。

(3) 店长应及时向上级主管提出报告。

(4) 清点财物的损失，并编列清单。

(5) 配合公安、消防单位，调查火灾发生的原因。

(6) 对事件损失进行评估、检讨，并提出整改措施。

(二) 防抢安全管理

1. 容易遭歹徒抢劫的商店的特征

(1) 商品堆放、陈列零乱，这等于告诉歹徒"这是一家疏于管理的店"，所以遭抢的可能性就比较大。

(2) 灯光暗淡，卖场内一片昏暗，这是歹徒最喜欢的作案环境。

(3) 橱窗乱贴海报，遮住了视野，使歹徒在作案时不太显眼。

(4) 顾客稀少，服务员站在柜台内，这是最容易遭劫的时候。

(5) 太多钱财外露，因为门店未设保险柜，现金(尤其是大钞)直接存放于收银机内，很容易引起抢劫。

(6) 店外马路的岔路多，有容易逃走的路线。

2. 门店防抢的措施

(1) 应随时避免以上歹徒最容易下手的六种状况的出现。

(2) 可装置监视器或安全系统。

(3) 建立投库制度，应规定收银机内的现金不得超过一定金额；超过则需投库，收到大钞则应立即投入保险柜内。

(4) 尽量保持店内的明亮度及店内外的整齐、不凌乱。

(5) 大门、玻璃上不得张贴太多海报、POP，不得堆置太高的物品。

(6) 提高警觉，发觉可疑人物时应尽快通知全体营业人员。

(7) 与警务机构或保安公司建立紧密的合作关系，并张贴告示。

(8) 平时要对店员进行教育与训练。

3. 遇抢时的注意事项

(1) 不作任意的惊叫及无谓的抵抗，以确保顾客和店员的人身安全为主要原则。

(2) 双手动作应让歹徒看得清楚，以免歹徒误解而造成伤害。

(3) 不必试图说服歹徒。

(4) 为避免意外伤害，应告诉歹徒，仓库、厕所或其他地方是否还有同伴。

(5) 在不影响人身安全的情况下，尽可能拖延时间、假装合作。

(6) 可乘歹徒不备时，迅速按下报警器。

(7) 尽力记住歹徒的特征。

4. 门店遇抢的事后检查

(1) 歹徒开枪后应立即报警，并尽快通知连锁企业总部有关人员。

(2) 小心保持犯罪现场的完整性，不要破坏歹徒双手触摸过的物品及设备的现场。

(3) 立即填好歹徒特征表(见表 5-1)。

(4) 将遇抢过程写成报告，并呈送上级主管单位。

(5) 被抢之店往往很容易再度成为歹徒的目标，故更需针对事前防范的各项重点，检查原有的缺陷。

表 5-1 歹徒特征表

店名_____ 电话_____ 负责人_____ 地址_____

歹徒外形特征和事件整体情况	1. 身高	□150 厘米以下　　□150～160 厘米 □160～170 厘米　□180 厘米以上
	2. 脸形	□圆形　□方形　□瘦长形　□瓜子形　□其他
	3. 身材	□矮胖　□瘦小　□中等　□瘦长形　□高壮
	4. 口音	□普通话　□本地话　□方言　□其他
	5. 抢劫工具	□刀　　□枪　　□瓦斯枪　□绳索　□其他
	6. 发型	男性：□西装头　□平头　□光头　□烫发　□其他 女性：□长发　□短发　□戴帽　□烫发　□其他
	7. 服装款式	□西装　□休闲装　□运动装　□套装　□洋装 □夹克　□背心　□牛仔装　□其他
	8. 服装颜色	上半身_____色　下半身____色
	9. 鞋子	□拖鞋　□皮鞋　□其他　鞋子颜色___色　鞋子品牌___牌
	10. 面貌特征	□戴眼镜　□戴口罩　□有痣　□镶牙　□蓄须　□其他
	11. 身体特征	
	12. 交谈内容	
	13. 抢劫装备	□手提袋　□麻布袋　□其他
	14. 抢劫时驾驶的车辆	□出租车　□摩托车　□自行车　□货车　□徒步　□其他
	15. 逃逸方向	车辆颜色_____ 厂牌_____ 车号_____
	16. 损失财物	金钱_____元　_____商品　其他_____

资料来源：黄宪仁. 店长操作手册，电子工业出版社，2012 年版。

(三) 防骗管理

当今社会，骗人的花样不断翻新，骗子的骗术可谓千奇百怪，因而门店员工要随时提高警惕，防止歹徒的诈骗。常见案例有要求兑换零钱、送货、以物抵物，或是声称存放在寄物柜内的贵重物品失窃等。

1. 事前预防

(1) 店员应避免与顾客过于接近，以免发生意外。

(2) 不要背对或离开已打开的钱财放置处或保险箱。

(3) 视线不要离开已打开的钱财放置处或保险箱。

(4) 收到顾客所付钱财，应待确定顾客支付金额符合后，才可将钱放入钱财放置处。

(5) 收到顾客的大钞时，应注意钞票上有无特别记号及辨识假钞。

(6) 注意顾客以"零钱掉落法"及"声东击西法"骗取你已打开的钱财放置处或保险箱。

(7) 收款一定要按既定程序进行，且必须唱收唱讨。

(8) 在便利店中，若门店店员只有一位，且进仓库搬货无法照顾到收银机，那么除了熟客外，尽量不要离开卖场，并婉言拒绝顾客。

(9) 对各种骗术手法，应实施在职训练，以熟练防范技巧。

2. 事中处理

切记不可因人手不足、顾客拥入等原因，而自乱阵脚，疏忽了上述防范措施。

3. 事后检讨改善

作成示范个案，通报门店注意，避免再中圈套。

◇ **案例精讲**　　北京多家超市临时取消大型促销活动

2015 新年伊始，上海外滩发生踩踏事故，造成 36 人死亡、49 人受伤的严重后果，让新年的气氛骤减。2015 年 1 月 21 日，上海市政府公布了"12·31"外滩拥挤踩踏事件的调查报告，认定这是一起对群众性活动预防准备不足、现场管理不力、应对处置不当而引发的拥挤踩踏，并造成重大伤亡和严重后果的公共安全责任事件，包括黄浦区委书记、区长在内的 11 名官员被免职……受此事件影响，北京有多家超市临时取消了门店的大型促销活动，而促销活动正常的几家超市也加强了人流疏导和安全防范。

★ 华联三门店促销暂停

"尊敬的顾客，华联超市常营店提示您，因上海踩踏事件，政府最新通知我店 1 月 5 日开档的海报促销取消……"昨天，华联常营店的会员手机上接到了这样的一条短信通知，在该店也随处贴着同样内容的告示。常营店人员称，海报促销是指对部分指定商品兼价销售，但接政府通知而取消，是为防止促销产生顾客哄抢，具体什么时间恢复促销活动需要等进一步通知。

与此同时，原计划昨日开业的华联安贞店也取消开业。店门口除了暂停开业告示外，还有一份红头为"北京市朝阳区商务委员会"的公告，指出安贞分公司未按《北京市实施

〈零售商促销行为管理办法〉细则》的规定，到相关部门办理备案手续，结合近期安全生产形势，暂停原定于 2015 年 1 月 5 日开展的开业促销活动。

"因上海踩踏事故，领导连夜开会临时决定暂时取消开业。"安贞店工作人员说。根据商务委的相关规定，进行促销活动需要进行报批，该店未及时报批，各部门领导考虑到参与开店促销的顾客以中老年人为主，如果发生拥挤会有安全隐患，因此暂时取消开业。

此外，华联春秀路店从 1 月 4 日至 1 月 13 日的海报促销活动也全部停止。

★ 多家商场超市促销正常

不过，永旺、家乐福、物美、大悦城等多家商场超市表示原有的促销计划会正常进行，但会按要求加强疏导。

"促销活动没取消。"家乐福双井店服务台人员表示。而大悦城永旺超市原定于每周二的客户答谢日活动，暂时没有收到取消通知。

家乐福人士介绍，已经收到商务部门的通知，但并没有提到要停止促销，主要是要求超市在促销时应严格执行《北京市商业零售经营单位促销管理规定》，加强安保。

物美则表示，这几天接到各方面多个部门的通知，"都是强调促销安全，并不是叫停"。超市方面会对促销提前制定应急预案，货源货量准备充足，现场增加安保人员对顾客加强疏导。

★ 政府部门说法：未强制叫停，强调报备疏导

朝阳区商务委有关人士表示，政府并没有强制要求所有商家取消促销活动。不过按照《北京市商业零售经营单位促销管理规定》，商业零售经营单位举办大型促销时应在促销活动开始 7 日前，将促销活动的期限、方式、规则和促销商品的范围等，向商务部门进行书面报告，也就是备案。对生活必需品的促销时间不得少于连续 3 个营业日，应当保证促销商品的充足供应，不得限制消费者购物的数量和时段等。

据了解，在上海踩踏事故后，北京朝阳区公安局内保大队、区商务委已约谈了辖区内多家商场负责安全的主管，包括沃尔玛、家乐福、新世界、大悦城、新光天地、太古里商场及悠唐广场等。举办活动时提前 20 天向治安支队申请行政许可，提前 10 日向内保大队、各派出所登记备案和安全监管，各商超经营区域周边的出入口需有保安员值守。活动内容的审核、安全检查、风险评估、安保措施等，都要提前落实到位。

★ 如何"预测"踩踏危险

(1) 时刻保持冷静，判断周围形势，不要盲目跟风。

(2) 要事前熟悉所管辖范围内所有的安全出口，同时要保障安全出口处的畅通无阻。

(3) 人群非常拥挤的时候，人流速度会非常缓慢。发生踩踏最明显的标志是，人流速度突然发生了变化，并发生了方向转变，这时候可能发生了逆行摔倒和绊倒等情况。

(4) 踩踏发生后，一般身高的人不可能看到前方或后方的情况，但是会突然感觉"被

推了一下"，这时候要特别警觉，踩踏已经发生。

★ 预防踩踏的 10 个要点

(1) 不在楼梯或狭窄通道嬉戏打闹，人多的时候不拥挤、不起哄、不制造紧张或恐慌气氛。

(2) 尽量避免到拥挤的人群中，不得已时尽量走在人流的边缘。

(3) 发觉拥挤的人群向自己的方向走来时，应立即避到一旁，不要慌乱、不要奔跑，避免摔倒。

(4) 顺着人流走，切不可逆着人流前进，否则很容易被人流推倒。

(5) 假如陷入拥挤的人流，一定要先站稳，身体不要倾斜失去重心，即使鞋子被踩掉，也不要弯腰捡鞋子或系鞋带。尽快抓住坚固、可靠的东西慢慢走动或停住，待人群过去后再迅速离开现场。

(6) 若不幸被人群挤倒后，要设法靠近墙角，身体蜷成球状，双手在颈后紧扣以保护身体最脆弱的部位。

(7) 在人群中走动遇到台阶或楼梯时，尽量抓住扶手，防止摔倒。

(8) 在拥挤的人群中要时刻保持警惕，当发现有人情绪不对或人群开始骚动时，要做好准备保护自己和他人。

(9) 在人群骚动时注意脚下，千万不能被绊倒，避免自己成为拥挤踩踏事件的诱发因素。

(10) 当发现自己前面有人突然摔倒了，要马上停下脚步，同时大声呼救，告知后面的人不要向前靠近；及时分流拥挤人流，组织有序疏散。

资料来源：廖爱玲，刘洋，刘珍妮. 防踩踏 北京数家超市取消大型促销.《新华网》2015 年 1 月 6 日。
http://news.xinhuanet.com/politics/2015-01/06/c_127362409.htm

案例评述：

"安全生产"，只有在"安全"的前提下才能正常的"生产经营"。超市和卖场是人流量比较密集的场所，在举办各种促销活动前都必须做好安全管理计划。否则，任何疏漏和大意都可能造成不可挽回的损失。例如，2007 年 11 月 10 日，重庆市沙坪坝区"家乐福"超市进行十周年店庆的促销活动，由于人多拥挤，发生踩踏事故，造成 3 死、31 伤……2007 年 10 月 26 日，上海乐购超市三门店的豆油低价促销，由于预案估计不足，最终也酿出事故。开业仅 5 分钟，排队购买低价豆油的数百名消费者便因拥挤而发生踩踏事件，15 名消费者受伤，其中 1 人骨折。

连锁企业要做好大型促销的安全管理，就要在公众聚集的场合做好以下工作：

一是预测人数，当活动聚集的人群超过预测时必须采取限制措施。

二是分隔，把人群分成若干个区域，不能在一个区域，并由安全人员守卫。

三是大型活动的入场、出场等人群流动，必须是单向分流，次第前进。如果从 a 区流向 b 区，首先是要动员 b 区的人员流出。最可怕的就是无序运动。

四是每个区域内必须有人负责引导，严格控制，相当于分成若干责任田。近年来电梯伤人的事故时有发生，所以还应当加强对员工应对电梯故障进行紧急处理的训练。

五是所有易发生群众踩踏事件的高危地点，如台阶、复杂地形、装有玻璃的建筑物等附近，都应当设立警示牌，必要时设专人值守。

◆ 本 章 小 结

零售业连锁企业门店的"损耗"主要是商品损耗，是由盗窃、损坏及其他原因共同引起的。对门店的各类损耗加以严格控制，是提高连锁企业经营绩效的重要保证。此外，店长还要了解连锁门店安全管理的基本内容及主要操作要点，着重掌握门店在消防、防抢、防盗、防骗等安全管理方面的一些规范要求。

★主要知识点
门店损耗　安全管理　防抢管理　防盗管理　防骗管理

◆ 基 础 训 练

一、选择题

1. 门店加强安全管理的三方面的目标是(　　　)。
   A. 确保消费者购物安全　　　　　B. 提供员工工作的安全环境
   C. 增加门店的营业额　　　　　　D. 减少门店的财务损失

2. 对于主营食品、生鲜的超市来说，老鼠、蟑螂等"四害"也是造成门店商品损耗的一个原因，那么超市防鼠可以采取的途径有(　　　)。
   A. 养猫看店　　　　　　　　　　B. 布置鼠药、灭鼠笼
   C. 外包给专业的灭鼠公司　　　　D. 对高价商品进行重点存放保管

3. 被称为门店防损的最后一道防线的是(　　　)。
   A. 导购员　　　　　　　　　　　B. 监控设备
   C. 出口处安检　　　　　　　　　D. 收银台

二、判断题

1. 损耗是由盗窃引起的。(　　　)

2. 收银员虚构退货而私吞现金，属于作业手续不当所造成的损失。(　　　)

3. 意外事件引起的损耗包括自然意外事件和人为意外事件。(　　　)

4. 由于重大安全事故发生的概率极低，故门店不需要考虑对大型促销活动的安全预案。（　　）

三、简答题

1. 防止门店商品损耗的途径有哪些?

2. 简述门店安全管理的意义。

3. 简述门店安全事故的主要原因。

4. 列举一些门店安全管理的工作要点。

◆ 实 训 项 目

（一）实训任务

组织学生赴校外实训企业分组开展防损实训，每组针对某一防损主题(如收货作业防损、员工出入管理、顾客购物防损、商品安全管理、前台作业防损、生鲜经营防损等)选择实训岗位，进行门店防损与安全管理实训。

（二）实训要求

顶岗实训结束后，每组同学提交实训报告一份。除对实训岗位进行总结，还要就所调研门店如何优化防损工作体系、提升防损效率提出建议。

下篇

门店促销服务

项目六

连锁企业门店促销活动策划

◆ **学习目标**

通过本项目的学习，理解连锁企业促销、促销策划相关的概念；熟悉促销活动策划流程的制定；掌握连锁门店促销策划书的撰写；了解企业促销效果评价的意义。

◆ **引入案例**

广西壮族自治区商务系统促销活动拉动社会消费 150 亿元

为扩大内需、促进消费，2013 年自治区商务厅安排 765 万元专项资金用于支持各地开展形式多样、内容丰富的促消费活动，全年共组织各类重大促消费活动 57 项。初步预计，各类促消费活动实现销售额 50 亿元，推动社会消费 150 亿元。

全区商务系统抓住节日旺销契机，分别在 2013 年元旦、春节、五一、中秋、国庆等重大节庆日，组织全区重点商贸流通企业开展各类节庆让利促消费活动。例如，为期 64 天的第五届南宁消费购物节，围绕百货、超市、汽车、家电、IT、家居、建材、旅游及餐饮等行业展开了丰富多彩的促消费活动。各参与商家零售额同比增长 28.45%，增速同比增长 14.9 个百分点。

重点支持汽车产业促销。鼓励各地政府部门、各大型展会公司、汽车商贸流通企业通力合作、组织开展各汽车展销会。截至 2013 年 11 月 30 日，全区共开展汽车展销促销活动 19 场，实现销售额约 25 亿元。全力推动年末大促销行动。2013 年最后 2 个月，在全区范围全面开展了声势较大的年末大促销活动。全区各类促销项目达 119 项，参与企业达 87 家，涵盖金银首饰、汽车、服装、食品、家电、家居建材、餐饮、房地产、文化旅游等消费热点，有效地拉动了地方消费需求。

此外，开展广西优质农产品产销专场对接。利用第五届广西农产品交易平台，组织 100

多家广西优质农产品生产企业与区内几十家采购商、经销商开展面对面的对接活动，签订一系列意向协议。

资料来源：广西新闻网。

http://www.bbw.gov.cn/staticpages/20140102/bbw52c4b705-108308.shtml

什么是促销？促销即销售促进(sales promotion，SP)，是指企业在合适的时间、合适的地点，采用合适的方式和力度加强与消费者的沟通，最终达到说服顾客购买的目的行为。连锁企业的促销策划离不开价格、质量、品牌、服务、渠道等要素。因此，连锁企业要获得竞争优势，必须要有一个正确的促销战略指引。这要求促销策划人员一定要判断市场形势、需求潜力和需求方向，在此基础上继续进行市场细分，找准目标市场，制定正确的促销定位战略，将自己的优势和相关信息传递给顾客，在目标顾客心目中留下一个牢固的不可磨灭的印记。

任务一　连锁企业促销实务概述

连锁企业促销是指连锁企业运用现代沟通手段，如广告媒体和开展各种活动或宣传报道，向顾客传递商品信息和企业信息，刺激和诱导消费者购买的活动。虽然连锁企业的促销活动多是短期的商品宣传推广活动，但是对于连锁企业聚集人气、吸引客流及提高销售额有着深远的意义。

一、连锁企业的促销作用

连锁企业促销是指连锁企业运用现代沟通方式，向顾客传递商品信息和企业信息，刺激和诱导顾客购买的活动。虽然连锁企业的促销活动多是短期的商品宣传推广活动，但是这对于连锁企业聚集人气、吸引客流及提高销售额有着深远的意义。

1. 促销可以提升商品销量

促销的商品多为降价商品、新商品、季节商品等，通过促销活动可以满足顾客的不同需求，刺激顾客的购买欲望，对顾客的消费活动有很强的驱动性和指引性，能够在短期内有效地提升连锁门店的商品销量。例如，福特公司为了销售一款新型的高顶客货车，就曾经与可口可乐公司联合举办过一次促销活动。人们被要求根据该款新车的货仓容积量来猜测货仓可以容纳多少罐可乐，猜中者就有机会得到一辆该款新车。

另外，活动还设有 10 个小奖，获奖者每人可得 12 箱可口可乐。这次促销活动被命名为"猜中肚量，送您一辆"，引起了消费者的极大兴趣。人们纷纷到福特经销店内填写答案，参观车辆者也络绎不绝，不少人也由此了解了这款车的诸多性能及优点，福特公司的该款车因此销量大增。

2. 促销既可保持现有市场份额，又可打击竞争对手

同一业态之间连锁门店的竞争是激烈的，促销时连锁门店保持现有市场份额，打击竞争者的主要手段之一。连锁门店可以通过促销活动，在短期内门店聚集大量的客流，既能有效地保持原有的顾客忠诚度，又能吸引潜在顾客。

3. 促销可以建立顾客对连锁企业品牌的忠诚度

促销可以突出连锁企业的特点，树立良好形象，扩大企业影响。麦当劳公司曾经创下了一项纪录，使众多消费者连续28天光顾了其餐厅。这一切都要归功于一套以28个国家的旅行者扮相出现的史努比玩具，如有身穿唐装的"中国史努比"和身穿美国国旗的"美国史努比"。麦当劳公司每天推出一款，连续推出28天。为了集齐一整套史努比，人们不惜连续多日在麦当劳店外等候。每一年麦当劳都会推出各种各样的促销玩具来吸引消费者的光顾，这些玩具种类繁多、创意百出，特别招人喜爱，而在某种程度上玩具的形象也向消费者暗示了麦当劳的品牌形象。因此，在每次活动之后麦当劳收获最多的并非是汉堡包的销量，而是消费者的忠诚度。

二、连锁企业的促销方式

连锁门店为了向顾客传播信息、提高业绩、稳定老顾客、增加新顾客、提高门店知名度等，会定期或不定期地举办不同目的的促销方式。促销的目的不同，促销的方式也不尽相同。连锁企业门店常用的促销方式见表6-1。

表6-1　连锁门店主要促销方式

广　告	销售促进	公共关系	人员推销	直复营销
报刊广告，电视广告，包装广告，直接邮寄（DM），产品目录，家庭杂志，小册子，海报和传单，说明书，广告单行本，焦点广告，POP广告，路牌广告，售货现场陈列，视听材料，标志与标语	销售竞赛，奖金和礼品，样品试用，交易会、展览会，市场工具支持，表演性展示会，特价优惠券，回扣，延期付款，招待会，以旧换新折扣，附赠品/积分票，编配商品	记者招待会，演讲，研讨会，年度报告，公司礼品赠送，慈善捐款，制造新闻，公司知名度，推展活动	销售介绍，销售研讨会，电话营销，奖励推销员榜样，交易会与商品，展览会，公司承诺	商品目录，邮寄，电话营销，电子购物，电视购物，网络营销

阅读链接 6-1 超市促销要点

1. 组建高效的促销队伍

一般来说，促销队伍可分为专职促销和兼职促销。虽然兼职促销队伍灵活性强，可以临时招聘，但是临时招聘的促销队伍对企业、产品及心态的把握能力差。只有及时培训，激发其热情，才会取得预想的效果。在聘用兼职促销员时，除了要进行专业知识的培训外，还要对他们进行企业文化培训，使其价值观与企业的价值观保持一致，这样才能从根本上保证促销效果。另外，通过为培训过的兼职促销人员建立个人档案，可以保证兼职队伍的相对稳定，他们在无形中也会成为企业文化的宣传者。

2. 创造良好的购物环境

良好的购物环境主要是指超市整体的装潢设计，包括灯光、地面和商品陈列等。暖色调布置的地面能烘托出一种喜庆热闹的购物氛围，让人流连驻足。灯光设置经过精心选择，能刺激消费者的购买欲望。比如，在食品货架附近用橘色的灯光，容易激发顾客的食欲；在日用品货架附近一般用白色灯光，使商品看上去光亮整洁，会吸引顾客情不自禁地欣赏、触摸而最终购买。合理的商品陈列有利于促销商品，如通过堆码方式堆成各种新颖的造型，方便消费者同时选购。

3. 把握好鲜明、准确的促销主题

促销主题要鲜明。一个良好的促销主题往往会产生画龙点睛的震撼效果，所以应针对整个促销内容拟定具有吸引力的促销主题。促销主题的选择应突出两点：一是"新"，即促销内容、促销方式和促销口号要富有新意，这样才能吸引人；二是"实"，即简单明确，顾客能实实在在地得到更多的实惠和利益。超市促销要确定一个有购买诱因的促销主题。任何一次促销活动都必须有一个正当的理由，如利用节假日、纪念日和新品上市作为活动的理由，不然会给顾客留下低价甩卖、产品销售不畅等错觉。超市促销不能一成不变，要根据时尚潮流、节假日等各种契机找出新的、恰当的促销主题。

4. 灵活运用打折、降价等促销手段

从操作技巧上看，打折、降价要选择正确的促销时机，确定合理的促销期限，明确合理幅度，并采用相应的促销组合。终端市场中不同的商品有不同的特质，不同特质的商品应选择不同的促销时机，如饮料促销应选择在夏季或节假日。对于促销期限来说，不宜太长，也不能太短，要考虑消费者正常的购买周期，促销期限太长了，价格难以恢复到原位，促销期限太短了，促销效果又很难达到，较合理的促销时间一般为2～4周。打折、降价还应该与其他的促销手段相配合(如广告等)，这样能收到最佳的促销效果。

资料来源：成红巧. 浅谈超市促销存在的问题及对策. 商场现代化，2010(11)。

任务二　连锁企业促销活动策划流程的制定

连锁企业爆发式快速发展，企业之间的竞争也更为激烈，促销活动策划就是竞争的有力武器。大型连锁企业往往在总部设置专门的企划部，负责促销策划事宜。实施分区管理的连锁企业会设置区域企划，在单体店里小型门店由店长负责，较大型门店设置专职策划岗。直接与策划相关的岗位有企划主管、品牌经理及策划人员等。不同的企业在同一职位上还有不同的分级。从广义上讲，上至总经理，下至普通员工，都或多或少与企划作业有关。总经理负责营销战略策略的制定，促销策略要符合营销战略导向，而基层员工负责促销策划的执行。无疑，促销策划是市场竞争的灵魂。

连锁企业的促销活动以连锁总部的战略促销计划展开，促销活动是否能实现预期目标、达到促销活动的效果，关键在于是否有创意、是否周密详细。连锁企业促销活动策划流程大致可以分为确定促销目标、选择促销时机、确定促销主题、选定促销商品、选择促销方式、确定促销预算及拟订促销方案等步骤(图6-1)。

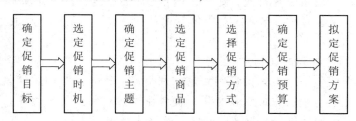

图6-1　连锁企业促销活动的策划流程

一、确定促销目标

在进行促销策划时，要明确具体目标，才能收到事半功倍的效果。门店进行商品促销的目的主要是提高营业额和促进商品周转。

1. 提高营业额

营业额来自来客数与客单价，而影响来客数与客单价的因素相当多，基本上消费者在决定是否进入门店或是否购买商品时，决策的模式相当复杂，有单纯理论型、单纯感性型和理性感性混合型。因此，提高营业额应做好以下几点：

(1) 增加来客数。消费者不上门，生意就没得做，所以来客数成为影响门店业绩最重要的原因，而促销可以吸引消费者入店，造成人潮，增加购买的数量。

(2) 提高客单价。如果来客数短期内无法增加或顾客群的过于集中，则可以采用促销的手段使消费者多购买一些商品或单价较高的商品，以提高客单价。

(3) 刺激游离顾客的购买。游离顾客进入门店时，并未预设购物的计划，因此经由促销可以刺激游离顾客，形成购买行为。

2. 促进商品周转

商品是连锁店的命脉，良好的商品回转会带来良性循环。因为商品的新鲜感往往会给顾客留下良好印象，也会给连锁店企业带来口口相传的广告效应。一般而言，促进商品的周转可从以下三方面着手。

(1) 新商品上市的试用。所谓"不怕货比货，就怕不识货"，新商品的推出，必须有消费者试用，才能找出商品在消费者心目中的地位，快速地进入市场。所以，除了广告外，可以利用促销活动来鼓励消费者试用。

(2) 加速滞销品的销售。滞销品会使消费者对商品本身产生疑惑，长期下去也可能对连锁店产生不良的影响。因此，对于滞销品应以促销来加速周转。

(3) 库存的清理。对于时效性的商品，如换季品、将逾期品、节庆商品或旧型商品，促销有助于清理库存，避免造成资金积压或损失。

二、选择促销时机

促销时机的选择是否得当，会直接影响促销的效果。促销时机选择得当，不仅会促成销售目标的实现，还可以使促销活动有机地与连锁企业的整体战略相融合。促销时机包括两个方面。

1. 促销活动延续时间

(1) 长期性促销。时间一般为一个月以上，目的是希望塑造门店的差异优势，增强消费者对门店的向心力，以确保她们长期来店购物，不致流失到其他门店。

(2) 短期性促销。通常是3～7天，目的是希望在有限的时间内通过特定的主题活动来提高客流量及客单价，以达成预期的营业目标。短促销活动不宜将时间拉得太长，否则会使消费者缺乏新鲜感，影响促销效果。

2. 促销活动所处时机

由于季节、气候和节假日不同，顾客消费习惯的消费需求也会有很大的差异，把握好这些实际就等于在很大程度上把握了消费需求。因此，在不同的时机采用适当的促销方式会取得非常好的效果，门店通常会把握以下时机进行促销活动：

(1) 季节。门店若以经营日常生活用品为主。不同季节会有不同的市场需求。春、夏、秋、冬四季都可以成为门店促销的好时间，通常情况下选择当季最需要的商品品类进行促销。例如，夏季以清凉性商品为重点，冬季则以保暖性商品为重点，同时考虑环境的色调配合，促销效果会非常显著。

(2) 月份。门店销售有淡季、旺季之分。一般而言，3 月、4 月、7 月、8 月和 11 月是淡季，在淡季做促销工作，使"淡季不淡"是非常重要的。

(3) 日期。由于发薪、购买习惯等因素，消费者在一个月或一个星期中的购买力是不平衡的，月初的购买力比月底强，周末(或节日)的购买力比平日强。因此，促销活动应与日期相配合，有针对性地进行促销活动以提升营业额。

一年中的促销时间及主题如表 6-2 所示。

表 6-2　一年中的促销时间及主题

一月份	二月份	三月份	四月份
1. 元旦迎新年活动	1. 年货展销	1. 春季服装展销	1. 清明节学生郊游食品节
2. 新春大优惠	2. 情人节活动	2. 春游烧烤商品展销	2. 化妆品展销
3. 春节礼品展	3. 元宵节活动	3. 春游用品展销	
4. 辞旧迎新活动	4. 欢乐寒假	4. 换季商品清仓特价周	
5. 结婚用品、礼品展销	5. 家电、电脑产品展销	5. "三八妇女节"妇女商品展销	
6. 年终奖金优惠购物计划	6. 开学用品展销		
7. 旅游商品展销	7. 玩具商品展销		
五月份	六月份	七月份	八月份
1. 五一劳动节活动	1. 六一儿童节服装、玩具、食品展销及活动	1. 欢乐暑假趣味竞赛，商品展销	1. 夏末服饰清货降价
2. 夏装上市	2. 考前用品、补品展销	2. 暑假自助旅游用品展销	2. 开学用品展销
3. 清凉夏季家电产品节	3. 饮料类商品展销	3. 父亲节礼品展销	
4. 母亲节商品展销及活动	4. 夏季服装节	4. (COOL 在七月)冰激凌联合促销	
5. 端午节商品展销及活动	5. 护肤防晒用品联展	5. 暑假电脑促销活动	
九月份	十月份	十一月份	十二月份
1. 中秋节礼品展销	1. 运动服装、用品联合热卖	1. 冬季服装展销	1. 保暖御寒用品展销
2. 敬老礼品展销	2. 大闸蟹促销活动	2. 火锅节	2. 冬令进补火锅节
3. 秋装上市	3. 金秋水果礼品展销	3. 护肤品促销活动	3. 圣诞节礼品、饰品展销
4. 夏装清仓	4. 国庆节旅游产品展销	4. 烤肉节	4. 岁末迎春商品展销
	5. 重阳节登山商品展销		

(4) 天气。天气变化会影响客流量，而对门店来说客流量就意味着营业额。一旦天气

变差，门店的客流量就会比平日少，营业额往往会减少5%～10%。因此，在天气不好的时候，门店促销活动除了要为消费者提供价格合理、鲜度良好的商品以外，还应该营造一个舒适的购物环境，如提供伞套、伞架、防滑垫等。

(5) 温度。需求会随着温度的变化而变化。气温升高，空调、饮料等商品的销售量就会显著上升；气温降低，火锅、冷冻食品类商品的销售量就会显著提高。门店应掌握气温的高低变化趋势，适时推出促销商品，提升销售业绩。

(6) 重大事件。重大事件是指各种社会性的活动，如重要的政策、法令出台，若掌握得当常会提高超市知名度及业绩。这些活动或时间最好能提前掌握，以利于安排促销活动。因此，门店应该做到以下两点：

● 经常关注并及时掌握社会及商圈内有关的事件和新闻，并研究其对门店经营及消费者购物心理的影响；

● 若发现良好的促销时间，则立即确定商品及营运部门，最短的期限内推出促销活动以抢夺商机，塑造门店的经营特色和差异化服务。

 阅读链接 6-2 ×××超市母亲节的促销方案

时间：2015年5月9～10日

一重奏：妈妈，您辛苦了！

活动内容：

当日单张购物小票满88元，即可获赠康乃馨一朵(限送1000朵，送完为止)。

当日单张购物小票满188元，即可获赠蛋糕五折卷一张(限当日前100名顾客)。

当日单张购物小票满288元，即可获赠8寸鲜奶蛋糕一个(限当日前100名顾客)。

当日单张购物小票满388元，即可获赠8寸鲜奶蛋糕一个加康乃馨一朵(限当日前100名顾客)。

(备注：只限单张购物小票，不得累计，大宗团购及支票结账除外)

二重奏：妈妈生日快乐！

凡5月10日生日的妈妈们，只要您购物满30元，即可获赠8寸鲜奶生日蛋糕一个(每人限一个，领赠品时请出示身份证)。

三重奏："明星脸大比拼"！

在活动期间，只要把你和妈妈的合影照片寄往×××超市，就可参加"明星脸大比拼"活动，由×××超市评选出最像母女(母子)前5名，送自行车一辆。

(邮寄地址：×××公司企划部收，截止日期：5月20日)

四重奏："大声公擂台赛"。

　　5 月 10 日当天×××超市举行"大声公擂台赛"，比谁喊"妈妈我爱你"的声音响，奖品多多，欢迎现场报名参加。

　　资料来源：http://www.diyifanwen.com/fanwen/cuxiaofangan/135705554183828.htm。

三、确定促销主题

　　促销主题的选择应把握两个字：一是"新"，即促销内容、促销方式和促销口号富有新意，这样才能吸引人；二是"实"，即简单明确，顾客能实实在在地得到更多的利益，按促销主题来划分，促销活动可以分为以下四种：

1. 开业促销活动

　　开业促销活动是促销活动中最重要的一种。因为门店开业只有一次，而且是与消费者第一次接触，他们对门店的商品、价格、服务及气氛等印象，将会影响其日后是否再度光临门店。因此，门店对开业促销活动精心布置、充分准备，通常开业当日的业绩可达平日业绩的 5 倍左右。

2. 年庆促销活动

　　年庆促销活动的重要性仅次于开业促销。因为每年只有一次，对此商品供应商一般都会给予较优惠的条件，以配合门店的促销活动，从而达到共赢的目的。如果周年店庆促销活动策划得细致周密、实施良好，其促销业绩可达平日业绩的 1.5～2 倍。

3. 例行性促销活动

　　例行性促销活动通常是为配合法定节假日、民俗节日及地方习俗而举办的促销活动。一般而言，门店每月会举办 2～3 次例行性活动。以吸引新顾客光临，提高客流量，同时激发老顾客的购买欲望，增加营业额。例行性促销期间的业绩通常会比非促销期提高20%～30%。

4. 竞争性促销活动

　　竞争性促销活动往往发生在竞争店数量密集的地区。由于各种零售业态的兴起，加上同行各门店距离很近，彼此之间争夺顾客的现象时有发生。因此，竞争点通常会推出竞争性促销活动，如特价销售、试吃、附赠品等，以保持营业额的稳定。

 阅读链接 6-3　　7-Eleven 便利店的主题性促销

　　7-Eleven 是在中国台湾地区的便利店。除了以社区为邻居商圈之外，还举办多次极具创意的主体性促销活动。其中非常成功的一次，是针对台外地区多起儿童犯罪案件而及时赞助举办的"把爱找回来"活动——呼吁父母别让孩子走得太远，以免误入歧途。每个 7-Eleven 便利店都设立信箱，希望通过信箱的协助，让想回家的孩子和想念孩子的父母，一起把爱找回来。这一活动充满温馨、令人感动，成为连锁企业关心社会得以成功的典范。其结果不仅增强了顾客对 7-Eleven 便利店的好感与向心力，还使他的服务层次得到了提高，让社区居民视它为日常生活中不可缺少的便利店。

　　资料来源：根据网络资料整理。

四、选定促销商品

　　消费者的基本需求是买到价格合适的商品。因此，促销商品的品种、价格是否有吸引力将直接影响促销活动的成败。一般来说，门店会选择以下四类商品开展促销：

　　(1) 季节性商品。季节性商品主要指季节性很强的蔬菜、水果等，或者在夏季推出的清凉型商品，以及在冬季推出的保暖性商品。门店促销的目的并不在于追求所有消费者都来购买促销商品，而是吸引更多的消费者来超市购物。因此，促销商品一般要选择消费者需求最旺盛的一些品种，而季节性商品往往是消费者喜欢购买的一类商品。

　　(2) 敏感性商品。敏感性商品一般属于生活必需品，市场价格变化较大，如鸡蛋、大米、食用油等，选择这类商品作为促销商品在定价上只要稍微低于市场价格，就能有效吸引更多的顾客。

　　(3) 大众性商品。大众性商品一般是指品牌知名度高，市场上随处可见，替代品较多的商品，如化妆品、保健品、饮料、啤酒、儿童食品等，选择此类商品作为促销商品往往可以得到供应商的大力支持，但同时应注意将超市的促销活动与大众传播媒介的广泛宣传相结合。

　　(4) 特殊性商品。特殊性商品主要是连锁企业自行开发，使用自有品牌，与市面上产品无可比性的商品。这类商品的促销活动主要应体现商品的特殊性，价格不宜定得太低，但同时应注意价格与品质的一致性。

　　无论选择哪种商品作为促销品种，都应坚持两个基本要点：一是要选择顾客真正需要的商品；二是要选择给消费者带来实际利益的商品。

五、选择促销方式

　　促销方式是促销活动的一个重要内容。促销方式应该以促销目标、促销主题及促销商品的特点为依据，再根据促销效果和门店在不同时期的需要来选择合适的促销方式。促销方式从市场营销学的角度来划分，大体有营业推广(特种促销)、人员促销、广告促销和公共关系促销四种。举办促销活动时，往往通过营业推广的方式提高门店对顾客的吸引力，同时结合公共关系活动来建立良好的企业形象，提高企业知名度和信誉度，稳定市场。因此，门店促销方式可以从以上四个方面进行选择，具体内容将在项目八中进行详细阐述。

六、确定促销预算

促销预算可以合理确定各项促销费用，保证促销活动的顺利进行，确定促销预算的原则是促销收入应当大于促销支出。门店促销预算包括两项内容，一是所需资金量，二是资金的来源。

1. 确定促销预算常用方法

1) 销售额(营业额)比例法

销售额(营业额)比例法是以目前或预估的销售额(营业额)为基准乘以一定的比例作为促销预算，再根据每月的营业目标分摊这个比例系数。因企业状况及市场需求不同，比例系数会有所差异，一般为0.5%～1.0%。这种方法便利、快捷，便于控制，但缺乏弹性，未考虑促销活动的实际需求，会影响促销成效。

2) 量入而出法

量入而出法是以门店的财力来确定促销预算，即将促销预算设定在门店所能负担的水平上。这种方法能确保门店的最低利润水平，不至于因促销费用开支过大而影响最低限度的利润，但忽视了促销活动对销售量的影响，与最优预算支出水平有一定出入，而且每年促销预算多寡不定，难以做出长期的促销策划。

3) 竞争对等法

竞争对等法是以主要竞争对手的促销费用作为促销预算。门店通过竞争者的广告，或者从刊物和商业协会获得竞争者促销费用的相关信息，依行业平均制定预算。这种方法的优点是能借鉴他人的预算经验，有助于保持门店的市场份额；缺点在于信息未必真实可靠，而且每家企业的具体情况不同，不便于操作。

4) 目标任务法

目标任务法是根据促销目的和任务来确定促销预算。这种方法明确了费用多少，及其与促销结果之间的关系，注重促销效果，使促销预算能够满足实际需求，是最合逻辑的预算编制方法。然而它也是最难实施的方法，因为我们往往很难算出哪一个任务会完成特定目标。

目标任务法的步骤如下：

第一步，明确促销目标；

第二步，确定为达到这种目标而必须执行的工作任务；

第三步，估算执行这种工作任务所需要的各种费用，这些费用的总和就是计划广告预算。

● 目标任务法的运用实例

门店计划实现销售额 1.4 亿元时的销售费用为 500 万元，其中，销售水平对总任务的贡献率若为 64%，则基于销售人员的努力获得的销售收入为

$$1.4 \times 10000 \times 64\% = 8960 \text{ 万元}$$

那么费用销售额的比例为

$$\frac{500}{8960} \times 100\% = 5.6\%$$

假设广告费用为 200 万元，广告效果对总任务的贡献率为 25.6%，则由于广告实现的销售收入为

$$1.4 \times 10000 \times 25.6\% = 3584 \text{ 万元}$$

广告费用占销售额的比例为

$$\frac{200}{3584} \times 100\% = 5.6\%$$

在这种情况下，两种活动对任务的贡献是一致的。

如果广告的贡献水平低，那么门店可以考虑减少广告费，增加人员销售费用。

目标任务法直观、易懂，注重促销效果，使预算较能满足实际需求；但要求数据充分，因而管理工作量较大，促销费用的确定仍具有主观性，且预算费用不易控制，会给门店造成一定的经费负担。

应注意的是，许多促销效果是累积性的，必须到一定的程度才能发挥应有的效果。如果促销费用忽上忽下或发生中断，都会使促销效果无法延续，还可能会打击内部士气，对门店的经营管理造成负面影响。

2. 促销费用来源

由于生活用品、食品等的销售比例日益上升，而提供这些商品的厂商主要依靠门店售卖。因此，厂商(经销商)与门店共同负担促销经费已是大势所趋，主要做法如下：

(1) 将厂商的促销活动融入门店的促销计划。例如，由厂商提供产品的样品及附加的赠品；举办推广特定厂商商品的促销活动，其促销费用由该厂商负担；配合厂商在大众媒体所做的促销活动，以及在店内开展优惠促销活动等，由厂商分担相关促销费用。

(2) 厂商向门店租用特定位置及相关设备，以推广其产品。例如：租用端架或大量陈列区，在促销活动所用的样品、赠品、购物袋和手推车上附加广告费用；利用店内灯箱、货架槽沟做广告，以及在店内做 POP 广告等，由厂商承担相关费用。

七、拟定促销方案

促销策划书是描述门店促销活动的各个环节"是什么"、"怎么做"的说明性、操作性文本，其主要的项目如下：

(1) 企业销售状况分析，包括销售环境分析、销售动态分析、销售相关因素分析等方面。

(2) 促销的产品范围及时间范围，包括促销产品的具体品种、规模、力度及促销时间等内容。

(3) 促销目标，包括促销的市场目标、财务目标及其说明。

(4) 促销策略、工具与促销活动方式，包括促销媒介的选择、促销活动的方式、促销刺激力度的确定及有关说明。

(5) 促销行动方案，主要从指挥者、分工负责、管理协调、动机事务处理等方面详细说明促销活动的具体执行方案。

(6) 促销活动与其他营销活动的配合。如果需要的话，必须说明促销活动与广告、人员推销和公关活动统一配合的方案。

(7) 促销预算与促销效益分析。确定促销活动的总预算，列出促销活动的各项分类预算、动机预算，说明促销预算使用的原则、要求及预算管理方法等。按照适宜的方法，对促销活动方案能否达到预期的目的、投入预算与可能获得的效益进行分析。促销活动计划表如表 6-3 所示。

表 6-3 促销活动计划表

_____ 年 _____ 月

促销编号	促销商品	促销方式	促销时间		负责人	配合事项	促销费用预算	期望销售增额	备注
			起	止					

制表人： 审核人： 审核日期：

任务三 连锁门店促销策划书的编制

促销活动策划书是连锁企业为了开展促销活动，对整体活动的前期调研、策略制定、活动形式和内容、执行方案及费用预算等的规划书。

一、促销活动策划书的编写原则

1. 程序思维原则

促销活动策划的目的在于解决企业营销中的问题，必须按"提出问题→分析问题→解决问题→执行方案→效果评估"的构思来编制策划书。首先，陈述情况、提出问题及交代策划的背景，然后由大到小，由宏观到微观，层层推进，把策划中心点明；其次，分析问题产生的根源，提出解决问题的策略和具体方案；再次，为执行提供方案，如组织及人员的保证，促销策划周期的阶段执行，促销预算费用的保证等；最后，把促销策划的执行情况进行评估并载入档案。

2. 简洁朴实原则

策划书在编制中应注意重点突出，对于所要解决的核心问题，深入分析，提出可行的对策。编制策划书时，文字朴实，多用流程图、表格等工具来表现内容。策划书不必长篇大论，问题说清即可。

3. 形象化原则

策划书要形象有趣，才能吸引更多的人参与和支持。要引人入胜地描绘策划主题，使读者对其充满吸引力。策划书的内容尽量用各种图表、实物照片来表示，给读者直观的印象。策划书的读者首先是上级领导，需要审核比准后才能进入执行程序。所以，策划书首先要说服领导者。

4. 可操作原则

策划书是促销活动的蓝图和指南。把促销活动策划为一个整体，注意处理各自系统及具体环节的关系，活动中要考虑设备、人员、经费及材料等的限制。

二、促销活动策划书正文主要项目

促销活动策划书没有一成不变的格式，从促销活动策划的一般规律来看，其中有些要素是共同的。这里提出的策划书编制格式仅供参考。

1. 封面

策划书的封面可提供以下信息：策划书的名称、策划机构或策划人的名字、策划书写完成的日期及策划书的编号。此外，还可增加一些有煽动性和诱惑力的文字，这些文字要一针见血地说明策划项目的价值。

2. 目录

目录是策划书的简要提纲，看目录能了解策划的全貌。

3. 前言

前言是将策划书所讲的概要加以整理，内容简明扼要，最好不超过 500 字。前言的简要说明制定了本策划书的原因及意义，或点出企业的处境和面临的问题点，希望通过策划解决何种问题。

4. 主题内容

主题内容是策划书中最重要的部分。

(1) 促销背景分析：包括市场状况分析、竞争品牌销售状况分析、竞争品牌促销状况分析、产品生命周期分析和与其竞争品牌的资源比较分析。

(2) 促销目标：包括年度目标与区域目标和促销目标(如沟通目标、销售目标)。

(3) 促销规划：

· 制定方案细则，包括促销主题、促销时机和持续时间、促销地点(区域)、目标对象、促销产品、促销方法、促销媒介等；

· 制定活动详细说明。

(4) 促销预算：包括预算计划和资金费用来源。

(5) 效果评估：包括促销事前、事中、事后的效果评估。

5. 策划进度表

将策划活动的全部过程拟成时间表，标示清楚何年、何月、何日要做什么，方便检查。进度表最好在一张纸上拟出，作为一览表之用。

6. 促销组织

促销小组人员组成，包括负责人和成员。制定工作任务分配单，任何一件事都应有一个具体的人负责。

7. 策划活动所需的物品及场地

应对促销场地进行必要的布置。

8. 策划的相关资料

这部分可附，也可不附，只是给策划者提供策划参考，资料不能太多，择其要点而附之。

◇ **案例精讲**　　　　　××电讯手机促销活动策划方案

一、活动时间

2015 年 9 月 8 日—2015 年 9 月 10 日

二、活动地点

××电讯北海北部湾广场店

三、活动目的

为了提高专卖店的形象、品牌及知名度，提高销售量。因现在的手机行业的竞争比较激烈，故各手机同行必须提高自己的销售量。所以，本次促销活动可借用"9.10"教师节为主题，以"9.10"为策划原点做出相应的促销方案。

四、准备工作

1. 卖场内需准备好各种品牌、款式和功能的促销机型。

2. 详细了解各厂家是否有促销活动，这样可以借用厂家促销的机型作为亮点，可以有效地降低成本。

3. 销售人员的培训为对有针对性的机型进行特训，以增加活动期间的销量。

4. 广告媒介涉及宣传单页(A4)、店面外展版(尺寸待定)及报媒(待定)。

五、活动内容

1. 投入相当一部分资金购买礼品，从礼品上吸引路过的潜在消费者。

2. 从社会上百般寻找高水平的主持人，当路演人气不旺时能很好地调动路人参加活动。

3. 准备一些很简单的关于教师的问题及游戏，使消费者看到获得奖品的希望，从而调动顾客参与积极性。

4. 针对消费者心理及习惯，设计一档简单好玩的游戏。请活动现场的各位有兴趣参加的顾客进行写短信比赛，编写"老师，你辛苦了"发送至指定号码，以最短时间编写者为胜，并设置其奖品。

5. 从9月8日起至9月10日止，在北海365网络上做原创短信大赛，以"教师节"为主题评选出一、二、三等奖和入围奖。(待定)

6. 举行店内购机抽奖活动，购机在1500元以上者(含1500)即可参加抽奖。

7. 推出团购机型有中兴、华为、三星、索尼爱立信及联想等(机型待定)，团购条件是需十人以上。

六、活动流程

1. 9月9日上午

(1) 9:30分开始，鸣炮，奏乐，总经理致辞。

(2) 9:40分由主持人讲开场白，宣布活动开始，由礼仪公司安排出演节目。

(3) 10:10分由模特展示本次活动的促销机型。

(4) 10:25分由礼仪公司安排出演节目。

(5) 10:45分开始现场知识问答，并给予奖品。

(6) 10:00 分由礼仪公司安排出演节目。

(7) 11:30 由主持人向现场观众告之下午的开场时间及活动内容。

2. 9 月 9 日下午

(1) 15:00 分开始，由公司安排出演节目。

(2) 15:30 分开始现场编辑短信比赛，并给予奖励现场编辑短信参赛，选获胜者并颁发奖品。

(3) 15:40 分由公司安排出演节目。

(4) 16:00 分开始购机抽奖。

(5) 16:20 分由公司安排出演节目。

(6) 17:30 分活动结束。

七、活动现场安排

(1) 场地安排：在手机卖场门前搭建舞台，前提是不影响店面通道。

(2) 人员的安排：每店面只安排 4 人。每班 2 人发放宣传单页，并引导顾客到店内购机，要求交谈表达力强；现场控制人员 1 名，保证与礼仪公司的良好沟通；礼品保管 1 名，按要求为指定获奖人发放奖品；交通疏导 1 名，保证店面门前通道畅通。

(3) 奖品的确定：待定。

(4) 经费预算：略。

备注：本次活动流程需要与礼仪公司有良好的沟通，确定其具体时间。

案例精析：

好的促销活动策划方案就等于成功了一半。因此，对任何一场促销活动的策划都应当按事前、事中和事后三部分来进行控制。各部分应考虑到的问题主要有以下几点：

(1) 活动前，工作人员的招聘及简单培训、促销场地的预约、与其他部门的沟通协调、经费的预算申请、现场安全性问题、时间长度及时间点。

(2) 活动中，保证会场气氛的活跃、卖场的销售配合。

(3) 活动后，对本次活动进行评估，对本次活动损益分析、无形效益分析。如果促销效果明显，可以借助后期的节假日再次进行促销(如中秋，国庆等)。

◆ 本 章 小 结

连锁企业爆发式快速发展，企业之间的竞争也更为激烈，促销策划就是竞争的有力武器。促销策划的实质在于创意新颖，这至少需要三个方面因素的配合。一是需要掌握较为完备的理论知识体系，如商品知识、市场知识，通晓消费心理等；二是要对实践有一定的认识，如看到某个商场在进行促销活动，能够从客观上作出专业又理性的判断；三是思维需要敏捷灵活。因此，要做好促销策划工作，就要不断思考。在思考中领悟，在领悟中创新，在创新中进步，这样才能做好促销策划。

主要知识点：

促销时机 连锁企业门店促销策划 销售额(营业额)比例法 量入而出法 竞争对等法 目标任务法 促销策划书

◆ 基 础 训 练

一、选择题

1. 促销工作的核心是(   )。

A. 出售商品 B. 沟通信息

C. 建立良好关系 D. 寻找顾客

2. 促销活动策划的目的在于解决企业营销中的问题，必须按"提出问题→分析问题→解决问题→执行方案→效果评估"的构思来编制策划书，遵循的是促销策划书编写的(   )。

A. 程序思维原则 B. 简洁、朴实原则

C. 形象化原则 D. 可操作原则

3. (   )一般属于生活必需品，市场价格变化较大，如鸡蛋、大米、食用油等，选择这类商品作为促销商品时在定价上只要稍微低于市场价格，就能有效吸引更多的顾客。

A. 季节性商品 B. 敏感性商品

C. 大众性商品 D. 特殊性商品

二、判断题

1. 记者招待会属于广告。(   )

2. 连锁企业促销活动策划的第一个步骤是选择促销时机。(   )

3. 竞争性促销活动通常是为配合法定节假日、民俗节日及地方习俗而举办的促销活动。(   )

4. 促销效果评估也是促销策划书的组成部分。(   )

三、简答题

1. 简述促销对连锁企业门店营运的作用。

2. 简述连锁企业门店促销活动策划的流程。

3. 简述连锁企业门店促销活动策划书的编制格式。

4. 简述促销预算方法。

◆ 实 训 项 目

(一) 实训内容

结合本地情况，自行选择一家具体的连锁企业实习或实地考察，或者由教师拍摄后播放录像，然后完成如下任务：

(1) 指出该企业促销的特点，并说明其优点和不足。

(2) 总结该企业的促销战略。

(3) 为该企业制定一个虚拟的促销流程和制度。

(4) 根据该企业的特点，针对某一节假日确定促销主题，并制定一份较为详细的促销活动计划。

(5) 教师对学生制定的促销计划及相关作业进行点评，做好信息反馈，使学生能力持续上升。

(二) 实训要求

作业必须以小组形式完成，学生可由4～6人自由组合，以小组合作的形式进行。任务达成期间，学生要注意团队意识的培养，明确什么是真正的团队，怎样才能做好团队作业，明确每一个人的任务是什么。

(三) 实训成果

提交一份完整的促销活动策划书。

项目七
连锁门店的商品管理与陈列方法

◆ **学习目标**

通过本项目的学习，了解连锁企业门店商品品类管理的有关知识；掌握品类优化和畅销品培育的管理技巧；熟悉门店中各个主要的磁石点的商品配置要点及商品陈列的方法。

◆ **引入案例**

德国阿尔迪击败沃尔玛的两字箴言：简单

2006 年 7 月 28 日，在全球 500 强企业榜上 6 连贯的零售巨头沃尔玛宣布全面撤出德国。据称在德国经营 8 年，沃尔玛累计亏损上亿美元。这次失利让沃尔玛很受伤，是谁打败了这个不可一世的商业巨人? 它靠什么赢得了这场不可思议的胜利?

答案就是折扣式杂货店"阿尔迪"(ALDI)，这个名号大多数人闻所未闻; 但你去问问有旅德经历的人，在德国要想价廉物美却不知道去阿尔迪，人家会以为你是外星人。据统计，德国有 95% 的工人、85% 左右的职员和公务员定期去阿尔迪购物。自从 2008 年经济危机以来，很多公司的销售和利润纷纷缩水，阿尔迪的顾客却增加了 20%、销售额增加了 10%。目前阿尔迪已开到德国以外包括美国在内的 12 个国家，德国 3700 家加上海外 2600 家共有 6000 多家店，并以每周至少新开一家分店的速度扩张。德国首富不是奔驰、宝马的老板，也不是西门子或阿迪达斯的老板，更不是德意志银行或德国邮政的大股东，而是阿尔迪的老板。这家以经营食品为主的连锁折扣店的优异表现让其创始人卡尔·阿尔布雷希特和特奥·阿尔布雷希特兄弟分列德国富豪排行榜的第一和第二位(第三位富豪是另一家连锁折扣店 LIDL 的老板)。

德国优秀企业扎堆，在富豪榜上占据前两位实属不易。有人去问阿尔迪老板——两兄弟的经营秘诀，回答只有两个字——简单，一生只放一只羊。

阿尔迪每家门店的营业面积多在 500~800 平方米，一般不超过 1500 平方米。门店装修简朴，店堂内外没有广告招贴，看起来很不起眼。但在最受德国人尊敬的企业品牌中，阿尔迪仅次于西门子和宝马，排名第三。阿尔迪成功的秘诀是，在保证质量的前提下商品价格要比普通超市低 30%～50%。而在这一超低折扣的背后，是一种打破传统零售模式的独特理念，其中的核心只有两个字——简单。

其一，大幅删减商品种类。商场里只有 600 至 800 种简单商品。在一般的超市里，顾客会发现 16 个品牌的番茄酱，而在阿尔迪只有一种品牌、手纸只有两种牌子、腌菜只有一种。每种商品只提供一种选择，即同类商品之中最好卖的品牌。这种简化显著减少了商品采购、存储、销售及管理的难度，进而降低了企业运营和管理费用。除少量日用品、食品设有货架、冷柜外，其他商品均按原包装在店内就地销售，店员打开纸箱包装，由顾客自取。为了避免营业员因找零钱而浪费时间，阿尔迪将价格尾数调整为 0 或 5。商品都是能够迅速带出门店的，包括罐头食品、纸袋包装食品、快餐食品、一些新鲜果蔬和冰冻食品等。由于货品供应种类有限、顾客量大，阿尔迪的商品周转很快，因而很新鲜，这对以食品等日用品为主经营的商店而言至关重要。

阿尔迪有时会组织一些其他种类的特供商品(如电器、纺织品等)，前提是性价比超高，组织一批，销售一批，卖完为止，不持续供应。尤其是阿尔迪每年举办的电脑限量销售，惊人的低价和稳定的品质吸引很多顾客凌晨四五点钟就排起壮观的长龙，轰动效应超过多数广告的效果。简单的商品种类大大降低了阿尔迪的物流成本，并让阿尔迪与供货商在品质控制和价格谈判时处于绝对优势，供货商无法抗拒阿尔迪没有竞争品牌的销售渠道和巨大的规模效应。

其二，员工人数少、效率高。尽管阿尔迪生意繁忙，经常出现排队现象，但每个门店一般只设两、三个收银台，营业人员仅为 4～5 人，人均服务面积超过 100 平方米，充分挖掘了员工的潜能。包括店长在内每人都身兼数职，没有固定岗位，是真正的"多面手"。业务繁忙时，集中银台结账，闲时轮流理货，清理废弃包装。银台只使用普通的收款机，没有扫描仪和价签，店员不仅对数百种商品价格倒背如流，他们的心算和录入速度令人惊叹，整个结算过程非常快捷。

其三，能小则小，能省则省。阿尔迪还将经营面积尽可能地缩小，然后将节省下来的租金以便宜的价格返还给消费者。阿尔迪几乎不做广告，所有的商场只有每周一页宣传单张放在超市入口，介绍下周新上柜的货品，由顾客随意自取浏览。从表面看起来，阿尔迪是绝对的先进技术厌恶者，他们不搞促销、不进行市场预测、不分析顾客偏好，不使用现代化超市设备。与此相对，沃尔玛以信息系统先进闻名商界，不但拥有企业专用的通讯卫星，而且率先倡导 RFID 等尖端科技。

阿尔迪不同分店供应的商品基本相同，甚至全国各地分店内的货架布置都大致一样。很多顾客不论对店中商品的摆放位置还是价格都烂熟于心，从而对阿尔迪的商品培养出很高的依赖感和忠实度。因为阿尔迪的顾客主要是中低收入的工薪阶层、无固定收入居民及退休的老年人，还有大学生及外籍工人，所以将大部分连锁店设在市中心居民区和各个小城镇。当前德国境内的阿尔迪连锁店星罗棋布，平均每2.5万人口的地区即有一家阿尔迪分店，8000多万德国人口中约75%的居民经常在阿尔迪购物，其中有2000万人是固定客户。

其四，严格的采购与质量标准。为了降低商品成本价格，阿尔迪面向全球采购，在全世界范围内寻找综合成本最低的商品。便宜虽是阿尔迪的立身之本，但面对日益激烈的竞争和越来越挑剔的顾客，仅仅便宜是远远不够的。阿尔迪在采购商品时，都明确提出自己的质量标准。除了派公司内部人进行检测外，还聘请第三方检验机构对商品品质进行检测，一旦抽样不合格，供货商不仅会失去一个大客户，而且还会得付出巨额赔款。

由于阿尔迪需求量大而且稳定，一旦被选为指定供货商，制造商基本上只要执行合同就可以衣食无忧了。据供应商们流传，争夺阿尔迪的长期供货合同，难度不亚于争取德甲联赛的资格。

作为一家拥有6000多家连锁店的大公司，阿尔迪在花钱方面非常抠门，根本没有设立公关部和广告部，50多年从来没有向任何广告公司支付过一分钱。虽然阿尔迪的商品售价很低，但由于有效控制了采购成本、管理成本和物流成本等，利润反而鹤立鸡群。据资料显示，德国零售企业的销售利润率平均为0.5%～1.5%，阿尔迪却达到惊人的5%。丰厚的利润保证了抵御风险的能力，而且为其未来扩张提供了充裕的财力。当前阿尔迪每年的销售额大约为300亿欧元，阿尔布雷希特两兄弟每年的税前收入达15亿欧元，要是一般人早就乐疯了。

资料来源：张计划. 德国阿尔迪击败沃尔玛的经营秘技。

http：//www.topbiz360.com/web/html/school/qiyeguanli/20110217/72466.html

任务一 连锁企业门店的商品管理

一、商品品类管理的定义及作用

1. 品类管理的定义

品类(category)是指消费者认为相关且可相互替代的一组特殊商品或服务。门店中的品类管理(category management)是把所经营的商品分为不同的类别，并把每一类商品作为企业经营战略的基本活动单位进行管理的一系列相关活动。它通过强调向消费者提供超值的产品或服务来提高企业的营运效果。

在商品同质化的今天，连锁企业门店面临的最大挑战就是培养忠诚的顾客。推广品类管理将有助于提高顾客满意度，只有不断提高顾客的满意度，才能建立起消费者的忠诚度，也才能具有长久的竞争力。门店推广品类管理将有助于提高顾客满意度，培养忠诚的顾客。品类管理就是将品类作为战略业务单位来管理，通过对顾客需求的分析和研究，获取一定的差异性，从而更好地满足目标消费群的需要。品类管理的核心是在于通过满足消费者的需求来提升业绩。

2. 品类管理的作用

下面我们以一次全聚德烤鸭店的消费情况为例来说明品类管理方法在连锁企业门店中的运用：

要想对全聚德的门店产品进行优化，第一步是对全聚德的全部菜品进行分类，如"目标类"产品、"常规类"产品、"替代性"产品和"辅助性"产品等。任何一个消费者到全聚德去消费，他一定要点"烤鸭"，否则就不必来了。烤鸭是全聚德餐厅的招牌菜，对于消费者而言，烤鸭是"目标类"菜品。一只烤鸭并不能满足消费者的本次消费需求，他们会根据就餐人数搭配不同类型(品类)的其他菜品，即"常规类"菜品。4个人消费有多个4个人的搭配方案，10个人消费也有多个10个人的搭配方案。这些菜品虽然不是招牌菜，但不可或缺。此外，消费者或者还要搭配酒水、饮料、主食、纸巾或毛巾等。这些对餐厅而言是配套商品，对消费者而言是一次完美就餐的"辅助性"产品。"辅助性"产品甚至包括停车、引座、刷卡等。"辅助性"产品不是本次消费的目标，但是如果没有它，本次消费可能会被取消，或者无法实现，或者体验不完美。第二步是对菜品的销售量贡献率(菜品累计购买率)及利润率等指标进行诊断分析。例如，通过销售数据可能发现某家门店有80%的销售量是由大约25%的菜品贡献的，这就意味着其余75%的低效产品占用了大量的企业资源：采购量低，采购无议价能力；销售量小，采购资金利用率和储藏空间利用率低；厨师操作机会少，技术难熟练；食材难保鲜，菜品品质无保障。第三步是根据按照消费人数和消费金额两大要素，结合全聚德原有菜品自然属性、工艺属性和经济属性的品类分类结果，分别对该门店不同品类的菜品进行末位淘汰，剔除无贡献或低贡献的菜品。当然，如果某品类的菜品数量与其他品类的相比较明显偏少，消费者在消费此类菜品时选择余地小。此时需要的不是末位淘汰，而是"适当增加"。最后，建立出各品类产品合理搭配的若干新方案，在提升消费者消费体验的同时也增加了该门店的利润水平……这样门店的营运效果就通过科学的品类管理得到了优化与提升。

上述案例说明了品类管理在门店营运管理中发挥了以下作用：

(1) 在保证消费者选择性并没有受到明显影响的前提下，优化产品结构和产品线；

(2) 进一步突出主打商品的地位，连锁企业的品牌通过主打商品得以强化；

(3) 精简产品，使门店采购、储存、加工、培训等工作的有效性得以提升，节约资源、减少浪费，降低运营成本；

(4) 帮助企业发现数量不足的品类，找到开发新产品的依据和方向。

二、门店商品品类管理的优化

零售业态连锁企业门店通过逐步开展品类管理，将更合理地安排货架的空间，实现商品销售的最大化，还可以合理地安排商品的库存周转。既不积压公司的资金，又不产生畅销品断货。品类管理能够帮助门店负责人理性决策，取代情绪化、人情化、经验性决策，提高管理水平。

从 2005 年开始，国内许多零售商已开始逐步对超市业态及单店进行品类结构优化调整的实践与总结。超市的品类优化工作主要从两方面入手：一是，通过不断调整优化商品经营目录，根据现有的商品资源，结合市场的消费需求和门店消费群体的特定状况加以组合，定期对商品经营进行调整，引进主力商品和新品，淘汰滞销、平销商品，通过商品经营目录的推行，挖掘门店一切货架资源，充分展示能够增加销售的商品，使门店的整体销售业绩在不断优化商品结构中得到提升；二是，加强对单个门店商品品类结构的分析与研究，通过对典型门店目标顾客群、商品的品牌、SKU 数(即库存量单位，为库存进出计量的单位，常见的有件、盒、箱)、陈列空间、价格带等多个方面进行分析研究并适时进行调整优化，跟踪调整后门店各品类的销售趋势，不断总结经验与不足，以点带面进行推广。

当门店销售额出现下降时，大部分门店店长首先想到的就是：如何调整货架及布局，如何促销……事实上，超市销售不理想，80% 的原因都是由于商品本身存在问题而造成的！门店的销售出现问题，我们第一个应该考虑的就是商品品类结构是不是有问题？毕竟顾客到超市是购买商品的，如果商品本身不好的话，你怎样布局、怎样促销都是无用的。门店营业整体销售业绩不理想的根本原因在于：超市的内核——商品品类结构存在问题。商品品类结构不合理、A 类畅销品缺乏而 C 类滞销品品种数及库存额占比很大，都是影响销售业绩增长的重要因素。

在进行品类结构优化之前，我们首先进行的是对门店外部商圈的分析研究(外在分析)，确认门店的消费群体有哪些，并确定某一类消费群体作为门店的目标顾客群。在根据目标顾客群适时调整门店中品类商品的基本构成后，我们就开始对门店的商品销售数据进行必要的分析与研究(内在分析)。

在对门店商品品类结构进行全面分析时，我们发现有的门店整体或某品类结构中 40% 的单品实现了 60% 的销售额、有的门店整体或某品类结构中 10% 的单品实现了 90% 的销售额。这说明门店的商品品类结构都存在着问题，前者的商品品类结构中缺乏带动整体销售的主力畅销商品，后者的商品品类结构表明顾客的购物目的性太强，购买的商品主要集中在某些品类或商品上，没有带动相关品类的商品销售，这将直接导致销售毛利水平较低，此类门店应该弱化顾客的目的性购买、优化其他商品的品类结构。

在门店的商品品类结构中，如果达到 20%～30% 的商品产生 80% 销售的时候，才表明门店的商品品类结构基本正常。假如在门店的商品品类结构中，偏离了 20%～30% 的商品产生 80% 销售的曲线时，门店如果只单单从淘汰滞销商品引进未经营的业态畅销商品这个方面去做是远远不够的，更需要深入分析研究门店的商品品类结构(此商品的目标顾客群、商品的品牌、SKU 数、陈列空间、价格带等)，这样门店的整体销售业绩才会稳步上升。

对门店进行品类结构调整优化主要从以下几个方面进行：

(1) 提高门店负责人对开展品类优化管理重要性的认识。

对于国内竞争愈来愈激烈的连锁超市来说，开展品类管理的重要性是不言而喻的。但每个门店自身的资源和对品类管理的认识不同，导致他们进行品类管理的具体做法大相径庭。有些门店负责人认为只有在门店自身规模比较大、人力物力资源比较宽裕时，才有必要实施品类管理。事实上，对于国内区域零售商来说，由于面临外资大卖场和本土超市的双重夹击，如果不对自己所经营的商品做出正确的选择和安排，所选择经营的品种、规格及其陈列空间都一样的话，那么销售业绩良好的商品便会缺乏足够的资源支持，而销售业绩不好的商品对有限的资源造成浪费。即使经营再多的规格、品种，也不可能带来销售业绩的逐步上升。

因此，门店负责人需要充分认识到品类管理在经营中的重要性，通过与公司相关部门及供应商的紧密合作，以高效、连续而顺利的商品供应和有效的货架陈列，最大限度地满足消费主体的需求。门店只有实施品类管理，才能使经营的品牌和货架的安排达到最大的投入产出比，才能实现货架上陈列的商品就是消费者所喜欢的、所需求的，从而吸引顾客购买，增加销量，获得利润。不少门店在进行品类管理时对目标客户群不能有效界定，不知道该吸引什么样的购物群。有的门店希望吸引中高收入的购物群，而在商品的选择、陈列及促销方面都倾向于低档的或不知名的品牌。因此，在制定品类结构策略时不仅需要注重增加客流量，也需要注重客单价及忠诚度的提高。超市品类优化管理的目的是面向顾客需求，优化商品组合，挖掘高利润、高流转的产品，淘汰劣势产品，提高每一个货架单元的销售额及利润贡献额，减少资金闲置和占用，推动门店商品管理、订补货等多个门店基础运营管理工作的提升。通过对门店相关销售数据进行充分的分析与研究，合理地安排商品的货架陈列位置、陈列空间及商品库存，通过满足消费者需求来实现商品销售的最大化。

(2) 根据门店具体状况合理优化品类结构及货架管理。

一些大供应商的品类管理，货架陈列原则主要是按照品类的销量来陈列。如果按照此方法进行调整，销售确实会有一定程度的提高，但并没有给门店带来更多的利润，获得最大利益的只是供应商，而门店将会因此而损失很多通道利润。假设有两种商品，在过去一段时间内都有相同的销售额，但是它们的利润贡献额可能不一样，因此它们的陈列空间也不应该相同。假设它们的利润一样，但是两者的周转速度、商品包装体积、季节性变化特征、是否促销、是否有替代产品等均不一样，那么两者的排面量也应根据各种因素而出现差别。因此，门店更多地应该从自身的实际情况(如商品的销售情况、产生的利润情况、带来的通道利润等)综合考虑。

 阅读链接 7-1　*服装连锁企业门店的"货品管理口诀"*

1. 一三六买货比

货品分为基本款、流行款和陈列款。按照正常的销售经验，在一个卖场内基本款金额应该占到约 60%、流行款约 30%、陈列款约 10%。基本款(如商务休闲鞋)销售期长，适应顾客范围大，保底销售较有保障；而流行款(如户外休闲/时尚休闲)一般为本季主打款，跑量，利润较高，总部常会拍摄模特海报放置门店陈列，但其季节性较强、销售期较短；陈列款(如个性休闲很难卖，但陈列起来可有效点缀整个卖场)一般设计比较前卫，点缀性较强，价位较高，从而可有效提升品牌个性、品位、档次及吸引力等。陈列款有可能转换成流行款，流行款也可能转换成基本款，如户外休闲曾是陈列款，几年后变成流行款，现在已成基本款。很多时尚款式刚出世时，被称之为"有伤风化"；一段时间后，变成"很前卫"；再后，若穿者大量增加，则开始"流行"；再过几年，可能就有点"老土"了。加盟商订货时一般比较保守，基本款订得偏多，而陈列款订得偏少。因此，基本款赢市场、流行款赢利润、陈列款赢形象。总部需定义好三类货品，并制作台卡放在样品旁，方便大家准确订货。

2. 二八现象和二十大法则

二八现象即指少数货品产生大部分利润；二十大法则即指每季货品中大约有 20 个款式，要占到 70%以上的销售。每个品牌都要找出它的二十大货品并加以研究改进。一般而言，消费者的嗜好是渐变的，所以今年畅销的款稍加改变后，明年依然会不错，纵使会有所下降，这就是延续款(如商务休闲款)畅销了好几年；大家都看好的款一般也不会差到哪里去，所以很多牌子在订货会后排出定量前 10 名，订得较偏的加盟商可以纠偏。更为保险的是，在开季之初发现市场上畅销的款式而快速跟进生产，这就是后追款，如靴子，市场反应良好，其他品牌纷纷买样模仿生产；当然，自己品牌中畅销的款式，也会追加单。因此，连锁企业的商品开发部需要多跑市场，争取能多买到畅销款样板。为了在销售季节内能不断推出畅销款，工厂必须预留一定产能的车位，以建立"绿色通道"。

3. 三四三分析

新货开始销售后每周做一次销售分析。销售占到前 30%的货品属于畅销货品，需及时补货，如果畅销款都已分配给各店，那么需要时仍要集中到最畅销门店；排名中间 40%的货品属于普销款，需加强推销；排名后 30%的货品，需及时调货、促销、减价，实在不行就打包退仓，以免占了新货出样空间及降低门店货品形象。

4. 四两千斤原理

最初常应用于货品陈列。对于货品管理而言，四两千斤原理是指畅销货品在门店之间进行配补调时，优先分配给最畅销门店；在门店陈列时，陈列于橱窗、展台等黄金区域同时亦可二次、三次重复出样。因此，对于重点货品可设立专区销售，如商务休闲专区、户外休闲专区、靴子专区及时尚个性专区等。

5. 五适原则

适当款式的货品，以适当的数量在适当的分销渠道，以适当的价格销售给适当的人。举例，款式很基本的货品(部分是旧货)，以占到卖场 70%的数量，在二、三级商圈门店主要以 5~8 折销售给该商圈特型的顾客。所以，不同类型与级别的门店位于不同的商圈，面对不同层次与嗜好的顾客群。于是需要订购不同档次、时尚度的货品，以不同折扣的价格进行销售；对于量贩式大众休闲品牌而言，在百货商场可多卖流行款与高价款，而在大卖场或超市则可多卖基本款与特价品。

6. 六正原则

新货一般以正价(7 折以上)销售六周，六周能够涵盖单位时间内最多的有效顾客。六周过后，由于是季节晚期顾客消费意愿降低，如 9 月初上了一款浅口或单皮鞋，到了 10 月中下旬天气渐冷，顾客买了之后也只能穿个把月了，顾客因而觉得不划算(鞋子的使用价值降低)，除非降价降至他觉得划算才会买。新货一般以周五晚出样为佳。如果将上货习惯定在周一，看的人多，但买的人少，待到客人周末来买时，会发现这是几天前看过的"旧货"，从而降低购买欲。国内众多加盟商，由于订货少，很多货品甚至卖 6 个月以上，常常是冬天卖凉鞋，夏天卖靴子。成功品牌一般是 2~4 周原价，3~6 周 8 折，5~8 周 5~7 折，季末 5 折以下，最后货底占 10%~20%。

7. 七减原则

每年的 7 月份(春季为 1 月份)，一般开始减价销售。国际品牌的直营店一般是一步到位(5 折)，去年的 4 折，前年的 1~3 折——必须将前年的存货彻底清零。减价的原则是：流行款与陈列款(非配件)建议低于成本价销售，而基本款则不宜折得太狠，以免伤了品牌的筋骨。减价也有学问，数据管理到位，减价就比较精准，如某个知名品牌的黑色 6.5 折，而棕色的则不打折；而缺乏数据管理则只能一刀切，这将导致损失大量的毛利。此外，减价宜分品种区别对待，不同品种不同价格，强势产品及基本货品不宜减价过大。

8. 八清原则

每年的 8 月份(春季为 2 月份)开始换季清货。以特许经营为主的品牌，其加盟商从季末开始陆续向总部退换货品，故其清货期相对较长。很多国际品牌对于其加盟商难以处理的旧货，一般以批发价的 3~6 折(相当于零售价的 1~3 折)回收。实在清不完的则由员工超低价内购或捐赠。对于国内品牌而言，部分货品可用于加盟商开新店时铺货。总之，清货要有目标。业界常见的清货标准是：今年的货品清至 10%~20%，去年的当季货品最好清零，在此基础上决定折扣的力度及清仓渠道。

9. 九新原则

每年的 9 月份(春季为 3 月份)开始陆续推出新货。一般而言，北方换季较南方早。新货推出后，旧货、减价货品则同时让出黄金区域，退到内场。

通常，上新货后过季货品可逐步退出(而非一次性全部退出)，并予以一定的折扣以吸引减价型的顾客。

(3) 进行较为合理有效的数据分析。

品类结构管理是一个以信息为基础对品类经营活动进行分析、计划和实施的过程。实施品类管理就是要通过对目标顾客群的界定、消费需求的研究，以及对同类产品中的不同品牌做出严谨的数据化分析，将品类中最为有效的品牌保留并加以扩大，摒弃那些无效品牌。进行合理、有效的货架摆放与管理，使消费者对所陈列的商品更加易见、易找和易选，从而真正实现满足消费者的最终需求，提升门店整体销售业绩的增长。因此，在进行品类结构管理时，需充分利用现有的信息系统对庞大的数据信息进行有效的收集、存储、管理和分析，以做出正确的决策。

(4) 加强门店负责人数据分析等相关技能的提升。

门店的负责人如果能坚持用信息系统指导日常工作，对销售数据进行分析、发现新的畅销商品、发现新的增长点、选择和调整销售策略，就能为本店发展寻求新的思路和方向，尝试新的方法。

(5) 建立快速信息反馈机制。

在超市品类优化管理中，快速信息反馈机制的建立分为两方面。一是，部门与门店间的信息互通反馈，部门适时对门店品类销售数据进行分析研究，并及时将品类优化调整建议及方案告知门店，同样门店在商品经营目录执行及品类结构优化调整的实际操作中出现问题，也将及时反馈至部门并加以解决。二是，对重要顾客要建立快速信息反馈机制，重要顾客包括已满意的顾客和强烈不满的顾客。对处理顾客投诉与抱怨，要严格按标准规范操作，提高顾客满意水平；建立对重要顾客的追踪访问记录和信息反馈，增强顾客满意度，增加再次购买的机会。营销大师科特勒教授曾经说："除了满足顾客外，企业还要取悦他们"。今天的连锁超市面临着更加激烈的竞争，如何赢得顾客战胜竞争者，答案就是在满足顾客需要、使顾客满意方面做好工作。

超市存在的核心意义就是"卖东西的"，商品品类结构是门店的"内核"。当发现门店效益下滑、业绩不理想的时候，第一个要想到的不是去调整货架，也不是去搞大规模促销，更不能一味地根据销售排行去淘汰滞销品、引进新品。如果不知道商品构成哪里出了问题，我们就不可能知道到底该引进什么商品。我们需要仔细分析研究自己的商品品类结构到底哪里出了问题，然后再根据商品的纵深度管理模式、商品品类定位管理分析、商品品牌定位、功能定位及价格线定位等，来调整优化整体大中小分类及商品的配置。

三、畅销商品的培育

连锁企业的经营活动是围绕如何以其商品和服务来满足消费者的需求这个中心环节来进行的。超级市场要生存和发展，关键在于其商品对消费者需求的满意程度。为了适应消费者需求变动和市场发展趋势，超级市场应及时调整自己的商品策略，不断更新经营品种，大力引进和培养畅销商品，形成自己鲜明的商品特色。

畅销商品是指市场上销路很好、没有积压滞销的商品。畅销商品超市致富好项目。任何商品，只要受到消费者欢迎，销路好，都可称作为畅销商品。新商品进入市场有其投入期、成长期、成熟期和衰退期。畅销商品是指处于成长期和成熟期的商品，对于超级市场来说其经营的商品是否得到社会承认、能否在市场上畅销，直接关系到超市在激烈的市场竞争中能否站得住脚。多数超市经营面积有限，对商品品种的选择就尤为重要，而其所经营的每种商品不可能总处于畅销阶段。因此，超级市场应该掌握商品的发展规律，不断挖掘和培养自己的畅销商品。

1. 商品畅销因素分析

商品畅销市场的原因主要是因为它对消费者有吸引力，能更好地满足消费者需求。其主要取决于以下因素：

(1) 商品功能：商品的用途对于消费者来说至关重要，缺之不可而又不能被替代。

(2) 商品质量：同类商品中质量的佼佼者，最有可能成为受消费者欢迎的畅销品。

(3) 商品价格：在质量保证的前提下价格便宜的商品容易畅销。

(4) 商品包装：包装上体现便利性的商品容易被消费者接受。

(5) 商品品牌：名牌商标是商品畅销市场的通行证。在同类商品差别化逐渐缩小，市场出现大量不同品牌的今天，商标知名度便成为决定消费者购买行为的重要因素。

(6) 售后服务：是商品销售的延续，服务做得好可以打消消费者的各种后顾之忧。

2. 连锁企业畅销商品的选择

连锁企业应该从畅销商品因素出发选择畅销商品。当一种新产品出现在市场上时，考察其市场销售潜力，对其进行综合评估。常见的方法有：

(1) 打分法。将多种因素按照不同程度折成数字来评估某一新上市商品，高于某一水平即可列入超级市场培养的对象。当然，有些因素很难用数字表示，而且不同商品的各因素所占比例也不一定完全相同，如日用品应注重质量与价格、礼品应多考虑包装、服装应多关注品牌与款式、电气则侧重于售后服务。

(2) 历史记录法。超市过去销售统计资料也是选择畅销商品的一个主要依据。超市可以将每一时期排列在前十位的商品作为重点畅销商品来培养，同时建立商品淘汰制度，将每一时期排列在最后几位的商品定期清除出场，并补充新商品。香港百佳超级市场的采购计划值得借鉴：为确保采购适销对路的商品，总部每年都要制定详细的滚动商品计划，其步骤是首先收集上一年超级市场发展形势、顾客购买频率、购买金额、顾客消费心理和要求等资料，然后对过去 5 年的营业额增长率和发展趋势作出统计，在销售的 1 万多种商品中找出最受欢迎的品种，在对社会及经济环境变化作全面分析的基础上确定下一年采购计划。

(3) 竞争店借鉴法。从竞争对手的营销推广中选择畅销商品，超级市场的竞争对手很多，不仅包括其他超市连锁集团，还包括争夺同一类市场的其他零售业态，如百货商店、便利店等，这些商店同样也面临着培养开发畅销商品的问题。因此，从竞争对手的营销推广活动中去发现新的畅销商品不失为一条捷径。一般来说，几乎所有商店都会将销路最好的商品陈列在最显著的位置，或者为了推广某种商品买场内往往会张贴各式各样的 pop 广告，经常到竞争店里观察，可以更为全面地了解畅销商品。

(4) 追赶潮流法。超市在选择畅销商品时需要充分了解市场上的流行趋势，最好到国内发达地区进行考察。广州、上海、深圳等发达城市的超级市场，大都销售比较超前的流行商品，对开发畅销商品有一定的借鉴作用。

值得注意的是，一个超市的畅销商品并非一成不变，而是应随着季节的变换、供应商供货因素的影响及消费需求的变化而作出相应调整。一般来说，超市畅销商品目录在一年四季中通常会做 4 次重大调整，每次被调整的商品约占前一个目录总数的 50% 左右，即使在同一个季节中也会由于特殊节日、气候变化等因素的影响而使主力商品目录作出相应调整。

3. 畅销商品的优先策略

(1) 采购优先策略：在制定采购计划时，应充分保证畅销商品供货数量的稳定性和供货时间的准确性，在所有门店和各个时间都不能断档缺货。

(2) 采购资金优先策略：超市公司要与畅销商品的供应商建立良好的合作伙伴关系，并承担及时足额付款的义务，以保证充足的货源。

(3) 储存库位优先策略：在配送中心要将最佳库存位置留给畅销商品，尽量保证畅销商品在储存环节中物流线路最短，这也是连锁超市公司减低物流成本的需要。

配送优先策略是在畅销商品由配送中心到门店的运输过程中，超市公司应要求配送中心优先安排主力，保证主力商品准时、安全送达。

(4) 陈列优先策略：畅销商品一般应该配置在卖场中的展示区、端架及主通道两侧货架的磁石点上，并根据销售额目标确定排面数，保证足够大的陈列量。不仅如此，好的商品陈列更可以为公司创造可观的营业外收入，即超市俗称的"信道费"，如端头陈列费、堆头陈列费、专柜陈列费等。由于零售行业竞争愈加激烈，有的地区零售业已经进入微利时代，如何降低成本、增加"信道费"成为超市促销策略的重中之重。2000 平方米左右的卖场，如果卖场布局与商品陈列到位的话，可创造 10 万～20 万/月的"信道费"。

(5) 促销优先策略：畅销商品的促销应成为超市卖场促销活动的主要内容，各种商品群的组合促销也应该突出其中的畅销商品。

任务二　商品陈列的原则和方法

一、商品陈列的基本原则

所谓陈列，就是将具有促进销售机能的商品摆放到适当的地方，目的是创造更多的销售机会，从而提高销售业绩。其原则是：

1. 易见易取原则

所谓易见，就是要使商品陈列于容易让顾客看见的，一般以水平视线下方 20 度点为中心的上 10 度下 20 度的范围，即为易看见部分。

所谓易取，就是要使商品陈列容易让顾客触摸、拿取挑选，与此关系最密切的是陈列的高度及远近两个问题。依陈列的高度可将货架分为三段：中段为手最容易拿到的高度，男性为 70～160 厘米，女性为 60～150 厘米，有人称这个高度为"黄金位置"，一般用于陈列主力商品或公司有意推广商品。次上下端为手可以拿到的高度，次上端男性为 160～180 厘米、女性为 150～170 厘米，次下端男性为 40～70 厘米、女性为 30～60 厘米。一般用于陈列次主力商品，其中次下端需顾客屈膝弯腰才能拿到商品，所以比次上端较为不利。上下端为手不易拿到的高度，上端男性为 180 厘米以上、女性为 170 厘米以上，下端男性为 40 厘米以下、女性为 30 厘米以下，一般用于陈列低毛利、补充性和体现量感的商品，上端还可以有一些色彩调节和装饰陈列。有关远近的问题，放在前面的东西要比放在后面或里面的东西更容易拿到手，为使里面的商品容易拿取，常用的办法是架设阶层式的棚架，但要考虑到其安全性，以免堆高的商品掉落下来。

2. 分区定位原则

所谓分区定位，就是要求第一类、每一项商品都必须有一个相对固定的陈列位置。商品一经配置后，商品陈列的位置和陈列面就很少变动，除非因某种营销目的而修正配置图表。这既是为了使商品陈列标准化，也是为了便于顾客选购商品。因而应注意：

① 要向顾客公布货位布置图，并按商品大类或商品群设置商品标示牌，使顾客一进门就能初步了解自己所要需商品的大概位置。

② 为便于消费者购买日常生活小商品，可在开架陈列区外设立便民服务柜，实施面对面销售。

③ 相关商品的货位布置要邻近或对面，以便于顾客相互比较，促进连带购买，如录像机与录像带、照相机与胶卷，再如果蔬、肉禽蛋、调味品与鲜肉制品等可放在邻近的区域。

④ 要将相互影响大的商品货位适当隔开，如串味食品、熟食制品与生鲜食品、化妆品与烟酒、茶叶、糖果饼干等。

⑤ 要同类商品纵向陈列，即从上而下垂直陈列，使同类商品平均享受到货架上各段位的销售利益。图 7-1 是某家超市的啤酒类商品在货架上的陈列示意图。

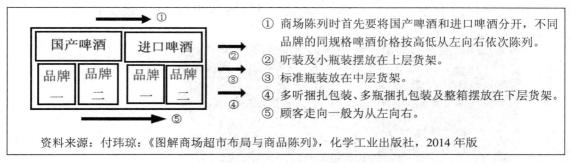

① 商场陈列时首先要将国产啤酒和进口啤酒分开，不同品牌的同规格啤酒价格按高低从左向右依次陈列。
② 听装及小瓶装摆放在上层货架。
③ 标准瓶装放在中层货架。
④ 多听捆扎包装、多瓶捆扎包装及整箱摆放在下层货架。
⑤ 顾客走向一般为从左向右。

资料来源：付玮琼：《图解商场超市布局与商品陈列》，化学工业出版社，2014 年版

图 7-1 啤酒陈列示意图

⑥ 商品货位要勤调整，分区定位并不是一成不变的，要根据时间、商品流行期的变化进行随时调整。但调整幅度不宜过大，除了根据季节及重大的促销活动而进行整体布局调整外，大多数情况不做大的变动，以便于老顾客凭印象找到商品的位置。

3. 前进梯状原则

包括前进陈列和梯状陈列。所谓前进陈列，就是要按照先进先出的原则来补货。营业高峰过后，货架陈列的前层商品被买走，会使商品凹到货架的里层。这时商场管理人员就必须把凹到里层的商品往外移，从后面开始补充陈列商品，这个动作叫做前进陈列。如果暂无补充货源，也应进行前进陈列，以保持陈列的丰满。在做前进陈列时应注意做好商品的收集、整理及清洁工作，将商品干干净净地呈现在顾客面前。所谓梯状陈列就是要求商品的排列应前低后高，呈阶梯状，使商品陈列既有立体感和丰满感，又不会使顾客产生被商品压迫的感觉。一般来说，过分强调丰满陈列和连续性，被商品压迫的感觉就会增强，可采取倾斜、阶梯、突出、凹进、悬挂、吊篮等方法，适当打破商品陈列的连续性，反而能使顾客产生舒适感和亲切感。

二、商品陈列的基本方法

1. 量感陈列

量感陈列一般是指商品陈列数量的多寡。目前这种观念正在逐渐发生变化，从只强调

商品数量改变为注重陈列的技巧，从而使顾客在视觉上感到商品很多。譬如，所要陈列的商品是 50 件，那么通过量感陈列会让人觉得不止 50 件。所以，量感陈列一方面是指"实际很多"，另一方面则是指"看起来很多"。量感陈列一般适用于食品杂货，以亲切、丰满、价格低廉、易挑选等来吸引顾客。量感陈列的具体手法有店内吊篮、店内岛、壁面敞开、铺面、平台、售货车及整箱大量陈列等。其中整箱大量陈列是大中型超市常用的一种陈列手法，即在卖场辟出一个空间或拆除端架，将单一商品或 2～3 个品项的商品作量感陈列。一般在下列情况下使用，如低价促销、季节性促销、节庆促销、新产品促销、媒体大力宣传及顾客大量购买等(图 7-2)。

点评：

1. 同一个类别的水果一个个纵列集中摆放。

2. 用合适规格的框子摆放水果，使其保持良好的秩序。

3. 水果陈列应突出层次感。

资料来源：本书作者摄于大润发超市厦门文艺中心店，2014

图 7-2　某卖场水果陈列的要点图

2. 展示陈列

展示陈列是指商店为了强调特别推出的商品魅力而采取的陈列方法，这种陈列一般适用于百货类和食品。虽然陈列成本较高，但能吸引顾客的注视和兴趣，营造门店的气氛。常用的陈列场所有橱窗、店内陈列台、柜台、手不易够到的地方(如货架顶端)等。体现展示陈列魅力的基本要点：一是明确展示主题，弄清楚要表现什么或要向顾客诉求什么，如新鲜还是营养、时尚还是廉价。二是注意构成手法，要求商品陈列的空间结构、照明与色彩相互有机配合。三是注意表现手法，采用一些独特的展示手法吸引顾客的注意力。

展示陈列常用的手法是：突出陈列、端头陈列、岛型陈列、去盖包装整箱陈列、悬挂陈列、树丛式陈列、散装或混合陈列等。

(1) 突出陈列。将商品放在篮子、车子、箱子或突出板(货架底部可自由抽动的搁板)内，陈列在相关商品的旁边销售，主要目的是诱导和招揽顾客。应注意：第一，突出陈列的高度要适宜，既要能引起顾客的注意，又不能太高，以免影响货架上商品的销售效果；第二，突出陈列不宜太多，以免影响顾客正常的路线；第二，不宜在窄小的通道内做突出陈列，即使比较宽畅的通道，也不要配置占地面积较大的突出陈列商品，以免影响通道顺畅。

(2) 端头陈列。端头即货架两端，这是销售力极强的位置。端头陈列可以是单一品项，也可以是组合项，以后者效果为佳。端头组合陈列应注意：品项不宜太多，一般以5个为限；品项之间要有关联性，绝对不可将无关联的商品陈列在同一个端架内；在几个组合品项中可选择一个品项作为牺牲品，以低价出售，目的是带动其他品项的销售。

(3) 岛型陈列。运用陈列柜、平台、货柜等陈列工具，在卖场的适当位置展示陈列商品。这种陈列能强调季节感、时令感和丰富感。应注意：第一，陈列工具应与商品特征相配合；第二，陈列工具一般适宜放置在卖场的前部和中部，这样就能向顾客充分展示岛型陈列的商品，如果陈列在后部往往会被货架挡住视线；第三，陈列工具不宜太高，以免影响顾客的视线；第四，陈列工具最好装有滑轮和搁板，以便根据需要而调整；第五，陈列工具要牢固、安全。

(4) 去盖包装整箱陈列。将非透明包装商品(如整箱的饮料、调味品等)的包装箱上部切除(可用斜切方式)，或将包装箱的底部切下来作为商品陈列的托盘，以充分显示商品包装的促销效果。

(5) 悬挂陈列。用固定或可以转动的装有挂钩的陈列架，陈列缺乏立体感的商品，一般适用于日用小商品，如剃须刀片、电池、袜子、手套、帽子、小五金工具、头饰等。

(6) 树丛式陈列。用篮、筐或桶，将商品随意插在里面，陈列于出入口或端头边，能使顾客产生便宜感，常用十分低廉的价格整篮、整筐或整桶出售。

(7) 散装或混合陈列。把商品的原包装拆下，或单一品项或几个品项组合在一起陈列于岛型陈列工具内出售，往往以统一的价格出售，也能使顾客产生便宜感。

三、卖场磁石点与商品陈列

所谓磁石，就是指超级市场的卖场中最能吸引顾客注意力的地方。磁石点就是顾客的注意点，要创造这种吸引力就必须依靠商品的配置技巧来实现。

磁石点理论是指在卖场中最能吸引顾客注意力的地方，配置合适的商品以促进销售，并能引导顾客逛完整个卖场，以提高顾客冲动性购买比重。商品配置中的磁石点理论运用的意义就在于，在卖场中最能吸引顾客注意力的地方配置合适的商品以促进销售，并且这种配置能引导顾客走遍整个卖场，最大限度地增加顾客购买率。

典型的超市卖场中通常会设置五个"磁石点"，这些磁石点分别针对消费者购买过程中的种种心理特征进行设置。一般而言，超市的通道划分为主通道和副通道。主通道用来诱导消费者行动的主线，而副通道是为消费者在店内移动的支流。良好的通道设置往往是为了引导消费者按照设计的走向，走向卖场的每一个角落，尽可能地接触所有的商品，从而引发最大程度的购买行为。

　　磁石点理论设计遵循"完整性"原则，使超市卖场具有自然引导顾客购物的效果。超市卖场中的"第一磁石点"往往是最能引起消费者注意力的地方，这个地点通常位于超市卖场主通道的两侧，是每一个消费者的必经之地，也是商品销售最主要的地方。第二磁石点往往位于超市通道的末端，比如大型超市一楼和二楼进行转换的区域。位于第二磁石区的商品所肩负的是诱导消费者走入卖场最里面的任务，当消费者购买必需品和流行品的喜好都满足后，要想继续激发消费者的购买行为，就需要运用一点策略对消费者进行"刺激"了。这就是第三磁石点需要承担的功能，第三磁石点通常设置在面对超市出口或主通道的货架两端。超市卖场的第四磁石点往往会特意陈列大量的商品，比如有意把商品堆成不同的造型，或者放上巨大的广告宣传，在长长的陈列线中引起消费者的注意。当消费者快要走到结算区，准备到收银台消费的最后一小段路程，精明的超市商家同样也不会忽略，而这一段区域就是超市卖场的第五个磁石点区域。超市会根据不同的节日进行大型的展销或销售一些特卖产品，激发消费者在卖场中最后的一点消费欲望。超市卖场的磁石点分布及相应的商品陈列要点如图7-3所示。

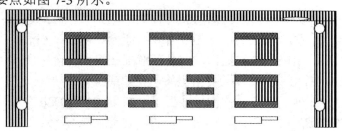

磁石点	门店位置	配置要点	配置商品
第一磁石点	卖场中主通道两侧，是顾客的必经之地，是商品销售的最主要位置	由于特殊的位置优势，不必刻意装饰即可达到很好的销售效果	主力商品，购买频率高的商品，采购力强的商品
第二磁石点	主通道的末端、电梯出口、通道拐角，穿插在第一磁石点中间	有引导消费者走到卖场最里面的任务，需要突出照明度及陈列装饰	最新的商品；具有季节感的时令商品，明亮、华丽的商品
第三磁石点	货架两头的端架	卖场中顾客接触频率最高的地方，盈利机会大，应重点配置，商品摆放时三面朝外	特价品，高利润商品，厂家促销商品
第四磁石点	副通道的两侧	重点以单项商品来吸引消费者，需要在促销方法和陈列方式上体现	热销商品，有意大量陈列的商品，广告宣传的商品
第五磁石点	收银台前的中间卖场	能够吸引一定量的顾客，烘托门店气氛，展销主题需要不断变化	占地面积小的商品，特卖商品，节日促销商品

图7-3　卖场的磁石点分布与商品陈列配置示意图

磁石点理论能够帮助商家运用科学的手段，在最能吸引消费者注意力的地方，配置好消费者最有可能购买的商品，在卖场的不同角落布置好有针对性的磁石点。让消费者一旦走进超市，便可牢牢地被"磁石"吸住，那么商家自然也就赚得盆满钵满了。

四、店长对商品陈列的检查事项

连锁企业的督导及店长、组长等对商品陈列负有检查、指导和督促的任务，检查的主要事项有：是否按商品配置标准来陈列；商品陈列是否随季节、节庆等的变化而随时更换；是否注意到商品的关联性；陈列商品是否整齐，有条理；商品的形状、色彩与灯光照明是否能有效地组合；商品的价格标签是否完整、符合要求；陈列的商品是否便于顾客选购；陈列的商品是否让人有容易接近的感觉；陈列的方式是否能突出丰富感及商品的特色；注意商品是否有灰尘；是否能显示出商店所经营的主要商品；促销商品能否吸引顾客的兴趣；商品陈列的位置是否在店员视线所及的范围之内；货架上的商品出售以后，补货是否方便；是否有效地利用墙壁和柱子来陈列商品；商品的广告海报是否已破旧；各部门陈列的商品，其指示标志是否明显；引导顾客的标志是否易见、易懂；陈列设备是否与商品相称；陈列设备是否安全可靠；破旧的陈列设备是否仍然在使用；员工对陈列设备的使用方法是否已详细了解。

◇ **案例精讲**　　　　揭秘宜家不惧电商，逆势增长的秘密

宜家家居(IKEA)，全球拥有 338 家门店，275 亿欧元销售额，7.75 亿人流量，11 亿官网访问量。全球最大十家商场中有八家在中国落户，宜家中国的销售额超过 63 亿元，比上一年财务增长 17%。……这是宜家 2014 年最新公布的数据。

不久前，一篇名为《宜家为什么不惧电商》的文章在互联网上广为流传。在电商对传统线下商家摧枯拉朽式的冲击面前，宜家的业务却稳步提升，2013 年 11 月宜家在北京的第二家，同时也是中国的第 14 家门店盛大开业，宜家在全球的销售增长率约为 3.1%，而在中国的年收入增长率却超过 17%。在中国市场上，家得宝、百安居、东方家园等家居建材业态普遍凋零的背景下，宜家家居却逆势增长。那么，宜家为何能够保持良好的增长，其风靡全球的秘诀到底是什么？

首先，宜家之所以具有较好的业绩表现，这源于它将实体门店深耕细作到了极致，从产品研发到卖场经营都在围绕消费者需求做文章。在零售企业普遍寻求转型的当下，宜家这种回归零售本质的理念值得借鉴。

★ *产品研发：神奇的产品矩阵*

宜家每年要更新上万种商品，走进宜家，如同进入了商品的海洋。家居用品、纺织品、

厨房用品、办公用品乃至小吃零食令人眼花缭乱。与此同时，同一品类的商品又分为不同色系和风格。那么，在这么多纷繁复杂的商品中，宜家是如何进行单品的研发和管理？其令人目不暇接的商品组合背后的商业逻辑是什么？其秘诀就是宜家家居的"产品矩阵"。首先，宜家会根据产品的品类进行划分，这是矩阵的一个维度；其次，宜家根据色彩和家具风格将同一品类的商品又分为乡村风格、斯堪的纳维亚风格、现代风格及瑞典潮流风，这是宜家产品矩阵的第二个维度；最后，宜家又将产品按照价格区间分为高价、中价、低价和超低价，按宜家内部的说法，超低价也就是心跳价"Breath-taking item"，这是产品矩阵的第三个维度。

就这样，用品类、风格及价格三个维度构成了宜家家具的产品矩阵。宜家在产品研发的时候在这样一个矩阵的框架内进行商品开发。

《宜家真相》作者约翰·斯特内博认为，宜家的开发人员正是利用产品矩阵来发现其品类上的空白和疏漏，这是宜家产品具有竞争力的核心因素。"一方面，每种家具风格衍生出不同款式的家具组合，使得每个业务部门比较容易发现一个系列还需要哪些款式的产品，从而将开发需求提交给设计师。另一方面，对于消费者而言，产品矩阵让消费者在相同风格的家具中做出选择，搭配自己的家具组合"。

据了解，正是由于家具产品矩阵的存在，设计师已经根据矩阵的框架制定出家具的各种参数和配色方案。在开发新品时，设计师不需要从头开始，而是依据矩阵的规范设计出宜家风格的系列新品。对于消费者而言，产品矩阵让消费者在相同风格的家具中做出选择，搭配自己的家具组合。

★ 门店陈列：划分"冷—热"区域

宜家的门店由家具展厅、家电展厅、仓库、收银台及餐厅组成。门店区域的物理空间划分和商品陈列影响到整个门店的销售业绩。有数据表明，根据科学原则进行的门店陈列和想当然实施的门店陈列，前者比后者业绩要高 30%～40% 的比例。那么，宜家是如何进行科学的门店商品陈列？事实上，从消费者进入宜家商场的一刹那，就被安置在天花板的摄像头秘密跟踪。摄像头记录下了消费者行进路线、停留时间，通过对大量消费者数据的分析，宜家才制定出商品陈列与门店布局的图样。

每个消费者的进行路线在宜家门店地图上标出。当有大量消费者的路线图被标出时，有些路线就会交叉重合。重合的地方越多，在这里停留的消费者越多，重合的地方越少，说明停留在这里的消费者则越少。根据这样的路线图的疏密分布，宜家形成了门店的"冷—热"分布图。有了这样一个分布图，宜家门店人员就会将畅销品陈列在"热点"，而将相对不畅销的商品陈列在"冷点"。

不可忽视的是，宜家餐厅也是其一大利润来源。据估计，宜家餐厅客单价在 30～50 元之间甚至更高，而且来客数也不少。考虑到宜家拿地非常便宜，其餐厅也以自助的形式减少人工费用。所以餐厅的成本很低，利润丰厚。

★ 商品策略：三 A 一王

在宜家的每个门店，营业人员手中都有自己的"三 A 一王"手册。这本手册用于指导该门店的商品选择。比如，德国人不喜欢橡木家具，因为橡木家具让人回想起油污、粗糙的传统家具环境。英国人则比较喜欢富有装饰性的家具，荷兰人喜欢颜色艳丽的橙黄色。宜家全球拥有数百家门店，面对不同的地区差异，宜家如何在标准化的基础上进行差异化？这个时候"三 A 一王"手册起到了至关重要的作用。"三 A 一王"手册中，每个系列的所有商品都要突出三种类型的畅销产品，这就是所谓的三 A：高营业额、高毛利及心动品。在此基础上再增加一种新产品，即"一王"——有望成为畅销品或高利润的商品。

★ 动线设计：危险的仙境

当你踏入宜家门口，你就会被"导线"默默地引导着走完所有角落。你从入口进去就被唯一的一条曲折回转主路依次引入客厅家具、客厅储物室等各个主区域，直到一个不落地走完才抵达出口。但细心的你会发现，为了确保一些消费者在购物中想快速离开或快速抵达感兴趣的区域，每个主区域间有一些较隐蔽的辅助捷径作为辅动线。

此外，在宜家里指示清晰明了的指引牌随处可见，如墙上、地上、各种货架上，甚至连购物车都会有清晰的退换货指示牌。除指引牌外，其每一个商品都会详细地标注尺寸，包括样板间也会标注面积的大小，让顾客可以快捷购物。

宜家以这种独特的店面路线设计和购物指引，让顾客看完了所有商品，虽然中途避免不了有种走迷宫的感觉，但顾客找到东西的快乐被"延迟"了，最后买到东西时的快感会是原本"计划购物"的好几倍。因此，走出迷宫后你或许愿意下次再来被迷路一次。而对宜家来说，高达"60%"的购买品本不在你原本想买的清单之内，但你却选购了，那宜家的目的就达到了。

当你踏入宜家门口，你就会被"导线"默默地引导着走完所有角落，宜家动线一度成为行业研究的案例。这种动线设计在宜家内部称之为"危险的仙境"，意思就是看起来很美，但不知不觉会花光你手中的钱。

据了解，宜家高层曾经给动线设计人员下达死命令，设计一条让消费者看上去没那么远，但实际上并不短的动线，让消费者愉快地走完全场。

资料来源：赵向阳. 宜家的"秘密"，中国连锁网。

http://www.lszxcn.com/tianxia/2014/1104/2329.html

案例精析：

宜家的商品品类管理、商品陈列和门店的布局设计，是其在电子商务冲击下保持不败的关键。符合消费需求的产品开发和变化的商品陈列是连锁企业门店取得良好业绩的途径之一，会为门店的日常经营带来活力。商品陈列方法的运用是变化的，就如同商业的发展一样，一直在随着社会和人们生活水平的发展而不断变化。同时，检验一项商品陈列变化成功与否的唯一标准是商品的销售业绩。由此也可以看出商品陈列的重要性，好的商品陈列就好像是一个懂得修饰的女孩会吸引人的目光，良好的商品陈列同样能够使门店富有魅力，从而吸引众多的顾客的目光。

◆ 本 章 小 结

商品是连锁企业经营的基础，连锁门店的商品管理是增强企业竞争力的主要内容。本项目先介绍了门店商品品类管理的有关知识，然后对商品品类的优化和畅销品的培育等问题做了阐述，最后重点介绍了门店商品的陈列与展示知识。

主要知识点：

品类管理　品类优化　畅销品培育　商品陈列　门店布局

◆ 基 础 训 练

一、选择题

1. 连锁门店店长要提高销售业绩，可以采用主要方法有(　　　)。

A. 提高销售额　　　　　　　　　B. 减低运营成本

C. 对员工进行奖惩　　　　　　　D. 减少商品品类

2. 为方便管理，超市的商品大分类以不超过(　　)为宜，这样比较容易管理。

A. 5　　　　B. 10　　　　C. 15　　　　D. 20

3. 某超市中设立的熟食品专柜是按照(　　)组合的商品群。

A. 消费季节　　B. 消费便利性　　C. 商品用途　　D. 价格

4. 位于卖场中主通道的两侧，是顾客必经之地，这里适合布置(　　)磁石点的商品。

A. 第一　　B. 第二　　C. 第三　　D. 第四　　E. 第五

二、判断题

1. 门店货架上商品的补货应采取先进先出的原则。(　　　)

2. 门店商品销售不佳，都是由于促销没有做好。(　　　)

3. 量感陈列是指将商品进行大量堆放，产生视觉冲击，引发购买行为。量感陈列通常适合廉价商品的陈列。(　　　)

三、简答题

1. 简述连锁企业门店商品管理的作用。

2. 如何对连锁门店的商品结构进行优化?

3. 简述超市卖场中商品陈列的主要方式。

4. 简述超市卖场中磁石点分布及相应的商品配置要求。

◆ 实 训 项 目

(一) 实训任务

[阅读材料分析问题]：电影《爸爸去哪儿》热播带火了国内的广州长隆乐园亲子游线路。这不，寒假伊始小唐一家就带着刚上小学的儿子踏上了广州长隆之旅。一家三口在经历了难忘的两天旅行之后，小唐惊讶地发现这次旅游预算居然不知不觉中超支了，而且游玩结束后，爸爸还答应儿子明年寒期还要带孩子到珠海的长隆海洋世界再次游玩。……这让小唐十分好奇：长隆集团究竟有何魔力，能够像磁铁一样牢牢地吸住孩子的心，让游客在收获童趣的同时又不知不觉地消费。这一点是如何做到的呢？于是小唐认真回忆并整理了一家人的两日广州长隆行程及花费的明细，如下表所示：

日期	景区	时间段及主要行程	花费及其明细
第一天	长隆欢乐世界	9:30～16:00 欢乐世界内游玩各种游乐设施	① 门票 250 元/人(儿童优惠票价 175 元)，三人共计 675 元； ② 景区内餐厅午餐，三人共消费 200 元；
	长隆大酒店	16:20～18:30 入住酒店、酒店自助餐厅用餐	① 长隆大酒店家庭房一间 1800 元/天，共计 1800 元； ② 白虎自助餐厅 278 元/人(儿童 158 元/人)，三人共计 714 元；
	长隆国际大马戏	19:00～21:00 观看马戏表演	门票 280 元/人(儿童无优惠)，三人共计 840 元；
第二天	长隆野生动物世界	9:30～12:30 入园、乘坐小火车游览《爸爸去哪儿》拍摄地、参观侏罗纪森林、长颈鹿园、考拉馆等	① 门票 250 元/人(儿童优惠票价 175 元)，三人共计 675 元； ② 购买旅游纪念品考拉帽子一顶，共计 99 元；
		12:30～13:30 熊猫餐厅用午餐	三人共消费 180 元；
		13:30～17:30 步行游览大象园、儿童天地、非洲森林、百虎山等，观看河马剧场、花果山剧场等动物表演，返程	购买旅游纪念品白虎毛绒玩具一只，共计 150 元；
合　　计			5333 元

请你根据本项目中学习到的商品品类和布局陈列的相关知识，通过登陆长隆集团官网

(http://www.chimelong.com/)查阅广州长隆度假景区的地图(图7-4)及其他介绍获取相关资料。

图片来源：长隆集团官网(http://www.chimelong.com)，2015年2月1日。

图7-4　广州长隆度假区整体布局(左)及野生动物世界地图(右)

请帮助小唐分析一下：长隆是如何做到让游客在快乐游玩的过程中不知不觉消费的？

(二) 实训要求

(1) 通过互联网全面搜集长隆集团的相关信息，力争做到分析有理有据。

(2) 每组要有一份完整的分析报告，结构合理，内容详略得当，要求有纸质和电子两种形式的作业资料。

(3) 报告中包含对长隆集团的旅游景区布局、定位、商品组合、品牌营销的分析及对其他城市旅游业发展的启示等。

(提示：我们不妨将旅游也视为产品，对游客在长隆景区内的"食、宿、游、娱、购、行"进行全面的组合与搭配。例如，游客在长隆野生动物园一定会乘坐小火车游览《爸爸去哪儿》的拍摄地，但这只是大约40分钟的线路，不足于让游客在动物园内逗留一整天，因此还要对游客的步行线路进行规划和预测，估计出游客大约在何时间会游玩至何地点，应当在该地点配置何种产品？何时何地享用午餐？带走何种旅游纪念品？白天游玩结束后如何安排晚上的活动……可见，布局规划和商品搭配组合中的整体思考是长隆集团取得成功的关键因素之一)

项目八

连锁企业门店的促销方式

❀※❀❀❀※❀❀❀※❀❀❀※❀❀❀※❀❀❀※❀❀❀※❀❀❀※❀❀❀※❀❀❀※❀❀❀

◆　学习目标

通过本项目的学习，明确连锁企业门店的主要促销方式；熟悉 POP 广告促销的概念、作用、引导消费的三部曲，以及门店 POP 广告的设计与实施。

◆　引入案例

三步教你让闲逛顾客买单！

一般来讲，进店的顾客可分为三种类型：想买的、不想买的和可买可不买的。闲逛顾客主要是指可买可不买这类型顾客，该类顾客在进店顾客中所占比例较高，并且真正能体现出导购员的销售水平。那么，如何让闲逛顾客买单呢？

★　第一步：吸引顾客。

如果没有顾客进店，再厉害的销售高手都只能纸上谈兵。要做到吸引顾客进店，就要从门店的两个"吸客区"入手。

一般终端门店分为五大区域：导入区、陈列区、休息区、服务区和仓储区。导入区包括店招、橱窗、进出口；陈列区包括货柜、货架、中岛、流水台，主要指陈列商品的区域；休息区指的是给顾客提供临时休息的沙发、座椅等；服务区主要指的是收银台、试衣间；仓储区指的是存放商品的库房。吸引顾客的区域主要是导入区和陈列区。

对于这两个区域应该注意以下几点：

店招：店招犹如一个人的脸面，让别人一见之下就知道是你而不是其他人。因此，店招设计需要醒目、大方、整洁，随时保持干净。店招最好做成 LED 发光的店招，这样即使在夜间也能醒目清楚，便于顾客识别。

橱窗：橱窗犹如一个人的双眼，透过双眼可以看见内心世界。同理，橱窗的设计及陈列也反映了门店的产品风格，因此橱窗的设计及陈列是吸引顾客眼球的重要部分。橱窗设计要与自己产品的风格吻合，灯光要明亮，所展示的产品要精致地呈现在顾客面前，让顾客有看到就喜欢、并想进店一探究竟的冲动。

一般来说，橱窗的陈列设计要注意如下几个原则：

(1) 陈列体现当季主打风格的产品，不能陈列过季产品。

(2) 陈列齐码商品，不能陈列断码断货商品。原因很简单，陈列断码断货商品，顾客如果看中很可能没有顾客需要的货品。

(3) 陈列整体要协调、讲究，除了体现本店主打风格之外，更要赏心悦目。因此，一般都要求专业的设计师进行陈列指导。

出入口：门店的出入口要保持干净、整洁，有时还可以放置 POP 展示板，起到宣传吸引的作用。有些门店促销期间在出入口铺上红地毯或 POP 宣传海报，其目的也是吸引更多的人进店。

陈列区：就是顾客能够看到的卖场陈列部分，这对于顾客而言也很重要。陈列要整洁、规范，看起来要赏心悦目、舒服。要注意陈列的各种手法和颜色的视觉冲击效果。

灯光：一定要明亮，绝对不能为了节省电费而关掉部分灯源，这样做会得不偿失。顾客一般都喜欢往亮的地方走，而不喜欢黑暗的地方。

导购：要特别注意形象，要有正确的站姿，要有活力，要热情微笑。如果导购死气沉沉，很难吸引顾客进店。在没有销售的时候也不能什么事情都不做，一定要做出忙碌的样子，比如做陈列、打扫卫生等。只有这样，顾客才会觉得这家门店生意很好，才会进店选购。

★ 第二步：留住顾客。

顾客一旦进店，导购就要想办法多让顾客在卖场停留，这样可以增加成交机会，同时也能聚集本店的人气。当人气很旺的时候，就会形成良性循环，吸引更多人进店。

那么，留住顾客需要做哪些工作呢？

导购工作激情与服务热情不可少。顾客一进店，导购要热情、微笑，给顾客正确的指引与介绍，不能视如无睹、不理不睬、态度怠慢。

• 要有休息区。

不能为了多陈列几件商品而取消休息区，因为休息区能让顾客在店里多停留一些时间。休息区的座椅要坐起来舒适，还要放置必要的顾客喜欢看的杂志及公司的宣传品，这样顾客才不至于无聊而老催促自己的同伴离店。

• 要有音乐。

有证据表明，一个有音乐的卖场让顾客停留的时间会比没有音乐的卖场要长得多，但音乐的声音要适中，以人们之间的说话能清晰听见为益。所播放的音乐要与本店的风格相吻合，还要顾及目标顾客群的喜好。

• 注意接待顾客的站姿。

导购接待顾客的站姿很重要，能起到让顾客多停留的效果，但如果接待的站姿不对，只能起反作用，使顾客赶快离开。一般我们把握的一个原则是：导购始终站在离店门最近的位置(相比顾客而言)。也就是说，导购在顾客进店后要马上尾随其后，不能站在顾客的前面挡住顾客的去路；在顾客向店门口移动时，导购要偶尔站在顾客的前面介绍而有意挡住去路，但这时要注意时机和次数。一般来说，导购可以一边给顾客介绍，自己也一边随着顾客往后移动，自己要面对顾客。

- 要有扎实的基本功。

所谓扎实的基本功指的是导购对自己所卖的产品性能、价格及优缺点必须了如指掌，自己产品存放的位置也必须清楚，同时还应知道哪些商品是滞销款和畅销款，哪些商品有货，哪些商品处于断货断码状态。只有掌握扎实的基本功，才能对顾客的提问对答如流。如果一问三不知，顾客多半就会立马走人。

★ 第三步：打动顾客。

我们虽然用以上工作留住了顾客，但要让顾客买单成交还远远不够，我们必须要打动顾客，让顾客心动，最终行动。要做到打动顾客，应该做到如下几点：

- 热心周到的服务。

热心周到的服务很重要，没有哪位顾客喜欢冷漠、不理不睬的态度和服务。通过热情的服务，可以增进彼此的信任和好感。做生意一个不变的规律就是：交谈—交流—交心—交易—交情，这个过程是由浅及深的变化过程，因此先服务、后销售是必然的。热心周到的服务包括：一杯水服务、热情微笑、问候寒暄、帮助顾客解决疑难及寻找共同话题等。

- 熟练的销售技巧。

销售是个技术活，不能蛮干，需要导购具备必要的销售技巧。一般要求导购做到：口才好、服务好、心态好和形象好。导购必须学会自我总结，不断总结推销失败的经验教训，不断演练推销术语，不断提升推销技能，才能成为一名优秀的推销高手，才能打动顾客，成交才会水到渠成。

- 聚焦顾客的买点。

聚焦顾客心目中的买点犹如中医的望闻问切一样，要对顾客进行买点诊断。只有诊断出顾客想要买什么样的产品，我们才能对症下药，最终卖对产品。

导购要正确诊断顾客的买点，需要做到眼快、心快、口快、手快及脚快。要学会目测和注意顾客的细节，以及聆听顾客的心声。要目测顾客穿着风格打扮、揣测顾客从事的职业、聆听顾客的需求、正确诱导询问顾客，最终才能正确诊断顾客所需的买点，从而将产品对应的卖点介绍给顾客，打动顾客，让顾客觉得这个产品正是他需要的产品。

- 物有所值的产品。

物有所值并非仅仅指价格上的便宜，而是让顾客产生值得的一种感觉。顾客所谓贵，就是买了不值得买的东西。即使再便宜，如果不是顾客所需，他也不会花钱购买；即使再贵，如果顾客觉得值得拥有，那么他也会一掷千金。

任务一　门店的促销方式

在连锁企业门店的销售中，促销作为一种提升销售的有力武器，已经为广大门店广泛采用。据统计，门店做促销时比不做促销时平均要高出 30%～50%的销售额。因此，促销对于提升门店销量起到了明显的拉动作用。但是，不同的连锁企业经营业态其销售特点各异，门店促销因此也有一些不同的操作方法。同时，不同的促销方式所能达到的效果也是不一样的。以下是一些超市卖场中常见的促销方式：

一、堆头促销

走进超市、大卖场时，我们可以看到各种单独陈列，而且摆放非常新颖的品牌商品。这种摆放方式有一个专有名词称为"堆头"，是指超市中商品单独陈列所形成的商品陈列，有时是一个品牌产品单独陈列，有时会是几个品牌的组合堆头。一般都是放在花车上或箱式产品直接堆码在地上。"堆头"是商场和超市重要的促销方式，这些富有创意的堆头设计带动了超市商品销量，促进了商场和超市行业的发展。堆头的陈列不但要主题创意新颖、码放整齐清洁，而且能让顾客一目了然、方便挑选。图 8-1 是一家书店对某款新书进行促销摆放的堆头效果。

资料来源：本书作者摄于厦门市外图书城，2014 年 12 月。

图 8-1　书店的堆头促销

堆头太低和太高都是不好的，而且堆头高度运用得当可以增加卖场错落有致的感觉。堆头陈列是最能突出商品表现力的陈列方式。堆头太低，顾客只能看见商品的瓶盖；堆头太高，顾客取货不方便，而大部分顾客的身高都在 1.5～1.9 米之间。当一个顾客推着购物车稍弯腰时，视线的高度一般在 1.3～1.7 米，所以，确定堆头的高度有以下几个原则：

(1) 主通道的堆头高度不得超过 1.3 米，以增强卖场的通透性。

(2) 货架端头的堆垛后部可与货架同高，但前部不得超过 1.3 米；也可以采用上部为货架层板，下部为堆垛的形式。

(3) 靠墙堆垛可采用梯形陈列，后部可达 2 米高，但前部不得超过 1.3 米。

二、捆绑促销

捆绑促销是指将多个或多种商品集中销售，并将这些商品总价格降低，这也是一种薄利多销的商业手段。这些联销品要求既要有相似属性，又要有一定的使用价值，这样才能将畅销品和滞销品同时销售出去。捆绑促销的效果取决于捆绑商品组合对比单独购买的产品是否能更有效满足消费者的需求，并能为消费者带来额外的物质或精神上的利益及效用，从而使消费者认同和愿意购买捆绑产品。因此，捆绑促销的有效实施应做好以下几方面：

1. 针对相关产品或配套产品进行捆绑

消费者购买捆绑产品的动因之一，就是为了降低满足某一消费需要而分别购买各种产品所花费的时间、体力和精神成本。因此，企业应尽可能实行相关产品或配套产品捆绑，即将能够满足消费者同类需要或在使用上具有配套性、兼容性、互补性的产品捆绑在一起，由此才能满足消费者的需要和降低消费者的非经济成本，进而吸引消费者购买。如果企业将无关产品(如牙膏与电话机)或非配套产品(如接口不统一的灯具与灯泡)捆绑在一起销售，不仅不能满足消费者的需要，而且还无端增加消费者开支，那么对消费者就缺乏吸引力。其次，将完全无关甚至互相排斥的产品(如保健品与卷烟)捆绑在一起销售，甚至会对消费者造成心理伤害，从而招致消费者抵制。

2. 与同档次产品或同级别企业进行捆绑

企业内部捆绑，无论是企业自己生产还是委托其他企业代工，也无论是同一品牌产品还是不同品牌产品，必须保证所捆绑产品具有大致相同的档次或质量水平，由此才能树立统一的捆绑产品形象，进而吸引恰当的目标顾客购买。如果捆绑产品质量水平差别较大，一是会模糊捆绑产品定位，进而失去顾客；二是会破坏高质量的产品形象，影响该产品在独立市场上销售。

企业之间捆绑，应尽量选择同档次企业之间进行合作，由此才能相互促进和让消费者获得"整体大于部分之和"的效果。如果合作企业之间档次、实力及形象差别较大，难免引起消费者对捆绑产品持怀疑和排斥态度。

3. 明确捆绑组合产品定位

消费者由于受年龄、性别、职业、收入、文化程度等因素的影响，其购买行为和对象存在很大差别，捆绑组合产品应明确自身定位，针对同一目标顾客进行捆绑，有效吸引目标消费者购买。因此，捆绑在一起的各个独立产品目标顾客应一致或接近。如果差别较大，一是会造成捆绑产品定位和形象模糊，二是有些消费者购买捆绑产品后可能会将那些与自身形象不相符的产品弃之不用，从而造成浪费和最终失去顾客。

当然，有很多消费者购买产品是为了满足家庭及其各个成员消费需要的。因此，企业应对捆绑产品采用多种不同的组合方式来满足目标顾客不同层次的需求。例如，企业可将两种及其以上的家庭用品(如抽油烟机与煤气灶)或适应家庭不同成员需要的同类产品(如运动手表和球拍)捆绑在一起销售，由此就能够较好地满足家庭或各个成员的消费需要。

4. 杜绝捆绑欺诈现象

顾客在购买企业产品或相关产品时，若对其中一种产品产生不良印象，则会影响其对相关企业的其他产品的印象和感知。在捆绑产品或服务中，一定不能以欺诈的形式或行为来捆绑产品或骗取顾客购买捆绑产品。比如，在超市中生产色拉油的企业将 5 公斤装的筒装大豆油用透明胶带裹上附赠的一瓶色拉油，价格却维持不变。虽然很多顾客不假思索便立即购买，但回到家后看到大豆油离保质期还有一个月不到的时间，根本无法用完，而粘贴色拉油的位置即为印有大豆油生产日期的位置。可想而知，顾客在下次购买时一定会尽量避免选购同企业和同品牌的该类产品甚至相关产品。

 阅读链接 8-1　捆绑销售快过期的食品是超市的"潜规则"吗？

"买一赠一"式捆绑搭售是商家常用的促销手段，但有些捆绑促销食品的生产日期被遮得严严实实。其实，这些捆绑食品很有可能快过期了。

经常在超市购买酸奶的邓小姐就有过被"潜规则"的经历。她说，上周日在超市买酸奶，看到某品牌酸奶正在搞活动，买一排酸奶赠送三小盒。"当时三小盒酸奶与一排酸奶是捆绑在一起的，我也没太注意看生产日期，结果拿回家打开一看，赠送的三小盒酸奶还差一天就过期了，这不蒙人吗？"

笔者走访了几家超市，发现打包促销商品不少，大部分是盒装、罐装和袋装类食品，如将牛奶与饮料搭配卖、酸奶"买三赠一"等。另外，有的捆绑包装的食品，印有生产日期或保质期的一面一律朝内，顾客很难看到。

某大型超市一位工作人员透露，通过混搭促销减少食品过期带来的损失，现在已经成了超市的一种"潜规则"，短时间内很难改变。"毕竟很少有人会买快到期的商品，如果明示快过期，就意味着不能卖了。"况且，"临界食品"何时到达"临界点"，也没有具体规定，超市在执行过程中很难把握。

对于"临界食品"销售，有无相关政策法规呢？2007年，国家工商总局发布《关于规范食品索证索票制度和进货台账制度的指导意见》，首次提出在超市卖场和社区食杂店销售的即将到保质期的食品，须在销售场所集中陈列，并做出醒目提示。但这一规定不是强制性措施，只是指导性意见，目的在于引导商家尽量提醒消费者。

不过，商家在不告知消费者的情况下销售临界食品，会使消费者对商家的信誉产生质疑。建议国内的超市或食品店也能借鉴国外的做法，对临界食品设立专区做出明示。这样既可以让消费者放心消费来增强对超市的信任度，又方便了超市的日常管理。

5. 分散优惠及折扣

芝加哥大学行为科学教授查德·塞勒(Richard Thaler)曾经提出心理账户的概念。根据心理账户规则，当有多个所得时各个收益应当分开，并且消费者总是易于接受使他们更加愉悦的结果。比如，假定在捆绑促销的产品和单独销售的产品中，消费者总的获得和付出是一样的，但消费者感觉购买捆绑产品获得了多笔收益而不是一笔，即在第一笔盈利的基础上获得了额外的收益。因此，很多商家在作促销时常常使用此心理计算规则，不实行一次实际折扣，而是"8折之后再9折"、"9折之后再满300送100"等。厂商在进行捆绑促销广告时，也可采用此种宣传方式，使消费者在评价决策分析中感受到添加收益，获得最大的心理满足。

同时，在定价和促销过程中企业应当注意将价格促销分散到各个捆绑产品中。比如在折扣总额确定的条件下，捆绑产品的组合折扣和各组合产品的单独折扣对消费者的感知和影响是不同的。同样，消费者对捆绑产品的熟悉度和重要性认知也是不同的。因此，在折扣总额确定的条件下，对于消费者熟知或认为相对重要产品及服务给予较大的优惠或折扣，而对其他捆绑产品折扣降低会有较好的效果。比如在购买牙膏和牙刷的捆绑体中，人们一般认为牙膏比牙刷重要，因此，在总额确定的情况下牙膏4元、牙刷1.5元的价格会优于牙膏4.5元、牙刷1元。

 阅读链接 8-2　什么是心理账户

心理账户是行为经济学中的一个重要概念。消费者可能会将某些收益或损失归入不同的心理账户，从而导致个体在做决策时往往会违背一些简单的经济运算法则，然后做出许多非理性的消费行为。

如果今天晚上你打算去听一场音乐会，票价是200元，在你马上要出发的时候，你发现你把最近买的价值 200 元的电话卡弄丢了。你是否还会去听这场音乐会？实验表明，大部分的回答者仍旧去听。可是如果情况变化一下，假设你昨天花了 200 元钱买了一张今天晚上音乐会门票。在你马上要出发的时候，突然发现你把门票弄丢了。如果你想要听音乐会，就必须再花 200 元钱买张门票，你是否还会去听？结果却是，大部分人回答说不去了。

可仔细想一想，上面这两个回答其实是自相矛盾的。不管丢的是电话卡还是音乐会门票，总之是丢失了价值 200 元的东西，从损失的金钱上看并没有区别。之所以出现上面两种不同的结果，其原因就是大多数人的心理账户问题。

这是因为：人们在脑海中同时存在着一个通信账户和一个娱乐账户。人们把电话卡和音乐会门票归到了不同的心理账户中，所以丢失了电话卡那是通信账户上的损失，与娱乐账户没有关系，不会影响音乐会所在的账户预算和支出，大部分人仍旧选择去听音乐会。但是丢了的音乐会门票和后来需要再买的门票都被归入了同一个账户，所以看上去就好像要花 400 元听一场音乐会了。人们当然觉得这样不划算了。

西方谚语"来得容易去得快"(easy come, easy go)也可以用心理账户原理解释：有一次，小唐和他的妻子到澳门旅游。小唐是一个赌棍，第三天就输光了身上所有的钱。那天晚上他在旅馆辗转反侧，突然看到地上有几个一元的硬币，恍惚间他感觉到 17 这个数字在硬币间一闪而过。经常赌博的人会变得很宿命，小唐认定这个数字能够带给他好运。于是他穿戴整齐出门，又去附近的赌场赌博。这次他赌的是数字，他选择了数字 17，然后用五元钱硬币作为赌注，输了就赔进去，赢了就得到 35 倍的数量。当然在那么多的数字中间，小球能击中 17 的概率是非常小的。但是奇妙的是，一上桌这么小的概率就给小唐碰上了。于是他更加认定 17 带给他的魔力。他继续下注，一次又一次地，小球像装了吸铁石一样往 17 这个区域跑。他的钱从 5 元到 175 元到 6125 元，最后到了 750 万的时候，赌场的老板不愿意再玩下去了。小唐正在兴头上，越来越坚信 17 给他带来的灵感和好运，当然不肯就此罢休，他着魔似地揣着刚刚赚来的 750 万去了附近的另一家赌场，玩一种类似的赌法，他依旧选择 17 作为自己的幸运数字。但是这次幸运之神不再眷顾这位没有节制的赌徒了，小唐输得分文不剩，最后只得沮丧地回到旅馆。此时妻子正着急地在楼下等候着他，见他回来忙问他上哪儿去了，他说去赌博了。妻子又问他是不是又输钱了，你猜猜看他说什么？

"还行，输了 5 块钱。"

请你仔细想想看，小唐到底输了多少钱？事实上，他输的远远不止 5 块钱，他输的是 750 万！赌博赚来的 750 万和工作赚来的 750 万从传统经济学的意义上讲没有任何差别。但是很显然，小唐并没有把赌博赢来的那 750 万元当做自己的收入看待。这也是为什么赌徒的口袋里永远没有钱的道理。赌博赢来的钱在他们心里专门被放在一个账户中，这个账户里的钱是"上帝"掌管的，属于来也匆匆去也匆匆型。他们没有把这个账户中的钱跟工作挣来的钱放在同等的地位上看待。因此，在消费这笔钱的时候，赌博账户中的钱更容易花在赌博上或挥霍掉。所以，人们通常倾向于把赢来的钱挥霍掉，而把赚来的钱存起来。

资料来源：奚恺元. 别做正常的傻瓜. 北京：机械工业出版社，2004。

6. 合理设置参考或对比商品

可参照或参考的捆绑商品和独立商品越多，消费者的对比性就越强，进而影响购买决策。因此，企业在设置捆绑商品时，应至少选择一种价格信息不明确或不易对比的商品。比如选择企业新推出的尚未大规模推广的新品作为捆绑产品之一，从而既能增加消费者的感知价值，又能有效地促进新产品的销售。另外，企业也可以在捆绑商品的周围设置引导性对比商品，从而引导消费者的消费认知与选择。比如某型号的吉列剃须刀标价为 25 元，在同一货架上陈列着几乎一样的吉列剃须刀并捆绑一片刀片，同样售价 25 元，则消费者将可能如此解读该捆绑组合的价格信息：剃须刀原价销售，免费赠送刀片(估价 2～4 元)；或是剃须刀折价 10%～15%，刀片原价销售。无论哪种解释，都会增加捆绑商品的价格吸引力，从而促进该组合产品的销售。

三、特价促销

促销活动的主要内容就是价格促销，门店可以选择一些商品以非常低廉的价格招揽顾客，各种节假日就是特价促销的大好时机。在众多的促销手段中，特价促销是最基本的形式，重点就是要薄利多销。

特价促销最容易引起消费者的注意，能有效地促使消费者购买。特别是对于日用消费品来说，价格更是消费者较为敏感的购买因素，消费者可以通过特价商品的购买，促进其消费欲望。很多门店在做促销的时候，全凭感觉拟定特价产品，全然没有任何的策略思考，以至于特价不特，特价不销，毫无感觉。由于特价促销的主要作用就是吸引人来聚集人气，那价格就一定要让人感觉真心实惠，有很大的便宜可占，方能让人不可抵挡诱惑。所以我们在挑选特价产品时，一定要考虑这些产品相对消费者而言，必须具备如下特点：

(1) 购买的几率相对较高；

(2) 购买的人群相对较大；

(3) 价格很容易作对比。

这样的产品，才能让人一眼就能看出到底贵不贵，是不是特价随时能辨。超市常见的特价促销商品有特价鸡蛋、特价蔬菜、特价水果等。因此，我们就需要分析和研究每天的销售数据，挑选销售频率比较高、销售数量比较大、当地消费者相对认可的产品，来做吸引人的特价产品，如此方能真正起到聚集人气的作用。

四、DM 促销

DM 是英文 Direct Mail Advertising 的省略表述，直译为"直邮广告"，是指向目标客户通过邮寄、赠送等方式发布的广告，将宣传品送到消费者手中、家中或公司所在地。它有着很强的针对性，同时成本低廉，还有一定的灵活性。

DM 促销的要点如下：

(1) 突出鲜明之主题。每期 DM 都要突出一个鲜明的主题，如周年店庆、洗发水节、新学年装备更新等。

(2) 尽可能减少单位销售额小的商品。单位销售额小的商品销量再大，对提高客单价及门店销售额也起不到明显效果。

(3) 周期以 7～14 天为宜，配合重大节假日。

(4) 版面相对固定，创意简洁明了，设计以商品为主，力求商品价格、销售单位等一目了然。

(5) 图片和文字比例适中，非食品及百货以 7：3、食品以 4：6 适中，消费者熟悉的商品均可采用文字。

(6) 所选商品组占的比重应与销售份额同比。

(7) 封面和封底可为商品做专题宣传，以增加"信道费"的收取。

(8) 重复减价行动应在广告期结束后 3 周才宜进行，以增强顾客对 DM 的信任度。

(9) 突出季节性、时效性、节日消费特点，不断挖掘消费潜能，引导超前消费。

五、节假日促销

节假日促销就是指在节日期间，利用消费者的节日消费心理，综合运用广告、公演、现场售卖等营销手段，进行的产品和品牌的推介活动，旨在提高产品的销售力，提升品牌形象。

我国的节假日已占到全年的 1/3，而在一年中占 1/3 的节假日时间却能够创造二分之一的销售额。统计显示，商家在双休日的营业额一般是平时的 1～3 倍，在春节、五一、中秋、十一、元旦等重大节日期间更能创造销售高峰，而促销成为众商家争夺市场份额的重头戏。

六、主题促销

主题促销是一种非常规促销，通常是在某个特定时间段围绕一个主题而展开的促销活动与交流，以达到销售提升的目的。不同的主题促销活动针对的促销产品是不一样的，促销产品需要与主题相符，促销的目的需明确。针对主题活动进行促销宣传时要注意下面四个方面：

(1) 促销画面元素及活动主题需要与整个大环境协调。例如，大润发超市在针对冬天来临圣诞节的主题促销就采用了白色系的瑞冬主题，告诉顾客冬天来临。

(2) 促销产品需要与主题有关联。例如大润发超市的圣诞节主题促销中，卖场入口标志性促销墙摆放的就是圣诞主题促销商品，有种高端大气上档次的感觉，而圣诞节关联商品(如红酒和巧克力)也在促销墙后半段突出陈列。

(3) 检查活动期间终端执行力。活动期间店长明确了促销内容，张贴好了 POP 并不意味这次活动店长已经做好准备只等收益了。在活动期间营业员的终端执行力尤为重要，店长需要时不时地提醒进店者本店目前有什么活动内容，让他们了解自己可以得到什么优惠，增加门店产品的成交量。例如，某眼镜连锁店在一次国庆促销活动期间，店长要求验光师在验光过程中和消费者聊家常，整个过程中需要提到"最近有没有出去玩啊""在家里看电脑的时间长不长啊，眼睛会不会很累""是否有戴防蓝光、抗疲劳的镜片啊"这就好比你走进理发店，理发师在给你吹头发时与你套近乎一个道理，营业员需要在整个交谈过程中不错过每次提及活动产品的机会。

(4) 增加二次进店几率。二次进店意味着门店的客户有了第二次消费的可能性，如何创造这个机会要看门店在活动期间做了什么。例如，门店可以在活动中赠送优惠券等方式来吸引客户，或者可以完成成功竞猜问题可获抵用券的活动。此类措施可在活动结束后提升个别获奖客户的二次来访，增加再次消费的机会。

七、其他促销方式

1. 以旧换新促销

高露洁牙膏曾经做过这样一次促销活动：在指定商场凭任何其他品牌空牙膏 1 支，即可以零售价之半价换购高露洁新上市全效牙膏 1 支。每人每次限换购 2 支，换完为止。高露洁牙膏的空管不得换购。显然，此次活动目的在于吸引竞争品牌的消费者，通过半价换购活动使他们尝试高露洁的产品。通过有条件的限制促销，可以帮助界定目标消费者，使活动更有针对性，提高活动效果。当然，对于使用以旧换新促销的厂家或卖场来说，回收来的旧商品通常没有多大经济价值；以旧换新的目的主要是消除旧商品形成的销售障碍，以防消费者因为舍不得丢弃尚可使用的旧商品而不买新商品。

2. 会员卡促销

会员卡泛指普通身份识别卡，包括商场、酒店、健身中心等消费场所的会员认证。会员制促销也是现在连锁企业门店中流行的一种促销方式，可以提高顾客的回头率和顾客对企业的忠诚度。很多的服务行业都采取这样的服务模式，会员制的形式多数都表现为会员卡。一个连锁企业发行的会员卡相当于企业的名片，在会员卡上可以印刷企业的标志或图案，为企业形象做宣传，是企业进行广告宣传的理想载体；发行会员卡还能起到吸引新顾客，留住老顾客，增加顾客忠诚度的作用；通过会员卡积分管理将顾客购买商品的数量和钱款转变成积分，并且根据每个顾客积分的多少进行不同程度的折扣，积分高了，折扣就低了。这种积分方式极大地振奋了顾客购买商品的欲望，也使门店紧紧地将顾客抓在自己手里。由此可见，会员卡促销是一种确实可行的增加效益的途径。

3. 娱乐活动促销

通过游戏来促销是当今比较流行的促销方案之一。因为对于顾客来说游戏本身就具有娱乐性和足够的吸引力，所以能吸引顾客前来参加自己的促销活动，无形中提高了门店的知名度，更可以增加销售量，如喝啤酒比赛等。此外，还可以举办一些竞赛性质的活动，如卡拉 OK 比赛等。除了可热闹卖场外，还可以借此增加消费者的话题，加深消费者对门店的印象等。

4. 有奖征集促销

有奖征集是门店营销者通过一些征集的形式来扩大门店的影响力，并且配上精美的礼品，提高顾客的积极性，从而引导顾客进入门店的促销模式当中。这种促销方式主要利用顾客的好奇心来完成，门店所要征集的东西可以很多，比如说店庆的广告词、店庆的宣传稿等。当然，这种征集需要的仅仅是一个过程，而不是结果。只要人们开始关注你的门店和你的品牌，这个促销方案就算成功了。

任务二　POP 广告促销

一、POP 广告的概念

POP 广告也称卖点广告(Point of Purchase Advertising)，凡是在销售场所设置的提供商品与服务信息的广告物(如商店装饰、橱窗陈列、货架布置、招贴及录音播放等)都属于 POP 广告。它的任务是简洁地介绍商品，如商品的特色、价格、用途与价值等。

产品销路与 POP 广告关系密切。因为 POP 广告会营造出良好的店内气氛，并且随着我国消费者审美情趣的日渐提高，消费者对音乐、色彩、形状、文字、图案等 POP 广告越来越表现出浓厚的兴趣。在连锁企业门店或卖场，当消费者面对诸多产品无从下手时摆放在产品周围的 POP 广告，就会持续不断地向消费者无声地提供产品信息，起到了吸引消费者及促成其购买决心的作用，因此 POP 广告被誉为"第二推销员"。成功的 POP 广告不仅能提高产品的知名度，还可进行企业形象宣传，在销售终端起到树立和提升企业形象的目的，进而保持与消费者的良好关系，增强消费者对产品的注意和对企业的好感。

如图 8-2 所示为一组 POP 广告。

图 8-2　一组 POP 广告

二、POP 广告的作用

(1) 传达商品信息。其主要体现在：吸引路人进入门店；告知顾客店内正在销售什么商品；告知顾客商品的位置配置；告知顾客最新的商品供应信息；告知顾客商品的价格；告知顾客特价商品；刺激顾客的购买欲望。

(2) 创造购物气氛。随着人们收入水平的提高，消费者购买行为的随意性增强。POP 广告既能为购物现场的顾客提供商品信息，又能美化环境、营造购物气氛，在满足顾客精神需要、刺激其采取购买行动方面具有独特的效果。

(3) 突出门店的形象，吸引更多的顾客来店购买。顾客的购买阶段分为注目、兴趣、联想、确认和行动。所以，从众多的广告中成功吸引顾客的眼光，达到使其购买的目的，POP 广告功不可没(表 8-1)。

表 8-1　超市运用 POP 广告促销效果调查

商品	没有用广告标语的一周销售数量(个)	利用广告标语的一周销售数量(个)	增加率(%)	陈列位置高度	POP 广告短语
麦芽啤酒	51	75	47.1	脖子	味道丰实的麦芽啤酒创造了味道丰实的晚餐
饭前水果	2	8	300	脖子	代替水果沙拉的饭前水果，简单的水果冷盘
浓缩橘汁	7	15	114.3	眼睛	浓缩橘汁是有益于健康的冬季饮料
西红柿汤	37	63	70.3	眼睛	想把汤做得更好吃吗
洗衣粉	8	21	162.5	腰	到浴室洗短裤时可以带的洗衣粉量
芥末	23	42	82.5	膝	芥末是每个家庭的必需品
清洁剂	123	222	80.5	底层	你总是能把清洁剂用完吗

资料来源：黄宪仁. 店长操作手册. 北京：电子工业出版社，2012 年版。

三、POP 引导消费的三部曲

"顾客在销售现场的购买中，三分之二左右属非事先计划性随机购买，约三分之一为计划性购买。"POP 广告除了能制造出轻松愉快的销售气氛，使消费者事先了解产品特性产生购买冲动外，最重要的就是能够诱惑消费者进行消费，提高终端的销售额。

1. 吸引顾客进店浏览

由于在实际购买中有三分之二的消费者是临时做出购买决策，所以，终端门店的销售与消费者流量成正比。因此，利用置于店头的 POP 广告，如看板、站立广告牌、实物大样本等，极力展示产品的自我特色和产品个性，成功诱惑消费者进店，是促成消费者购买的关键一环。

2. 促使顾客观察产品

在促成消费者购买的第二个环节，就是让 POP 产生使顾客驻足详看的力量。比如，在销售终端一些具有冲击力和煽动性的手绘 POP 就会让消费者不由自主地停下来。这样，在抓住顾客兴趣点的同时，再加上销售员的现场操作、免费赠送、试用样品等进行配合工作，就能充分诱导消费者产生购买行为。

 阅读链接 8-3　手绘 POP 的制作技巧分享

一、正字书写规则

横平竖直，各边齐平，尽量让字看起来在一个正方形中。让字充满整个正方形，与传统汉字书写规则不同时，按需而变，但前提是字可识别。注意笔画交接处的自然完美，不要有参差，此为细节问题。使用笔为油性笔粗头，运笔平滑，不要过于使劲，会导致笔画颜色有明显深浅，因为过于使劲会加大笔头与纸面的摩擦，以至停顿。建议初学者练习"米"字，让整个字充满正方形，并各边齐平。图 8-3 为手绘 POP 制作过程示例。

图 8-3　手绘 **POP** 的制作过程示例

二、风格插图绘制技巧

先将需要画的图形以最简单线框图画出，开始不要注意细节，尽量画大。画好后，将图形内部单线条添为双线条，注意不是都要添，自己把握尺度。空旷地方使用实心或空心圆点、平行线、螺旋线、几何图形等装饰图案填充，最后整个图形内部以饱满结束，偶尔也有留白或其他装饰。但要注意所画填充图案均用细线条勾勒。接着用水性笔填充自己喜欢的颜色。颜色涂完后，用粗线条(一般用黑色)将整个图形的外轮廓加边。假若使用剪切法制作时，贴好后用浅色或荧光笔在图案左右、底作相应色块和线条的装饰。

三、标题字底色技巧

有人问标题字是先写字还是先打底色？浅色底深色字，就可以先打底再写字。要吃色的搭配最好先写字，再画底，注意是画，所以就要注意画的样式和细小处的填充，不是一笔就从字上掠过，那样你的笔就毁了。总体来说，先写字后打底麻烦，先打底后写字方便，但要注意搭配的颜色吃色不。创作 POP 不是做作业、套公式，而是积累经验，创新。这就要靠自己在无数次的创作中积累经验。

四、描边及高光吃色避免技巧

避免的方法如下：

1. 一般用油性笔写字，水性笔描边。

2. 用胶版纸写标题。

描边染色是因为不熟练，描的时候为什么会描到其他颜色上去呢？是手不稳。解决办法，描的时候尽量将描的边和字的边之间留一小点白的空隙，一直要练到白空隙基本等宽，那样就说明你的手顺了，接着再靠近字的边描，自然不会染色了。图 8-4 为手绘 POP 作品示例。

图 8-4　手绘 POP 作品示例

说到前面白空隙的处理，用小笔来填，容易吧，一笔拉下来就完成，就算小笔染上色总比大笔染上色要好些吧。等下面的字干后加高光，同样会污染修改液。因为 POP 颜料是油性的或酒精性的，修改液也如此，彼此互溶。还有就是用它们来做字的勾中线，同样不是很舒服、要吃色。采用的方法是让液体尽量多地流出来，一笔拉完，而且用笔时笔头尽量接触不太重的颜色。用完后发现笔头有颜色污染时应及时找张白纸，在上面多涂几下，直到变回白色为止。

资料来源：红哥. 手机店长不可错过的 POP 宣传海报制作技巧.

http://mp.weixin.qq.com/s?__biz=MjM5MzA3Mjk4Mg==&mid=200435678&idx=3&sn=0a32d10ab961b8bbb8f36df41af0755e&3rd=MzA3MDU4NTYzMw==&scene=6#rd

3. 刺激顾客最终购买

激发顾客最终购买就是 POP 广告的核心功效，也是 POP 的最后冲击力量。这时就要利用有效的 POP 广告，针对顾客的关心点进行诉求与解答，达到有无专人介绍产品，都可产生 10 倍销售力量的效果，达到最终购买。

四、活用各种 POP 广告

1. 商店普遍使用的 POP 类型

(1) 招牌 POP：主要包括店面、布帘、旗帜、横(直)幅、液晶显示屏等，其功能是向顾客传达公司的识别标志，传达门店销售活动的信息，并渲染这种活动的气氛。

(2) 货架 POP：主要用来展示商品广告或立体展示售货，这是一种直接推销商品的广告。

(3) 张贴 POP：类似于传递商品信息的海报。张贴 POP 要注意区别主次信息，严格控制信息量，建立起视觉上的秩序。

(4) 悬挂 POP：主要有悬挂在门店中的气球、吊牌、吊旗、包装空盒、装饰物等，其主要功能是创造门店活泼、热烈的气氛。

(5) 标志 POP：即店内的商品位置指示牌，主要功能是向顾客传达购物方向和商品位置信息。

(6) 包装 POP：指商品的包装具有促销和公司形象宣传的功能，如附赠品包装、礼品包装、若干小单元的整体包装等。

(7) 灯箱 POP：门店中的灯箱 POP 大多稳定在陈列架的一端或壁式陈列架的上面，主要起到指定商品的陈列位置和品牌专卖柜的作用。

2. 销售型 POP 广告与装饰型 POP 广告

销售型 POP 广告是指促使顾客了解商品的有关资料，从而进行购买决策的广告。装饰型 POP 广告是用来提升商店形象，进行商店气氛烘托的 POP 广告。两种广告对比如表 8-2 所示。

表 8-2　销售型 POP 广告与装饰型 POP 广告

名　称	装饰 POP	销售 POP
功　能	制造店内的气氛	代替店员出售商品 帮助顾客选购商品 提升顾客的购买欲
种　类	形象 POP 消费 POP 张贴画 悬挂小旗	手制价目卡 拍卖 POP 商品展示卡
使用期限	具有长期性和季节性	拍卖期间或特价日

3. 外置 POP 广告、店内 POP 广告及陈列现场 POP 广告

外置 POP 是将商店内现有的及经销的商品告知顾客，并将顾客引入店中的 POP 广告。店内 POP 是将商店的商品情况、店内气氛、特价品的种类及商品的配置场所等经营要素告知顾客的 POP 广告。陈列现场 POP 广告是指位于商品附近的展示卡、价格卡及分类广告，能帮助顾客做出相应的购买决策。三种广告对比如表 8-3 所示。

表 8-3　外置 POP、店内 POP、陈列现场 POP 广告对比

种　类	具体类型	功　　能
外置 POP	招牌 旗帜 布帘	告诉顾客门店的位置及其所售商品的种类，通知顾客正在特卖或制造气氛
店内 POP	卖场引导 POP 特价 POP 气氛 POP 厂商海报 广告板	告诉进店顾客，某种商品好在什么地方；正在实施特价展卖的内容，制造店内气氛；传达商品信息及厂商信息
陈列现场 POP	展示卡 分类广告 价目卡	告诉顾客商品的质量、使用方法及厂商名称等，帮助顾客选择商品；告诉顾客广告品或推荐品的位置、尺寸及价格；告诉顾客商品的名称、数量及价格，以便顾客做出购买决定

任务三　门店促销方式的创新

目前，中国连锁业的竞争日趋激烈，"千店一面"的情况比比皆是，各种连锁品牌几乎失去了其差异性，因此不搞促销就无法增加销售额。为了提高销售额，连锁企业门店不遗余力加大促销力度，但往往有时候却适得其反，促销投入过大导致收效甚微，其原因是千篇一律的促销方式导致顾客对于促销失去新鲜感，顾客的购买兴趣难以提高。因此，有必要对促销方式进行创新，让创新的促销方式刺激顾客的购买神经，并通过持续不断地创新让顾客提高满意度和忠诚度的同时，连锁店的销售额和利润也会同步增长。

一、传统促销方式存在的问题

纵观国内近年连锁企业的促销手法，基本是打折让利、购物返券、价外馈赠、有奖销

售、限时购物、降价销售、积分返利等老一套数。面对激烈的商业竞争，商家已经是无所不用其极。但论效果，想必大多数商家内心明白。创新性和差异性的缺失导致消费者产生了"审美疲劳"。当前大部分连锁店的促销方式，几乎都存在着这样或那样的病症，归结起来主要存在以下问题：

第一，过度依赖症。只把促销看成是取悦消费者的手段，不断通过打折、降价、赠送等促销手段，刺激消费者购买，以促销支持销售。

第二，饥渴盲动症。天天想着各种各样的促销，打击对手，讨好消费者。尤其是面对销售压力时，就更渴望通过促销的形式来解决问题。

第三，攀比求廉症。你五折我就四折，你四折我就三折，你现场展示我就搭台唱戏，这是典型的促销攀比症。

第四，求同症。做促销的最初动因只是因为大家都在做，没有自己的促销计划与促销目标，更没有针对竞争品牌的促销战术，这是典型的促销求同症。

第五，求异症。促销形式必需求异求怪，誓要与众不同，大有促销不惊人死不罢休之势，这是典型的促销求异症。

第六，随意散弹症。想怎么促销就怎么促销，想什么时候促销就什么时候促销，毫无计划可言，东一下，西一下，没有计划性与系统性，只打"散弹"，这是典型的促销随意症。

由此可见，促销方式的陈旧、老套、过时，已不能适应当前消费者需求的变化，更不能打动消费者。我国的连锁企业促销方式必须进行创新，否则促销的效果将大打折扣。

 阅读链接 8-4　中美连锁店创新促销方式的做法比较

随着零售业竞争的加剧，越来越多的中美两国连锁店开始尝试创新的促销方式。特别是顾客的需求与心理变得非常微妙的时代，零售连锁企业要想在激烈竞争者生存与发展就必须在促销方式上紧紧围绕顾客的需求做文章，这样才能提高顾客满意度和忠诚度，保持企业的可持续发展。

一、美国连锁店的创新促销做法

（一）美国梅西百货的感恩节大巡游

梅西百货是美国的主流百货公司，随着市场竞争的发展，相继推出了"给消费者赠品法""消费者竞赛有奖法""赠品积分法"等推销办法，都有力地促进了各种商品的销售。随着时代的发展，梅西百货意识到促销方式的创新都有可能被模仿，于是独创了一种无法模仿的促销方式，就是每年在感恩节的时候举行大巡游。感恩节巡游列队多达一万人之众，花车、名人、即席演奏的乐队及舞蹈团、小丑等，还有著名卡通造型的巨型氦气球，这已成为大巡游的标记，是小孩子最为兴奋的时刻。梅西感恩节巡游一般能够吸引百货现场观众，5000万人左右收看电视直播，极大提高了梅西百货的知名度，同时也能促进商品的销售。

(二) 自动降价的促销方式独具一格

在美国波士顿城市的中心区，有一个"爱德华•法林自动降价商店"，以独特的定价方法和经营方式而闻名遐迩。在商品开始陈列的头12天里按标价出售，若这件商品未能卖出，则从第13天起自动降价25%，再过6天仍未卖出，即主动降价75%。再过最后6天，如果仍无人问津，这件商品就送到慈善机构处理。采用自动降价推销商品，在于抓住消费者购物的求廉心理。自动降价不但可以满足顾客的不同要求，而且对于处理滞销商品和过时商品有很大的作用，也有助于大商店内部货物的流通。"爱德华•法林自动降价商店"利用自动降价法招揽顾客的推销方法取得了极大的成功，受到美国人及外国旅游者的欢迎。

(三) 彭尼百货利用老鼠奇思妙想

彭尼是美国一家零售商店的老板，由于各种原因，以至仓库里堆满了积压的货品，成了老鼠栖身的场所。他找来一块胶合板，在上面凿了50个洞，洞边分别编上10%、20%、30%、40%的号码。彭尼对围观的顾客说：他把瓶子里的老鼠放出来，老鼠钻进哪个洞，便按洞边标明的折扣出售商品。围观的顾客纷纷要求购货，彭尼便一次次放出老鼠。这些老鼠钻进去的洞都是标明降价10%或20%的洞，那些标着30%或40%的洞老鼠根本不进。时间不久，彭尼的库存货物便销售一空。原来，彭尼在灭鼠劳动中，发现了一个规律，就是老鼠喜欢群居，不喜欢独居。彭尼利用这种并非人所共知的老鼠特性，在需要它们钻进的洞里涂上一些老鼠的粪便，于是老鼠就自然而然地往里钻了。

二、中国连锁店的创新促销方式

(一) "秒杀"当道

"秒杀"一词是从淘宝开始的，见识过淘宝秒杀的朋友自是深有体会，只是页面刷新一下的功夫，才刚上架的物品就已被抢购一空。于是"秒杀"也被其他商家移植了过来，只是赚人气还是赚钱，就各有不同了。在网络红火的限时购物"秒杀"促销，蔓延到实体零售店，武汉一商场精选1000件超值精品，包括服装、箱包、鞋品、数码等，最低优惠达到3折。一周连续五天，每晚7点起"下杀"，先到先得，过时不候。无独有偶，济南商场圣诞促销效仿网购，首开现实版秒杀。

(二) 提供温馨贴心的服务促进销售

生活条件越来越好，但工作日渐忙碌，于是都市人购物不仅仅是为买东西，更多的时候是一种压力宣泄的方式，购物环境越来越被重视，贴心的服务有时比低价更具有吸引力。2009年4月底，杭州大厦推出宝宝"临时托管"的服务，开张一个月就接待了两三百个宝宝。但是，孩子的安全问题是商场最担心的，所以推行"临时托管"服务对商场的要求比较高，不过这项服务却有着更多潜力可挖。比如，把临时托管变成固定托管，发展更多的早教特殊课程，把商场里临时客户变成固定客人，也不失为一种办法。

（三）"礼品顾问"现身高端连锁店

一种名为"礼品顾问"的行当开始在一些高端连锁店出现，不仅可以帮助客户量身定做需要的礼品，还可以帮客户把礼物在合适的时间送给合适的人。专业的礼品顾问可以根据顾客对朋友、商务伙伴等不同对象的赠礼需求，为其设计礼品方案，并提供赠礼提醒、礼品组合、礼品代购、现场导购、个性化赠礼等服务。

（四）出租"帅哥情人"陪购

广州某商场在情人节准备美男，推出"出租情人"的陪购活动。只要是会员，其会员卡上的现金购物已累计达到一定金额，即可参加"情人出租"活动。该商场根据单身女性理想的情人标准，准备了"阳光男孩，酷哥型男，优雅绅士，时尚男生"这四种类型男士供参与的顾客免费挑选。但事实上，此"情人"非彼"情人"，而是一名专业导购员。他们只是在一个半小时内陪同顾客购物之余，教顾客色彩搭配，帮顾客打包而已。

（五）"拼"微博

2011年夏季的温州连锁业带来一股新鲜的"微博"促销风。温州市区商场已将微博营销作为网络推广的重要组成部分。以温州银泰为例，银泰温州世贸店的微博已包含新品上市、促销宣传、活动报名、花絮报道、转发有礼、猜猜看、下午茶时间、节日系列、今夏热卖、现场直播等板块。开太百货针对"微博粉丝节"推出了丰富的小礼品来吸引消费者，除了每天常规的转发微博送礼品外，还推出"转发微博就可6折购买储值卡"活动。时代广场则推出晒拖鞋照、晒旧照片等，与读者开展互动。之所以通过微博来加大促销力度，其原因是百货公司官网浏览量少，笼络不了人气，而高关注度的微博弥补了官网的不足。

资料来源：王健、丘唯丽. 中国百货业创新促销方式的思考. 牡丹江大学学报，2012年第2期。

二、我国连锁企业创新促销方式的建议

1. 独特性——创新的促销方式要形成独特的竞争优势

在竞争日益激烈的连锁业，促销方式的新颖性能形成短暂的竞争优势，但这种促销方式很快就能被竞争对手模仿和超越。因此，连锁店如果想在促销方式上保持竞争力的先决条件就是竞争对手短期内无法做到。像彭尼百货利用老鼠钻洞的促销方式就是其他竞争对手短期内做不到的，而像"托管宝宝"的促销方式也要求连锁店的员工具备较强的宝宝护理能力。因此，促销方式既要考虑到独特性，还要考虑到竞争对手无法在短时间内做到，

这样就能形成自己的竞争优势。

2. 固定性——创新的促销方式要形成固定的传统

美国梅西百货每年一次的感恩节大游行，不仅成为该公司的一项固定的传统活动，也成为整个美国的一个活动，而且每年举行一次，投入巨大，但得到的收获却是不仅维持了大量的老顾客，还吸引了大量的新顾客，这是非常值得借鉴的。目前，国内连锁店能有如此轰动性的创新促销方式的还没有，但是我们可以从中学习和借鉴。例如，广州的天河城百货每年"六一"儿童节期间都会举行 6.1 折的儿童商品促销活动，王府井百货每年在三八妇女节期间都会举行 3.8 折的促销活动，这也形成了固定传统，受到了消费者的追捧。

3. 时代性——创新的促销方式需要结合时代特点

梅西百货的感恩节大游行之所以能吸引无数美国人的目光，原因就是其具有强烈的时代感。每年的感恩节大游行中除了数以百万计的民众，还有众多当红明星和卡通明星。特别是卡通明星方面，2010 年的大游行中除了有七八层楼高的充气卡通明星气球史努比、蓝精灵、蜘蛛侠、怪物史莱克及小飞象等外，还有两个全新的气球加入游行：功夫熊猫和小屁孩日记。因此，大游行经久不衰的原因就是时代性的烙印非常明显，中国的连锁店也应当意识到这一点。例如，"微信"已经成为年轻人生活中不可缺少的一部分，而连锁店的"微信营销"让这些爱购物的年轻人更加欲罢不能，这种促销方式的时代性完全表露无遗。"秒杀"这种促销方式不仅在网络购物上有效，对于实体连锁店的促销同样有效。

4. 潜在性——创新的促销方式要分析顾客的真正需求

创新的促销方式不只是方式上的新颖带给顾客的新鲜和好奇感，更重要的是要满足顾客某种真正的、潜在的需求。因此，连锁店在考虑顾客的需要时，不仅仅发现顾客现有的需要，更要满足顾客潜在的需求。自动降价商店的新鲜促销方式不仅让顾客好奇，更多的是对顾客潜在心理需求的一种发现，让顾客有一种患得患失的潜在需要。"临时托管"宝宝的促销方式和"帅哥情人"的陪购更能反映女人内心的多面性。因此，如果商家能发现顾客的潜在需求，无疑更能抓住顾客的心。

◇ **案例精讲**　　　屈臣氏层出不穷的促销招数引见

★ 招数 1：超值换购

在每一期的促销活动中，屈臣氏都会推出三个以上的超值商品，在顾客一次性购物满 50 元，可以加多 10 元即可任意选择其中一件商品。这些超值商品通常会选择屈臣氏的自有品牌，所以能在实现低价位的同时又可以保证利润。

★ 招数 2：独家优惠

这是屈臣氏经常使用的一种促销手段，他们在寻找促销商品时经常避开其他商家，别开花样，给顾客更多的新鲜感，也可以提高顾客忠诚度。

★ 招数 3：买就送

买一送一、买二送一、买四送二、买大送小，送商品、送赠品、送礼品、送购物券、送抽奖券，促销方式非常灵活多变。

★ 招数 4：加量不加价

这一招主要是针对屈臣氏的自有品牌产品，经常会推出加量不加价的包装，用鲜明的标签和标识，以加量 33%或 50%为主，面膜、橄榄油、护手霜、洗发水、润发素、化妆棉等是经常使用的，对消费者非常有吸引力。

★ 招数 5：优惠券

屈臣氏经常会在促销宣传手册或报纸海报上出现剪角优惠券。在购买指定产品时，可以给予一定金额的购买优惠，节省五元到几十元都有。

★ 招数 6：套装优惠

屈臣氏经常会向生产厂家定制专供的套装商品，以较优惠的价格向顾客销售，如资生堂、曼秀雷敦、旁氏、玉兰油等都会做一些带赠品的套装，屈臣氏自有品牌也经常会推出套装优惠。例如，买屈臣氏骨胶原修护精华液一盒 69.9 元，送 49.9 元的眼部保湿啫喱一支，促销力度很大。

★ 招数 7：震撼低价

屈臣氏经常推出系列震撼低价商品，这些商品以非常优惠的价格销售，并且规定每个门店必须陈列在门店最前面、最显眼的位置，以吸引顾客。

★ 招数 8：剪角优惠券

在指定促销期内，一次性购物满 60 元(或 100 元)，剪下促销宣传海报的剪角可以抵 6元(或 10 元)使用，相当于额外再获得九折优惠。

★ 招数 9：购某个系列产品满 88 元送赠品

例如，购护肤产品满 88 元，或购屈臣氏品牌产品满 88 元，或购食品满 88 元，送屈臣氏手拎袋或纸手帕等活动。

★ 招数 10：购物两件，额外 9 折优惠

购指定的同一商品两件，额外享受 9 折优惠。例如，买营养水一支要 60 元，买两支的话，就一共收 108 元。

★ 招数 11：赠送礼品

屈臣氏经常也会举行一些赠送礼品的促销活动。一种是供应商本身提供的礼品促销活

动，另一种是屈臣氏自己举行的促销活动，如赠送自有品牌试用装，或购买某系列产品送礼品装，或当天前 30 名顾客赠送礼品一份。

★ 招数 12：VIP 会员卡

屈臣氏在 2006 年 9 月开始推出自己的会员卡，顾客只需去屈臣氏门店填写申请表格，就可立即办理屈臣氏贵宾卡，办卡时仅收取工本费一元，屈臣氏会每两周推出数十件贵宾独享折扣商品，低至额外 8 折，每次消费有积分。

★ 招数 13：感谢日

最近，屈臣氏举行为期三天的感谢日小型主题促销活动，推出系列重磅特价商品，单价商品低价幅度在 10 元以上。

★ 招数 14：销售比赛

"销售比赛"也是屈臣氏一项非常成功的促销活动，每期指定一些比赛商品，分各级别门店(屈臣氏的门店根据面积和地点等因素，分为 A、B、C 三个级别)之间进行推销比赛，销售排名在前三名的门店都将获得奖励，每次参加销售比赛的指定商品的销售业绩都会以奇迹般的速度增长，供货厂家非常乐意参与这样有助于销售的活动。

资料来源：魏小英. 连锁企业门店营运管理. 北京理工大学出版社，2013 年。

案例精析：

能让都市时尚白领一族以逛屈臣氏商店为乐趣，并在购物后仍然津津乐道，有种"淘宝"后莫名喜悦的感觉，这可谓达到了商家经营的最高境界。经常可以听到"最近比较忙，好久没有去逛屈臣氏了，不知最近又出了什么新玩意……"逛屈臣氏淘宝，竟然在不知不觉中成了时尚消费者一族的必修课。作为城市高收入代表的白领丽人，她们并不吝惜花钱，物质需求向精神享受的过渡，使她们往往陶醉于某种获得小利后成功的喜悦，祈望精神上获得满足。屈臣氏正是捕捉了这个微妙的心理细节，成功地策划了一次又一次的促销活动。屈臣氏成功的秘诀便是其层出不穷的门店促销招数。

◆ 本 章 小 结

连锁企业门店的各种类型的促销活动，能够向顾客传递商品服务信息，引起顾客的购买和增加门店的销售利润。因此，店长要了解各种门店促销的方式和技巧，通过促销赢得顾客的信任，激发需求，促进购买和消费。

主要知识点：

促销方式　捆绑销售　有奖销售　主题促销　POP 广告

◆ 基 础 训 练

一、选择题

1. 以下促销方式中，能够促进连锁门店的销售的有(　　)。

A. 降价 　　　　　　　　　　　　　　B. 搭赠

C. 抽奖 　　　　　　　　　　　　　　D. 店内音乐

2. 外置 POP 广告常见的形式有(　　)。

A. 招牌 　　　　　　　　　　　　　　B. 旗帜

C. 布帘 　　　　　　　　　　　　　　D. 厂商海报

3. 适合使用特价促销推广的产品，通常符合(　　)条件。

A. 购买的几率相对较高 　　　　　　　B. 购买的人群相对较大

C. 价格很容易做对比 　　　　　　　　D. 贵重的商品

二、判断题

1. 一年中 1/3 的节假日时间可以为门店创造约 1/2 的销售额。(　　)

2. 娱乐活动促销除了增加销量，更能成为公众关注的热点，打造话题可取得良好的宣传效果。(　　)

3. 连锁企业采用会员制，能够提高顾客的忠诚度，因此不论何种业态的门店都要推广会员卡。(　　)

三、简答题

1. 什么是捆绑销售？实施捆绑促销有哪些注意事项？

2. 简述 POP 广告对门店促销的意义与作用。

3. 为什么门店促销方式必须不断创新？促销方式创新有哪些注意事项？

◆ 实 训 项 目

(一) 实训任务

以小组为单位，分组走访几家大型连锁企业节假日期间的促销活动，分析不同的连锁超市都采取了哪些不同的促销方式，评价各种促销方式有何种效果或对促销中不足之处提出改进意见。

(二) 实训要求

　　小组需对连锁企业的促销活动进行现场拍照并制作 PPT 进行课堂发言。发言内容包括促销方式调查结果、促销效果评价、改进建议，以及对本次实训的总结和心得，如实训中获得了何种技能、今后开展本实训应注意的事项等。成绩可按照优、良、中、及格、不及格五级积分，不及格的学生必须在老师的指导下完成本次实训，直至及格为止。

项目九
门店促销活动的组织与实施管理

◆ **学习目标**

　　掌握连锁企业门店常见的促销方式，能够对连锁企业门店常见的 POP 广告进行基本的选择运用，初步掌握连锁企业门店促销活动的实施与效果评估过程。

◆ **引入案例**

2014 柳州消费购物节年末大促销活动启动

　　2014 年 11 月 14 日上午，全区年末大促销活动启动仪式暨中国·柳州消费购物节开幕式在柳州举行，全自治区 14 个城市 50 多场大型年末促销活动的序幕由此拉开。

　　11、12 两个月是一年的消费旺季，自治区商务厅从 11 月开始在全区组织开展年末大促销活动。这次活动涉及全区 14 个城市 28 个市、区、县，参与的企业辐射各地大型百货、餐饮等，促销产品涵盖日用百货、黄金珠宝、汽车、地区特色产品等消费热点，开展"有奖竞猜、购物达人评选"等系列线上、线下互动，将为消费者带来全新的消费体验和力度。

　　商家代表、东风柳汽有限公司副总经理禤理表示："在节庆期间，柳州风行各 4S 店将拿出最优惠的价格和促销政策回馈消费者。"此外，本次全区年末大促销活动还将开展广西特产推广月活动，集中展销广西最具特色和市场口碑的特产。针对近年来年货市场存在商品质量良莠不齐、食品安全保障难、产品过滥等不良现象，广西壮族自治区商务厅将精选高质量和市场销售有实在业绩、消费者口碑好，并符合年货市场属性的品牌产品进行展销，提升年货市场的品质和档次。自治区商务厅副厅长熊家军说："希望参与本次年末大促销活动的商贸流通企业精心组织策划，创新促销方式，为广大消费者奉上丰盛的消费盛宴。"

　　资料来源：北部湾在线·新媒体 www.BBRTV.COM 网络广播电视。

　　http://www.bbrtv.com/2014/1114/175517.html

　　门店促销，在一定时期内可扩大企业的营业额，稳定既有顾客，并吸引新顾客，对提升企业形象，提高连锁企业知名度有重要意义。据统计，上海连锁企业中有 50%～70%的销售额是由促销活动产生的。因此，促销一方面将企业的商品性能、特点与作用传递给消费者，引起其注意，激发其购买欲望；另一方面可以及时了解消费者对商品的看法和意见，迅速解决经营中的问题，从而密切连锁经营各分店和消费者的关系。

任务一　促销活动的组织

一、促销组合的选择

促销组合是指企业根据促销的需要，对广告宣传(advertising)、销售促进(sales promotion)、公共关系(public relations)与人员推销(personal selling)等各种促销方式进行的适当选择和配合。四种基本促销方式组合成一个策略系统，使企业的全部促销活动互相配合、协调一致，最大限度地发挥整体效果，从而顺利实现企业目标。企业的促销策略，就是对各种促销方式的选择、组合的运用。一般情况下，连锁企业可以通过以下几个角度来分析和选择促销组合的基本战略。

1. 拉引策略和推动策略

拉引策略，就是连锁企业通过广告、营业推广、公共关系等非人员推销的方式，直接面向最终消费者展开强大促销攻势，把新的商品或服务介绍给最终市场的消费者，使之产生强烈的购买欲望，并形成急切的市场需求，然后"拉引"中间商纷纷要求经销这种商品，拉引策略的促销顺序如图 9-1 所示。

推动策略则是连锁企业以人员推销为主要手段，将新的商品或服务推向消费者。其运作程序如图 9-2 所示。

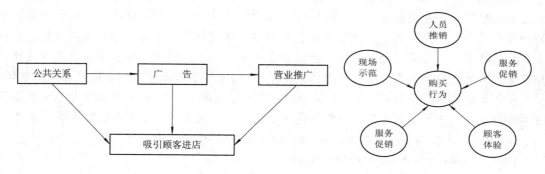

图 9-1　连锁企业促销活动拉引策略　　图 9-2　连锁企业促销活动的推动策略

2. 商品性质

促销效果在不同性质的商品上是不同的。例如，在消费品市场和工业品市场上，一般来说，消费品因为销售面广，应该多利用非人员促销，多采取广告形式；而工业品应该充分利用人员促销和加强服务工作等手段。至于营业推广和公共关系，对于消费品和工业品则起辅助作用。

如果将价格因素加入到商品中去，促销因素的效果和选择还可以进一步细分。一般来讲，低价消费品使用广告多，人员推销少；高价消费品使用广告多，人员推销也多。低价工业品使用广告中等，人员推销多；高价工业品使用广告少，人员推销多。

3. 商品所处寿命周期阶段

商品处于不同的寿命周期阶段，连锁企业应该采用不同的促销策略。一般来讲，在投入期应该多做广告和其他宣传工作，以及采取现场表演、样品、奖券等营业推广工作，诱导中间商进货和消费者试用；成长期的重点是宣传产品牌号，充分调动推销人员和中间商的积极性，以迅速扩大商品的销路；成熟期以广告为主，注重于竞销，利用公共关系，突出企业声誉，力创名牌；而衰退期则应以营业推广为主，结合提示性广告和减价等，维持尽可能多的销售量，还可以采用一些特殊促销措施，如附带赠品，推销奖励等。

4. 购买者准备阶段

在不同的购买者准备阶段，促销因素也有不同的成本收益。在知晓阶段广告与公共关系扮演了最重要的角色，此时由销售代表从事推销或利用营业推广时，效果都会比较差；在消费者了解阶段，主要影响效果来自广告与人员推销；在消费者信服阶段，则主要受人员推销与营业推广的影响；在后续再定购阶段，也依赖于人员推销与营业推广，以及某些程度的提醒性广告。很显然，在购买者决策的过程的早期阶段，广告与公共关系最具成本效益，而人员推销与营业推广则在后面的几个阶段中会具有成本收益。

5. 市场性质

对不同的市场应该采用不同的市场策略。如在地理位置上比较集中、交易额大或消费者比较集中的市场上，应该以人员推销为主；反之，顾客分散、购买次数少、地理位置广泛的市场，应该以广告为主，当然可以辅之以向大型用户和重要中间商的人员促销。

6. 促销费用

促销预算费用就是用于促销活动的费用开支。由于不同的销售方式所需的费用不同，应该力求以尽可能少的促销费用达到预期的促销效果。

二、连锁企业人员推销

所谓人员促销就是指在达成销售的过程中，用谈话方式与一位或多位预期顾客进行口头沟通，以达到推销商品，促进和扩大销售目的，是销售人员帮助和说服购买者购买某种商品或劳务的过程，是实现门店销售目标的一种直接的促销方式。这种促销方式最大的特点是具有直接性，销售员与顾客能进行双向沟通，很容易满足消费者的欲望，其促销效果与促销人员的推销技巧密切相关。

三、广告促销

广告促销是指门店运用卖场广告的强烈视觉效果来直觉刺激消费者的购买欲望，从而达到增长销售量的目的。由于连锁超级市场已经成为我国零售业的主流，故卖场的广告已经成为各个连锁企业门店开展竞争的一个重要手段。

1. POP 广告促销作业

POP 广告起源于美国的超级市场和自助商店的店头广告。20 世纪 30 年代后期，POP 广告在超级市场、连锁店等自助商店频繁出现，并逐渐为商界所重视，并在 20 世纪 60 年代以后随着美国超级市场这种自助式销售方式的扩展，逐渐传播到世界各地。POP 广告在我国古代也能寻到踪影。在我国古代，酒店外面挂的酒葫芦、酒字旗，饭店外面挂的幌子，客栈外面悬挂的旗帜，药店门口挂的膏药、画的仁丹，以及商家逢年过节和遇有喜庆之事时张灯结彩等，从一定意义上来说都可以称为 POP 广告的鼻祖。

POP 广告的概念有广义的和狭义的两种。广义的 POP 广告概念，指在商业空间、购买场所，零售商店的周围、内部，店外悬挂的充气广告、条幅，商店内部的装饰、柜台、货架、陈设、招贴广告、服务提示，店内发放的广告刊物，进行的广告表演，以及广播、录像、电子广告牌等。狭义的 POP 广告概念，仅指在购买场所和零售店内部设置的展销专柜，以及在商品周围悬挂、摆放于陈列的可以促销的商品销售的广告媒体。

关于 POP 广告促销，我们已在项目 8 任务二中做过相关介绍，因此不再赘述。

2. DM 广告促销作业

"DM"来源于英文"direct mail advertising"可译为"直接邮件""广告信函""直接邮寄函件"等，意思是商品快讯广告，通过邮寄、赠送等形式，将宣传品送到消费者手中、家里或公司所在地，通常由 8 开或 16 开广告纸正反面彩色印刷而成，是直投性广告。DM 形式有广义和狭义之分，广义上包括广告单页，如大家熟悉的街头巷尾、商场超市散布的传单，肯德基、麦当劳的优惠券也在其中；狭义的仅指装订成册的集纳型广告宣传画册，页数在 20～200 页不等。DM 广告上所列的商品是以主题、节庆、季节、温度、流行度、重大活动等因素所设定的。

(1) DM 广告对门店促销的作用：

① 提升门店形象，扩大知名度。

② 在一定时期内刺激消费者的计划性购买和冲动性购买，增加营业额。

③ 介绍新产品、时令商品或门店重点推广的商品，以稳定消费群并吸引增加新消费，提高客流量。

(2) DM 广告促销的主题：

① 新产品的介绍。

② 门店所推销商品的介绍。

③ 折价收购旧商品，开业或新装修后的纪念性销售。

④ 庆祝入学、毕业、就职的销售。

⑤ 利用每个月的特色进行宣传。

⑥ 廉价大拍卖及中秋、新年、圣诞或其他节庆大拍卖。

(3) DM 广告促销特点：

① 有针对性地选择目标对象，有的放矢，减少浪费。

② 一对一的直接发送，减少传递过程中的信息失真，是广告效果达到最大化。

③ 不会引起同类产品的直接竞争，有利于小、中型企业避开大企业的正面交锋。

④ 可以自主选择广告时间和区域，灵活性大，更加适应善变的市场。

⑤ 不为篇幅所累，广告主可以尽情赞誉商品，让消费者全方位地了解产品。

⑥ 内容自由、形式不拘，有利于第一时间抓住消费者的眼球。

⑦ 信息反馈及时、直接，有利于买卖双方的双向沟通。

⑧ 广告效果客观可测，广告主观可根据效果重新调配广告费和调整广告计划。

(4) DM 广告形式：

① 单张海报，一般经过精心设计和印刷，用来宣传企业形象商品。

② 样品目录，在样品目录上，门店可将所经营的各类商品的样品、照片、商标和内容进行详细介绍。

③ 优惠券，是门店在开展便利促销活动时，为吸引消费者参加而向他们赠送的享受优惠条件和便利措施的凭证。

(5) DM 广告的递送方式：

① 邮寄，按会员地址邮寄给一段时间内有消费记录的会员。

② 报刊夹页，与报社、杂志或当地邮局合作，将企业广告作为报刊的夹页随报刊投递到读者手中。

③ 上门投递，组织专门的员工将 DM 广告投送至目标消费者家中。

④ 街头派发，组织人员在车站、十字路口、农贸市场等人员聚集地进行散发。

⑤ 店内派发，在活动现场，由客服部组织员工在门店内派发。

如图 9-3 所示为某商场宣传 DM 广告。

图 9-3　某商场宣传 DM 广告

 阅读链接 9-1　江苏好买得超市的 DM 价格促销

江苏好买得超市以会员为对象，以月为单位展开 DM 商品宣传，并把每一期的 DM 的商品录入计算机，在每次活动结束后从计算机中跟踪分析 DM 商品的销售、毛利同比，销售、毛利份额比，会员购买比例、折让比例与销售上升的比例等指标，以此来分析顾客的潜在需求和顾客对价格的敏感度，检查 DM 商品的组合策略、定价策略，进而为调整 DM 商品组合，制定促销计划价格提供决策数据。超市对 DM 商品的制定、调整与销售，已带来了回报：公司会员消费比例由原来的 15% 上升至 50%，DM 商品的销售占总销售的份额由原来的 4% 上升至现在的 9% 左右，会员价商品的比重由原来的 12% 增加到 72%，总销售额也日日攀升。

四、连锁企业营业推广

门店的各类促销活动，其实大部分都大同小异。如果从促销形式来划分类别，可以分为营业推广(特种促销)、人员促销和广告促销。

1. 店头促销

店头是卖场形象的指示器，主要指连锁企业门店卖场中的堆头和端头。堆头是指在展示区、过道和其他区域放置落地陈列的商品。堆头多做"比萨斜体式"落地陈列，即随地陈列，不受体积大小限制，可以扩大品牌陈列面与消费者接触面，但需要认真规划，否则有碍观瞻。前面已讲过，端头是指卖场中央陈列货架的两端，端头与消费者接触率高，容易促使消费者产生购买行为。

店头促销是门店的一种形象促销活动，主要有三种形式：特别展示区、端头陈列和堆头陈列。这三个区域都是消费者反复通过的、视觉最直接接触的地方，而且陈列在这里的商品通常属于促销产品、特别推荐产品、特价商品和陈列品(图9-4和图9-5)。

图9-4　堆头陈列　　　　　　　　　　图9-5　端头陈列

店头促销的关键是特别展示区、堆头和端头的商品陈列。消费者的购物习惯，是一种长期积累的、恒定的习惯。因此，店头的布置就必须迎合消费者的购物习惯，在商品的层次、视觉和听觉等方面都给消费者提供足够的信息。

消费者购物时会受到认识、记忆、使用经验及试用效果等多因素的影响。所以，店头信息对非计划型购物的消费者，将起到很大的作用。另一方面，从店头促销活动中收集到的信息和资料可以帮助连锁企业总部制订采购计划，选择供应商，确保企业的竞争优势。在卖场的入口处设置特别展示区，加强端头和堆头商品的组织，充分发挥这三者的促销作用，改变商品的陈列方式，增加销售势头好的商品数量，都可以强化和提高顾客的满意度。

2. 现场促销

现场促销活动是指门店在一定期间内针对多数预期顾客，以扩大销售为目的所进行的促销活动。

(1) 现场促销的优势：

① 能够直接扩大销售额。

② 大力推动促销商品的销售及商品品牌的潜意识渗透。

③ 有利于门店与消费者之间的情感沟通。

④ 形成"一点带动一线，一线带动一面"的联动局面。

(2) 现场促销的特点：

① 以连锁企业门店为主体。现场促销的商品多数是供应商的产品，在这种情况下可以由供应商提出建议，并参与现场促销企划，协助促销活动的进行，但是现场促销活动的主体仍是门店。

② 以实际销售为目的。在某种程度上现场促销活动也是一种"即卖会"，其目的在于促使消费者购买。现场促销并非像表演那样讲究"秀"的效果，而是以促成销售额的多寡显示其效果。

③ 以多数预期顾客为主要对象。现场促销活动的对象，虽因商品不同而异，但必须以多数顾客为对象。所谓预期顾客是指有购买愿望或购买可能性较强的消费者，至于对促销商品持否定、厌烦态度的顾客，不是现场促销的主要对象。

(3) 现场促销的方式。

① 限时折扣，即门店在特定营业时段内，提供优惠商品，刺激消费者购买的促销活动。它以价格为着眼点，利用消费者求实惠的心理，刺激其在特定时段内采购优惠商品。

在进行限时折扣时要注意：应以宣传单预告，或在门店销售高峰时段以广播方式告知，刺激消费者购买限时特定优惠的商品；通常选定的优惠商品，在价格上必须与原定价格有三成以上的价格差，才会对消费者产生足够的吸引力，达到使顾客踊跃购买的效果。

限时折扣一方面可增强人气、活跃气氛，调动顾客购买欲望，同时可促使一些临近保质期的商品在到期前全部销售完。当然，必须要留给顾客一段使用的期限。

限时折扣，可分定时和非定时两种：

• 定时限时折扣，是指门店在固定时间内实行限时折扣。如果有些门店在每晚关门前的一小时内将当天未售完的面包、蔬菜等商品按原价打折销售，如限定下午 4～6 时某种生鲜食品 5 折优惠。

• 非定时限时折扣，则是随机抽取一个时段，对个别或部分商品进行折扣销售，如限定上午 8～10 时某些日用品 7 折优惠等。

② 面对面销售，即门店店员直接与顾客面对面进行促销和销售活动。例如，鲜鱼、肉制熟食、散装水果、蔬菜等都可以采用此方式进行销售，目的是满足顾客对某些特定商品适量购买的需求，同时也可以适时地为消费者提供使用说明，促进商品的销售。其具体做法如下：规划适当位置作为面对面的销售区，通常规划于生鲜部门区或在其附近，以强调其关联性；选择具有专业知识及销售经验的人员来担任面对面销售的工作，以此来提升营业额；强调商品鲜度及人员亲切的服务，并让顾客自由选择商品的品种及数量，以便产生更好的效果。

③ 赠品促销，即消费者免费或付较少代价即可获得特定物品的促销活动。例如，只要顾客在门店购买商品，就可以免费获得气球、面纸等。此类活动的做法如下：通常配合大型促销活动，如门店开幕或周年庆，或特定节庆，如儿童节、妇女节、情人节、中秋节、重阳节等有特殊意义的日子，或者在供应商推广新品时实施赠品促销。

从赠品的选择关系到促销活动的成败，虽然其金额不高，但是必须具备实用性、适量性和吸引性，才能吸引顾客来店。一般常用的赠品有免费赠品，如气球、面巾纸、盘子、开罐器、玻璃杯、儿童食品等；购买才送的赠品，如洗发香波、沙拉酱、玩具、高级瓷盘等。

④ 免费试用，即现场提供免费样品供消费者试用的促销活动，如免费吃水饺、香肠、薯条、方便面、饼干、饮料等。对于以供应食品为主。以家庭主妇为主要客流的超级市场，此类促销活动是提高特定商品销售量的好方法。因为通过实际试用和专业人员的介绍，会增加消费者购买的信心和日后持续购买的意愿。具体做法如下：安排合适商品试用的地点，要做到既可提高试用效果，又可避免影响顾客对卖场内其他商品的购买；选择试用的商品品种及其供应商，通常供应商均有意配合推广产品，故应事先安排各供应商确定免费试用促销的时间、做法及商品品种；举行试用活动的供应商必须配合超级市场规定的营业时间，进行免费试用活动，并安排适当的人员及相应的器具，或委托超市公司来服务顾客。

3. 展示促销

展示促销一般是指门店在新品上市、店庆、节假日期间，在户外(门店外)利用产品展示、道具、有奖问答、游戏、演出等手段，向目标受众传达产品利益点或促销信息的促销行为。平时节假日在商场门口见到的户外演示活动即属于此类。

展示促销的突出优点是能快速、高效地传达信息并产生销售，促使消费者更好地接受新产品，节省促销的费用开支，故此种手段越来越被普遍应用。但是由于展示促销一般选在户外或者客流量较大的地方，故策划展示促销时应设计周详的计划，充分考虑当时的天气、政府干预、突发事件、场地布置、物料设计及人员分工等因素，强调高效率。精心选择展示商品，设置合适的并且认真地挑选展示人员。

如图 9-6 所示为蒙牛特仑苏展示促销活动。

图 9-6　蒙牛特仑苏展示促销活动

4. 有奖促销

有奖促销是指门店根据自身的现状、经营商品的种类、商品的特征及消费者的需求，通过给予一定比例的奖励，刺激和诱导消费者参与购买商品的活动，这是一种非常灵活的促销方式。有奖销售在生活中无处不在，不仅可以激发消费者的购买欲望、增加销量，而且可以给消费者的生活增加不少乐趣。其形式大致可分为以下四类：

(1) 附送赠品。将其他商品以赠品的形式送给购买某产品达到一定数量或金额的消费者，如购买 1.5 升饮料赠送 600 毫升饮料等、购买大件家电赠送小家电等。

(2) 加价获赠。在支付了购买产品的费用之外，消费者还需要支付一定的费用才能获得赠品。这种方法不仅可以帮助企业解决赠品成本过高的问题，而且能够增加消费者选择赠品的余地，使促销活动对消费者更具吸引力。

(3) 集点换物。消费者可以依据产品的购买凭证换取相应的奖励，作为积分的凭证。购买凭证通常是企业产品的外包装或包装上的某一特殊标志，如瓶盖、商标贴、包装内的小卡片等，也可以是厂家发放的积分卡或积分记录。厂家以实物作为奖励，让消费者很难清楚地计算出奖品的实际价值，对消费者而言更是一种额外奖励，能很好地满足他们的心理需要。

(4) 抽奖。消费者在购买某种产品或者累计购买产品达到一定数额时，可以参与门店事先安排的抽奖活动，最后从参与者中抽出幸运者并赠送奖品。抽奖不仅为消费者提供了获得意外收获的机会，还迎合了他们以小博大的心理。

5. 以旧换新促销

门店与厂家联合，对本店出售的某种商品以旧换新，新旧差价较大的可由顾客补交一定数量的价款。这种方式不仅刺激了消费，加速了商品的更新换代，而且提高了连锁企业和品牌的市场占有率，是促销的一种良策。但这种方法的应用有一定的局限性，只有那些与厂家关系密切的连锁企业方能使用。

6. 会员制促销

连锁企业在实际的经营过程中，为了能够争取长期稳定的顾客群，获得长期效益，多采用会员制促销。具体做法如下：由到某一超市门店购物或享受特定服务的人群组成一个俱乐部，其成员向俱乐部缴纳一定数额的会费，以后可以在该门店享受折扣购买一定数量的商品或享受一定级别的服务。连锁企业会员制一般有公司会员制、终身会员制、普通会员制和内部信用卡会员制四种类型。

(1) 公司会员制：消费者不以个人名义而以公司名义入会，会员制组织向入会公司收取一定数额的年费。这种会员卡适合入会公司内部雇员使用。在美国，日常支付普遍使用支票，很少使用现金支付，故时常出现透支现象，所以实际上公司会员制是入会公司对持卡购买人的一种信用担保。以公司会员制形式购物的消费者在购物时一般可享受 10%～20%的价格优惠和一些免费服务项目，而非会员消费者购物时不能以个人支票支付，只能用现金支付。

(2) 终身会员制：消费者一次性向会员制组织缴纳一定数额的会费，便成为终身会员，永远不需再续费，长期可享受一定的购物价格优惠和一些特殊的服务项目。

(3) 普通会员制：消费者无需缴纳会费或年费，只需在门店一次性购买足额商品便可申请会员卡，此后便可享受该店 5%～10%的价格优惠和一些免费服务项目。

(4) 内部信用卡会员制：适用于大型连锁超市或高档商店。消费者申请会员制组织的信用卡成为会员后，购物时只需出示信用卡便可享受分期支付货款或购物后 15～30 天内现金免息付款的优惠，还可以进一步享受店方一定的价款折扣。

7. 展览和联合展销式促销

连锁企业在促销之时邀请多家同类商品厂家，在所属分店内共同举办商品展销会，形成一定声势和规模，让消费者有更多的选择机会，也可以组织商品的展销，比如多种节日套餐销售等，在这种活动中通过各厂商之间相互竞争，促进商品的销售。

 阅读链接 9-2　越南永隆省举行 2015 年商品促销会暨春节美食节

名称：2015 年商品促销会暨春节美食节

时间：1 月 16～23 日

地点：越南永隆市长安旅游区

简介：本次活动吸引来自永隆省、九龙江三角洲各省及胡志明市等 150 家企业参展，共设 300 间展位，展示了纺织服装品、鞋类产品、室内装饰木制品、手工艺品、加工食品等商品。展会还设有推介法国圆叶蒲葵、中国台湾番石榴等优质树种的 50 多间展位，旨在帮助农民选好树种，提高水果质量，以促进越南农产品走出国门。

活动是各家企业向消费者推介产品的良机，是生产商与消费者互联互通的良好平台，并有助于协助参展企业签署合同和扩大销售渠道等。本次展会将于 1 月 23 日结束。另一方面，在春节美食节上各家餐厅已推介各种春节特色美味的菜肴，吸引了许多消费者的关注。

资料来源：http://www.caexpo.org/html/2015/news_dmzx_0120/207325.html。

五、公共关系促销

公共关系促销是利用公共关系，将企业的经营目标、经营理念、政策措施等传递给社会公众，使公众对企业有充分了解。对内协调各部门的关系，对外搞好企业与公众的关系，扩大企业的知名度、信誉度和美誉度。为企业营造一个和谐、亲善而友好的营销环境，从而间接地促进产品销售。

对于连锁门店来说，通过有创意的公关促销活动，或者以感情和理念元素向消费者传达促销信息，在促进销售的同时可以使门店形象获得美好、恰当的诠释，从而摆脱单纯的价格竞争，弱化商业功利角色，使门店成为大众关心的角色，吸引媒体对此的报道与消费者的参与，进而达到提升企业形象和促进销售的目的。

1. 公共关系促销方式

常用的公共关系促销方式有制作内部刊物、发布新闻、举办记者招待会、设计公众活动、门店庆典活动、制造新闻事件、散发宣传材料等。

(1) 制作内部刊物：这是企业内部公关的主要内容。企业的各种信息载体，是管理者和员工的舆论阵地，是沟通信息、凝聚人心的重要工具，如沃尔玛的《我们》就起到了这样的作用。

(2) 发布新闻：由公关人员将门店的重大活动、重要的政策及各种新奇、创新的思路编写成新闻稿，借助媒体或其他宣传手段传播出去，帮助门店树立形象。

(3) 举办记者招待会：邀请新闻记者，发布门店信息，通过记者传播门店重要的政策和产品信息，来引起公众的注意。

(4) 设计公众活动：通过各类捐助、赞助活动，努力展示门店关爱社会的责任感，以树立门店美好的形象。

(5) 门店庆典活动：营造热烈、祥和的气氛，显现门店蒸蒸日上的风貌，以树立公众对门店的信心和偏爱。

(6) 制造新闻事件：能起到轰动效应，常常引起社会公众的强烈反响。

(7) 散发宣传资料：公关部门要为门店设计精美的宣传册或资料等，在适当的时机向相关公众发放这些资料，可以增进公众对门店的认知和了解，从而扩大门店的影响。

2. 公共关系促销的设计

(1) 公关促销活动目的：制订公关促销方案，首先要明确公共关系活动的目标。公关活动的目标应与企业的整体目标相一致，并尽可能具体，同时要分清主次轻重。

(2) 公关促销活动对象：在本次的促销活动中确定公共关系的对象，即本次公关活动中所针对的目标公众。

(3) 公关促销活动项目：采用声明方式进行公关活动，如举行记者招待会，组织企业纪念活动和庆祝活动，参与社会公益活动等。

(4) 公关促销活动预算：在制订活动方案时还要考虑公共关系活动的费用预算，使其活动效果能够取得最大化。

任务二　促销活动的实施

在激烈的市场竞争大潮中，各大连锁超市推出的促销活动越来越频繁，手段方式也越来越多，而要实现促销活动的预期目标，提高销售利润，促销活动的组织与实施则显得尤为重要。一方面，加强促销活动的实践与管理，是促销活动取得良好效果的重要保证；另一方面，对促销活动的作业流程加强管理，有助于不断改进促销方式，以提高促销活动效果。

一、促销活动方案的实施

1. 拟定促销企划方案

首先，有连锁企业负责促销的职能部门根据计划要求分析研究最近商圈内竞争店动态、消费者收入水平及其购买力状况，拟定一定时期内企业促销活动的诉求重点及具体做法；其次，还需要获得相关部门的配合与支持，如召集营运部、商品管理部相关人员召开促销会议；对促销获得的主题、时间、商品品种及价格、媒体选择、供货厂商的配合及竞争店的促销活动等进行仔细分析，以保证促销活动的有效实施。

2. 准备促销商品

连锁企业的大多数促销活动都可以使商品销量大幅度增加，而连锁企业的业绩往往与厂商的配合与否有很大关系。因此，连锁企业在实施促销活动前，应取得厂家或供应商的积极配合，对促销商品的数量、质量、价格及供货期等进行协商、确定，以保证及时、充足的供货。

3. 做好促销宣传

连锁企业可以选择的媒体很多，但最常用的也是最重要的媒体是促销海报(宣传单)。因此，促销海报(宣传单)的设计与制作就显得尤为重要，连锁企业可以事先召集其他相关部门进行宣传策划，印制出别具一格的海报或宣传单，进行充分宣传，以提升促销效果。

4. 促销活动的实施

促销活动的目的除了希望在特定期间内提高客数、客单价及增加门店营业额之外，更重要的是让顾客日后能持续光顾。因此，各门店需要运用促销检核表来确保门店促销活动实施的质量，以便为顾客提供良好的服务并达到促销效果。

促销活动核检表是连锁企业总部或门店管理人员在不同促销期间，对卖场情况进行评估的依据，可以作为促销活动的实施情况来参考。某超市促销活动检核表如表 9-1 所示。

表 9-1　某超市促销活动检核表

类　别	检 核 项 目	是	否
促销前	促销宣传单、海报、红布条、POP 是否发放及准备妥当?		
	促销商品是否已经订货或进货?		
	卖场人员是否都知道促销活动即将实施?		
	促销商品是否已经通知电脑部门进行变价手续?		
促销中	促销商品是否齐全? 数量是否足够?		
	促销商品是否变价?		
	促销商品陈列表现是否吸引人?		
	促销商品是否张贴 POP?		
	促销商品品质是否良好?		
	卖场人员是否均了解促销时间和做法?		
	卖场气氛布置是否活泼?		
	服务台人员是否定时广播促销做法?		
促销后	过期海报、POP、红布条及宣传单等是否拆下?		
	商品是否恢复原价?		
	商品陈列是否调整恢复原状?		

在对促销活动进行检查时，应该高度重视对门店 POP 广告使用情况的检查，及时检查 POP 广告在门店中的使用情况，对发挥其广告效应能起到很大的作用。POP 广告的检查要点:

① POP 广告的高度是否恰当。

② 是否依据商品的陈列来决定 POP 广告的大小尺寸。

③ 有没有脏乱或过期的 POP 广告。

④ 广告中关于商品的内容是否介绍清楚(如品名、价格和期限)。

⑤ 顾客是否看得清楚、看得懂 POP 广告的字体，是否有错别字。

⑥ 是否由于 POP 广告过多而使通道视线不明。

⑦ POP 广告是否有因水湿而引起的卷边或破损。

⑧ 特价商品 POP 广告是否强调了原价的跌幅和销售时限。

二、促销作业流程

连锁企业对促销计划经决策部门确认以后，促销管理的重点便落在了促销作用规划上面。由于连锁企业每月配合节令、重大事件而实施的促销活动通常为 2～3 次，时间安排得相当紧凑。因此，各部门必须依照作用流程规划操作，以防止促销效果不理想。以连锁超市为例，连锁企业促销活动作业流程如下所述：

(1) 企划部促销组负责拟定促销计划。

(2) 采购部(或商品管理部)负责提供或确认促销活动中所需的供应商名单及供应商支持，同时组织促销活动中商品，并确保促销按时足量送达。

(3) 企划部美工负责促销活动中的宣传品、促销品设计及制作。

(4) 配送中心负责对促销商品优先收货、配货。

(5) 各门店店长负责促销活动在该店的具体实施。

(6) 电脑部负责对促销商品的变价。

(7) 人力资源部负责促销活动中供应商促销员的派驻及考核。

(8) 行政部库管(或开发部工程组)负责促销活动中道具及设备的供应。

(9) 营运部负责对促销活动中的商品价格及质量进行控制、监督和检查。

(10) 企划部策划部促销组负责对各店促销活动的实施情况进行监督、检查和控制。

(11) 营运部负责每期促销活动完成后的评估用资料的收集。

(12) 企划部负责企划促销活动的评估总结。

任务三 促销效果评估

一、促销活动效果评估

促销活动结束后要对促销成功进行分析，而不能在活动结束后就置之不理。连锁企业促销主管部门应该及时收集促销期间的营业数据，召集相关人员，就促销活动的实施效果与目标的差异精心分析，总结得失，作为下次促销活动策划、执行改进的参考，企业可以用多种方法来评估一次促销活动的效果。企业对促销活动的事后评估可以分为短期促销绩效评估和长期促销绩效评估两种。

1. 短期促销绩效评估

短期促销绩效评估是指企业在活动结束之后，衡量消费者对促销活动的即刻反应和态度，以及及时获取消费者的信息，并掌握商品促销的效果。一般情况下，企业所采用的典型评估方法是分析折价券的回收率、印花的回收兑现率、赠送品的偿付情况、竞赛和抽奖的参与人数等。比较促销前后销售业绩的变动是测定促销效果的最佳依据，在其他条件不变的情况下，销售的增加可以归因于促销活动。短期促销绩效评估主要评估以下几个方面：

(1) 评估促销主题的配合度。

- 评估促销的主题是否针对整个促销活动的内容。
- 促销内容、方式、口号是否富有新意、吸引人，是否简单明确。
- 促销主体是否抓住了顾客的需求和市场的卖点。

(2) 评估创意与目标销售额之间的差距。

- 创意是否过于沉闷、正统、陈旧，缺乏创造力、想象力和吸引力。
- 创意虽然很好，然而是否符合促销活动的主题和整个内容。
- 创意是否偏离预期目标的销售额。

(3) 评估促销商品选择的正确与否。

- 是否了解消费者真正需要的商品。
- 能否给消费者增添实际利益。
- 促销商品能否反映超市的经营特色。
- 能否帮助连锁企业门店或供应商处理积压商品。
- 促销商品的销售额与毛利额是否与预期的目标一致。

2. 长期促销绩效评估

短期促销绩效评估可以使企业了解消费者对促销活动的态度和反应，但这种评估很难得知消费者真正的消费意图。因而企业有必要对长期促销绩效进行评估，揭示消费者的消费态度，把握消费者的消费心理，从而使以后的商品促销活动更加具有针对性和目标性，增加活动的效果。

长期促销绩效评估最切合实际的方法是消费者调查法。促销活动结束后，企业可以在目标市场上找一组样本消费者进行调查，了解促销活动的效果并在促销后的一段时间内进行跟踪评估。通过调查了解有多少消费者还记得促销，他们对促销活动的评价，有多少人从中获得利益，促销对他们以后的品牌选择行为有何影响等。

消费者调查法简单易行，但资料有限。得出的结论比较粗略，常用来选择性地研究某种促销方式对消费者的影响。

二、供应商配合状况评估

(1) 除对促销效果进行评估，还应该对供应商的配合状况进行评估。

(2) 供应商对连锁企业促销活动的配合是否恰当及时。

(3) 能否主动参与、积极支持，并为连锁企业分担部分促销费用和降价损失。

(4) 在促销期间，当连锁企业请供应商直接将促销商品送至门店时，供应商能否及时供货，数量是否充足。

(5) 在商品采购合同中，供应商尤其是大供应商、大品牌商、主力商品供应商，是否做出促销承诺，而且切实落实促销期间供应商义务及配合等相关事宜。

三、自身运行状况评估

促销结束后，连锁企业还应对自身的运行状况进行评估。

1. 从总部到门店，各个环节的配合状况

(1) 配送中心运行状况评估：配送中心是否有问题，送货是否及时；在由连锁企业配送中心实行配送的过程中，是否注意预留库位，合理组织运输、分配各门店促销商品的数量等几项工作的正确实施情况如何。

(2) 门店运行状况评估：门店对总部促销计划的执行程度，是否按照总部促销计划操作；促销商品在各门店中的陈列方式及数量是否符合各门店的实际状况。

(3) 总部运行状况评估：连锁企业自身系统中，总部促销计划的准确性和差异性；促销活动进行期间总部对各门店促销活动的协调、控制机配合程度；是否正确确定促销活动的次数，安排促销时间，选择促销活动的主题内容，选定、维护与落实促销活动的供应商和商品，组织与落实促销活动的进场时间。

2. 促销人员评估

(1) 促销人员评估的作用：对促销人员的评估可以帮助促销员全面并迅速地提高自己的促销水平，督促其在日常工作流程中严格遵守规范，保持工作的高度热情，并在促销员之间起到相互带动促销的作用。

(2) 促销人员的具体评估项目：包括促销活动是否连续，是否达到公司目标，是否有销售的闯劲，是否在时间上具有弹性，能否与其他人一起工作，是否愿意接受被安排的工

作，文书工作是否干净、整齐，他们的准备和结束的时间是否符合规定，是否与顾客保持密切关系，是否让顾客感到受欢迎。

四、促销评估方法

促销效果的评估是连锁企业一项非常重要的工作内容，通过评估促销活动的效果，对其成功与不足加以认真总结，以便将下一次促销活动搞得更好。一般来说，连锁企业促销效果评估可以采用以下几种方法进行。

1. 比较法

选择促销活动前、促销活动中及促销活动后三个阶段的销售额来测评促销效果，一般会出现以下三种情况，如图9-7所示。

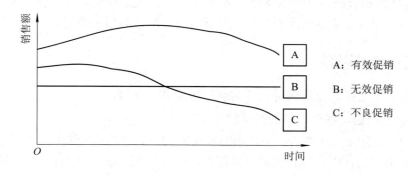

图 9-7 促销效果图

(1) 有效促销。图 9-7 中的 A 曲线是连锁企业举办促销活动所期望达到的预期目标。它表明进行促销活动后，很多顾客被吸引前来购物，来客数增加，销售额提升，收到了预期的理想效果。在促销活动结束后，由于促销期间连锁企业的各种宣传，使其知名度与美誉度提高，给顾客留下了良好的印象，再加上实质性的优惠促销活动，无形中提升了企业形象。因此，促销活动结束后，连锁企业的销售额依然有所增长，从而形成了比较乐观的销售前景。

(2) 无效促销。图 9-7 中的 B 曲线表明促销活动的开展对于连锁企业的业绩没有任何帮助，企业的经营状况没有得到任何改善，而且所举办的促销活动浪费了一定的人力、物力及财力，促销效果很不理想。

(3) 不良促销。图 9-7 中的 C 曲线是连锁企业举办促销活动后的一种不良后果，是连锁企业最忌讳出现的一种情形。本次促销活动虽然在促销期间使销售额有了一定程度的提高，但由于促销活动策划不当或管理不到位等问题，出现了某些意外情况，严重损伤了连锁企业的形象。促销期间虽然销售额有了短暂上升，但促销一结束立即下滑，甚至低于促销前的水平。

2. 调查法

连锁企业真正能够长期维持经营依靠的是其良好的信誉及消费者的信赖。因此，对于消费者的反应不可忽视，在促销活动中或在促销活动结束后，可以组织相关人员对特定的消费者群体进行抽样调查，向他们了解促销活动的效果。比如，询问有多少人对本次促销活动反应良好，其中哪些方面反映最好，哪些方面反映最差；顾客是否从中得到了实惠；对今后的购物行为是否有影响等，从而掌握连锁企业所举办的促销活动效果。

3. 观察法

观察法便于操作，且十分直观，连锁企业主管人员很容易了解促销活动的效果。它主要是在促销活动中通过观察来店购物的顾客对促销活动的反应来了解促销效果。比如，顾客在折价销售中的踊跃程度；顾客所收到优惠券的回收率；参加抽奖与竞赛的人数，以及赠品的偿付与否等。

总之，促销活动结束后的评估，有助于提高连锁企业的绩效。通常情况下，如果促销活动中的实施绩效在预期的 95%～100%，则是在正常情况；如果在预期的 105% 以上，则是高标准的表现；如果在预期目标 95% 以下，则有待在今后的促销活动中加以改进和提高。

◇ 案例精讲　　　　　××食品有限公司店庆促销活动

2014 年 6 月 5 日，××食品有限公司××店进行了以"一周年店庆"为由头的为期两天的店面促销活动。

一、本次店面促销活动的背景

××食品有限公司××店是该公司的一个加盟店。开业之初业绩斐然，曾在公司业绩排行中名列前茅，在开业五个月后因为加盟主经营管理不善导致业绩下滑、客户流失、员工跳槽、顾客投诉事件频发。加盟主感到难以有较好的经济效益和大的发展而要求退出，希望有公司接手。××食品公司为了维护和挽回品牌的美誉度和原有顾客群，在该店开业第九个月时收回接手了该店。但是，积重难返，经过数月的整理整顿，该店的业绩提升微乎其微。在距该店开业一周年前一周由该公司行政部主管孙经理报请经理办公会批准在××店进行以"一周年店庆"为由头的为期两天的店面促销活动。

二、店庆促销活动时间

(1) 6 月 5 日—6 月 6 日(共两天)

(2) 每日店庆促销活动时间：am 9:00—12:00，pm　14:00—16:30

三、店庆促销活动地址

××食品有限公司××店

四、店庆促销活动主题

××食品有限公司××店一周年店庆活动

五、参与人员及分工

(1) 孙经理(公司行政部经理)——活动整体策划和实施(促销手段的制定、DM 宣传单的制作及投放的整体安排监控、活动现场布置、活动现场整体调控)。

(2) ××食品公司××店全体员工——店庆活动具体执行(如顾客接待、直接销售、收银、蛋糕西点制作及卫生、上货等内务处理)。

(3) 临时雇佣工——DM 宣传单的定时定点投放、赠品分装、上货、纪念品发放及抽奖的辅助工作、其他临时性工作。

(4) 小王(公司行政部文员)——赠品、奖品的发放及安全、抽奖箱的安全、现场顾客的引导、DM 宣传单的核对及回收。

(5) 小蔡(公司技术部裱花师)——活动现场巨型蛋糕的现场制作及分发。

(6) 小马(公司业务部职员)——DM 宣传单的发放。

六、店庆活动结果

(1) DM 宣传单发放 8500 份剩余 1500 份。

(2) 到场顾客约 750 名(活动第一天 300 名，第二天 450 名)，其中实现购买顾客 300 名。

(3) 实现营业收入 3255.69 元(其中现金 2965.24 元，卡消费 120.45 元，券回收 170.00 元)。其中：活动第一天实现营业收入 2041.20 元(其中现金 1951.00 元，卡消费 85.20 元，券回收 5.00 元)；活动第二天实现营业收入 1214.49 元(其中现金 1014.24 元，卡消费 35.25 元，券回收 165.00 元)。

(4) 投入费用 4623.90 元。

• 宣传费用为 1603.80 元，主要用于：

① DM 宣传单页 10 000 份(0.085 元/份)，计 850.00 元。

② 喷绘布两块(2.96 m × 1.50 m)(10.00 元/m²)，计 88.80 元。

③ DM 宣传单页投递费用(30.00 元/天)。活动前一天 5 人发放一天，活动当天 3 人发放半天，计 195.00 元。

④ 宣传车一辆，使用两天(160.00 元/天)，计 320.00 元。

⑤ 彩虹门一个，使用两天(75.00 元/天)，计 150.00 元。

• 促销费用为 2605.10 元，主要用于：

① 奖品 675.10 元。

一等奖 1 名，200.00 元贵宾卡 1 张，计 200.00 元。

二等奖 2 名，10 英寸欧式蛋糕一个(88.00 元/个)，计 176.00 元(按照零售价格 60%计算计 105.60 元)。

三等奖 5 名，高档纪念杯一个(9.50 元/个)，计 47.50 元。

四等奖 20 名，寿桃蛋糕一斤(6.00 元/斤)，计 120.00 元(按照零售价格 60%计算，计 72.00 元)。

纪念奖 50 名，5 元现金券一张，计 250.00 元。

② 赠品约 1780.00 元(自制食品，按照零售价 5 折计算)。

纪念品：500 份(0.85 元/个)，计 425.00 元。

桃酥(买一斤赠半斤)：赠送 190 市斤，计 1140.00 元，其中：活动第一天，100 名顾客赠送 100 份(250 g，6.00 元/500 g)，计 300.00 元；销售 80 市斤赠送 40 市斤，计 240.00 元；活动第二天 60 名顾客赠送 60 份(250 g)，计 180.00 元；销售 140 市斤赠送 70 市斤，计 420.00 元。

福堡蛋糕(买一斤赠半斤)：赠送 70 市斤，计 420.00 元，其中：活动当天销售 60 市斤赠送 30 市斤，计 180.00 元；活动第二天销售 80 市斤赠送 40 市斤，计 240.00 元。

生日蛋糕(买一赠一)：活动两天共销售生日蛋糕 16 个，计 850.00 元，开局赠送同款生日蛋糕票 16 张，计 850.00 元。

面包(买二赠一)：活动两天面包类食品销售 914.80 元，赠送价值 300.00 元面包。

巨型生日蛋糕 150.00 元：活动当天现场制作 1.50 m×2.00 m 巨型裱花蛋糕一个，按照原料及人工成本计算。

• 其他费用为 415.00 元，主要包括：

① 临时雇工：3 人(30.00 元/人×天)计 180.00 元。

② 包装袋：包装赠送的自制食品，共 200 只(0.40 元/只)，计 80.00 元。

③ 交通费：DM 投递人员及公司协助人员交通费共计 65.00 元。

④ 午餐费：活动两天工作人员午餐费共计 90.00 元。

★现场观察及分析：

一、店庆活动准备极不充分

从活动的立项、审批、计划、执行基本上没有周密的思考和安排，更没有通过控制工作过程达到工作效果的意识。

(1) DM 宣传单未能及时定时定量并保质保量发放完成。

活动当天上午 9:00 尚有约 3000 份 DM 宣传单分别堆放在店内收银台、地面、快餐桌、储藏间四处。绝大多数顾客手里有两份或两份以上的 DM 宣传单。更有重复登记、重复领取纪念品状况，也有一家数口人重复领取纪念品现象。

(2) 员工未经过本次活动的相关培训。员工工装混乱(一共 5 名营业员身穿 3 种不同服装)，店内卫生没有彻底打扫，对活动细则每个人描述不一，对优惠措施多头理解，对活动现场的各项工作脱节(各个岗位没有定员定人，几名员工顾此失彼)。

(3) 产品准备不足，截至 6 日上午 10:00 蛋糕类产品已经基本销售一空。面包类产品余货量不足 150 元。活动用小西点准备不足。

(4) 赠品没有提前充分分装。到达现场时已经有顾客到场但有四人在分装赠品，收取 DM 单抽奖兑奖及外部协调工作没有人做，致使活动开始得很突然，活动现场秩序混乱。

(5) 活动现场的音响及音乐没有做出合理安排。音乐的播放随意性过大，在顾客到达的高峰时段音箱突然坏掉失声。

(6) 店内环境没有针对本次活动做出专门要求，店内杂物乱放(杂志、其他宣传单、企业内部文件)，各道门全部敞开，尤其是裱花间内的卫生间及储物间凌乱不堪、有碍观瞻。

二、活动现场组织和调度不当

(1) 该店的门头横幅仍旧是关于公司其他店的开业促销内容，而非本次本店店庆活动的内容。音箱在播放有关活动细则的内容但很快被换为摇滚音乐。在播放 30 分钟后因短路音箱失声，没有后续补救措施。孙经理安排赶到的四名工作人员对没有投递到位的地段发放 DM 宣传单。

(2) 当顾客到场参与活动人数达到高峰时现场的调度和控制出现真空。人员安排极不合理。兑奖处有 3～4 人，收银台 2～3 人，裱花间 2 人，现场对顾客导购、解释介绍活动规则、上货理货等岗位没有人。

(3) 货品出现短缺时没有人及时反应。

(4) 巨型蛋糕的制作和发放秩序混乱。有在店外发放餐盘并让顾客排队领取蛋糕的，同时又在店内发放餐盘在店内或插队领取蛋糕，引起了顾客的不满。

三、活动规则制定存在瑕疵

(1) 活动头绪过多，不利于现场控制。

本次店庆促销活动的具体促销措施显然存在极大弊端。首先，促销措施过多。入店即有赠品、前 100 名顾客赠送自制食品(第二天前 50 名)、多个产品买二赠一、买三赠一、购物满十元参加抽奖等；其次，活动规则规定不明确。比如赠送的桃酥在店外领取但是赠送的面包在店内领取，面包 2 赠 1 的规则只是针对部分品种，增加了营业员和收银员的反复解释工作，极大地消耗了员工的工作热情以及有限的精力和时间，单位时间内顾客接待率低下。

(2) 10 元抽奖活动和其他赠送叠加累计，导致活动的盈利能力极其低下。

★化解策略：

加强活动的立项和计划及执行力度，形成以结果为导向的工作流程。提高促销活动的收益率。

一、促销活动的营运流程

店长书面申请——经理办公会确定——具体负责人负责促销活动的执行全过程——总结并形成书面报告。

二、店长书面申请

由××食品有限公司所属各店根据本店实际情况提出促销活动书面申请。申请书内容包括：

① 本店需要开展促销活动的原因；

② 希望开展促销活动的类型；

③ 希望采取的促销手段和措施；

④ 活动开展的范围；

⑤ 预计活动费用；

⑥ 通过活动促销可达到的效果：预计可提升客流量××人/次·日，提升客单价××元/人，提升销售收入××元。可提升本店销售收入比例的××%。

三、经理办公会确定

店面营运经理根据店长的书面申请，组织召开经理办公会，对店长提出的申请进行可行性评议并根据评议结果决定是否批准店长申请。

店长提出的促销活动申请未得到批准，店面营运经理要当面通知店长，并提出整改意见；店长提出的促销活动申请得到批准，由店面营运经理组织整合各部门资源，按照既定流程开展店面促销活动。

四、具体负责人负责促销活动的执行全过程

(1) 编撰××店××××主题促销活动计划及计划执行方案。其内容包括：促销活动主题、促销活动形式、促销活动的时间、促销措施、宣传方式、费用计划及使用情况、预计达到效果、总责任人以及活动开始启动至活动结束各个阶段的负责人、各阶段工作交接程序，以及每个阶段工作评估、奖惩措施等内容。

(2) 总负责人负责对形成并进入实施阶段的工作计划进行全面掌控，及时召开各类衔接协调会议，解决计划执行过程中出现的实际问题。确保工作计划能按照既定程序步骤以时间节点交付工作结果。解决促销品的选择及采购、生产到位；宣传媒体的选择及效果评估；宣传品的策划和及时到位；工商、城管以及其他政府职能部门的外联保障；部门间协调、员工培训及作业辅导；活动现场的组织和现场控制；费用申领和审批控制；及时沟通上级汇报工作进度求得上级支援等各项工作。

案例精析：

门店促销活动的效果不仅取决于促销活动的策划，还依赖于促销活动的组织与实施。

通过对门店促销活动"计划—组织实施—控制提高—改进计划"的全过程进行管理,不断改进与提高促销活动的管理水平,门店才能更好地策划与实施促销活动,取得超乎预期的销售效果。

◆ 本 章 小 结

本章主要介绍了四个方面的内容:首先,介绍了连锁企业开展促销活动对促销组合的选择,并详细介绍了连锁企业人员推销、广告促销、连锁企业业务推广、公共关系促销要点;其次,阐述了促销活动实施要点;最后,介绍连锁企业促销活动效果评估要点,提出效果评估具体方法。

主要知识点:

拉引策略和推动策略　POP广告　店头促销　DM广告　公共关系促销　短期/长期促销绩效评估　有效促销

◆ 基 础 训 练

一、选择题

1. 对单位价值高、性能复杂、需要做示范的产品,通常采用(　　)策略。

A. 广告　　　　　　　　　　B. 公共关系

C. 推式　　　　　　　　　　D. 拉式

2. 在产品生命周期的投入期,消费品的促销目标主要是宣传介绍产品,刺激购买欲望的产生,因而主要应采用(　　)促销方式。

A. 广告　　　　　　　　　　B. 人员推销

C. 价格折扣　　　　　　　　D. 销售促进

3. 一般日常生活用品,适合于选择(　　)媒介做广告。

A. 人员　　　　　　　　　　B. 专业杂志

C. 电视　　　　　　　　　　D. 公共关系

4. (　　)的关键是特别展示区、堆头和端头的商品陈列。

A. 店头促销　　　　　　　　B. 现场促销

C. 展示促销　　　　　　　　D. 有奖促销

二、判断题

1. 成熟期的重点是宣传产品牌号,充分调动推销人员和中间商的积极性,以迅速扩大

商品的销路，成熟期以广告为主。（　　　）

2. 终身会员制是指消费者无需缴纳会费或年费，只需在门店一次性购买足额商品便可申请会员卡，此后便可享受该店 5%～10% 的价格优惠和一些免费服务项目。（　　　）

3. 促销活动方案的实施的第一个步骤是拟定促销企划方案。（　　　）

4. 短期促销绩效评估最切合实际的方法是消费者调查法。（　　　）

5. 不良促销指促销活动的开展对于连锁企业的业绩没有任何帮助，企业的经营状况没有得到任何改善，所举办的促销活动浪费了一定的人力、物力、财力，促销效果很不理想。（　　　）

三、简答题

1. 简述连锁企业促销组合的定义及组成。
2. 简述连锁企业门店选择促销组合的基本战略。
3. 简述 POP 广告制作要点。
4. 简述连锁企业门店现场促销的方式。
5. 简述公共关系促销的方式。
6. 简述短期促销绩效评估主要评估哪些方面?

◆ 实 训 项 目

(一) 实训项目

设计一幅连锁企业门店促销用海报。

(二) 实训情景设计

模拟某连锁企业门店 10 周年店庆，进行商品促销活动，回馈顾客。

(三) 实训任务

1. 能够正确运用本章所学知识。
2. 能够在教师指导下完成海报的设计。

(四) 实训提示

1. 由教师介绍实训背景资料。

2. 班级学生分组(建议 4～5 人一组)。

3. 每一组在规定的时间内设计一份促销用海报。

(五) 实训效果评价表

实训效果评价表见表 9-2。

表 9-2　设计促销用海报实训项目评价表

项　目	表　现　描　述	得　分
基本能够正确运用本章的理论知识		
能够正确完成海报的设计工作		
海报主题突出		
海报的设计新颖		
海报有较好的视觉效果		
合　计		

得分说明：根据实训中学生的具体表现，分为优秀、良好、合格、不合格、较差 5 档，对应得分分值为 20 分、16 分、12 分、8 分、4 分，将每项得分记入得分栏，全部单项分值合计得出本实训项目总得分，得分 90～100 分为优秀，75～89 分为良好，60～74 分为合格，低于 60 分为不合格，需重新训练。

项目十
连锁企业门店的顾客服务

❋⚬❋⚬❋⚬❋⚬❋⚬❋⚬❋⚬❋⚬❋⚬❋⚬❋⚬❋⚬❋⚬❋⚬❋⚬❋⚬

◆ 学习目标

通过本项目学习，理解改善门店服务质量对于连锁企业生存与发展的重要意义；掌握门店接待与顾客服务的主要流程及工作要点，常见的顾客投诉类型、顾客投诉的处理程序和方式等。

◆ 引入案例

顾客永远是对的吗？

怀特12岁时的一天下午，正在父亲的家具店里打扫地面，一位上年纪的妇女走了进来。怀特问父亲，"可不可以由我来接待她。"父亲回答："就看你了！"

"我能为您做点什么吗？""噢，是这样的。我以前在你们店里买了一张沙发，可现在它的一条腿掉了。我想知道，你们什么时候能帮我修好？"

"您什么时候买的？"

"有10年左右了吧。"

怀特对父亲说，"这位顾客想让我们免费为她修理10年前买的旧沙发。"父亲吩咐怀特告诉她，下午就到她家里去修沙发。

怀特和父亲给那位老妇人的沙发换了一条腿，然后就离开了。在回家的路上，怀特一声不吭。父亲问："怎么了，为什么不高兴？"

"你心里明白，我想去上大学。可是，假如总是这样跑大老远地给人免费修沙发，到头来我们能挣几个钱呢？"

"不能这样想，你得尊重你的顾客。况且，学着做一些修理活儿对你没有坏处。另外，你今天错过了最重要的一个细节。我们把沙发翻过来后，你有没有注意到那上面的标签？

其实，这张沙发不是我们店卖的，而是从西尔斯家具店买的。"

"你的意思是，我们为她修理沙发，一分钱不收，而她根本就不是我们的顾客？"

父亲看着怀特的眼睛，郑重说道："不！现在她是我们的顾客了。"

两天后，那位老妇人再次光临。这一次她从怀特父亲的店里买走了价值几千美元的新家具。

如今，怀特在销售行业已经干了 30 多个年头。他一直给不同的公司做销售代理，而怀特的销售业绩始终是最好的。

就这件事情本身而言，显然顾客是错的，沙发店的老板可以理直气壮地说明情况并拒绝为老妇人修理沙发，如果这样做，能说沙发店老板错了吗？但他并没有这样做，在为顾客修好沙发的同时甚至没有向老妇人说明真相。试想，顾客错了的时候你据理力争，把顾客说得哑口无言，即便顾客认识到是自己的错误，心里会舒服吗？心中不悦便不会再来，其结果是你做得再对，最终失去的是顾客，与商场最终的目的——通过创造顾客获得经济效益是相悖的；相反，抱着尊重顾客的态度，抱着"顾客永远是对的"这样一种理念，以理解的方式处理顾客遇到的所有问题，甚至主动把责任揽过来，达到让每一位顾客满意，则与商场的最终目标是一致的。两种不同的理念可以引出截然相反的结果。

当然，词典上对顾客一词的解释是：商店或服务行业对来买东西或要求服务的人。根据这一定义，一些人是不能被称为顾客的，如故意损毁商品寻求索赔、持盗窃的银行卡消费、到饭店故意往饭菜里放异物而吃"霸王餐"等都不能称其为顾客，他们在主观上是以不正当占有为目的，这些人不仅不能给企业带来效益，相反会带来严重的损害，对这些人绝不能善待！我们所指的顾客主观上应是善意的，只是由于各自利益的不同以及看待事物的角度不同，所以对同一事物的认识产生分歧，一些顾客甚至有过激的言行，营业员在处理与顾客产生的矛盾时，应本着包容和难得糊涂的精神，不去较真，甚至委曲求全。因为，即使事件本身顾客有错误，但从企业根本利益出发，顾客永远是对的。

资料来源：王忆南. 连锁门店营运管理，中国人民大学出版社，2010 年。

任务一　门店顾客接待与服务流程

一、顾客服务概述

零售业的顾客服务是指帮助顾客解决问题为使其满意而开展的活动，伴随于商品销售的全过程，是为促进商品销售而给顾客提供的无形产品，在现代零售业中发挥着越来越重要的作用。从某种意义上说，连锁企业的门店顾客服务管理其实就是质量管理。每个连锁门店都应对所提供的服务项目、水准进行考量，对服务进行恰当的定位。提供规范化、标准化、高质量的服务是连锁企业门店的一项基本任务。

 阅读链接 10-1　用微笑服务顾客

微笑服务是对由语言、动作、姿态、体态等方面构成的服务态度的更高要求，它既是对客人的尊重，也是对自身价值的肯定，它并不是一种形式，而关键是要建立起员工与顾客之间的情感联系，体现出宾至如归、温暖如春的服务，从而让客人开心，让客人再来。

一、正确运用微笑

1. 掌握好微笑的要领

微笑的基本做法是不发声、不露齿，肌肉放松，嘴角两端向上略微提起，面含笑意，使人如沐春风。

2. 注意整体的配合

微笑应当与仪表和举止相结合。门店礼仪培训中注意站立服务姿势的训练，双脚并拢，双手相握于前身或交叉于背后，右手放在左手上，面带微笑，亲切、自然、神气。

3. 力求表里如一

训练微笑，首先要求微笑发自内心，发自肺腑，无任何做作之态，防止虚伪的笑。只有笑得真诚，才显得亲切自然，与你交往的人才能感到轻松愉快。

4. 适当借助技术上的辅助

微笑可进行技术性训练：

• 第一步："念一"。

因为人们微笑时，口角两端向上翘起，所以，练习时为使双颊肌肉向上抬，口里可念着普通话的"一"字音，用力抬高口角两端，但注意下唇不要用力太大。

• 第二步：口眼结合。

眼睛会"说话"，也会用眼睛笑，如果内心充满温和、善良和厚爱时，那眼睛的笑容一定非常感人，否则强作眼睛的笑容是不美的。要学会用眼睛的笑容与顾客交流。

眼睛的笑容，一是"眼形笑"，二是"眼神笑"，这也是可以练习的。门店礼仪培训中，取一张厚纸遮住眼睛下边部位，对着镜子，心里想着最使你高兴的情景，鼓动起双颊，嘴角两端做出微笑的口型。这时，你的眼睛便会露出自然的微笑，然后再放松面肌，嘴唇也恢复原样，可目光仍旧含笑脉脉，这是眼神在笑。学会用眼神与客人交流，这样的微笑才会更传神亲切。

- 第三步：笑与语言结合。

微笑地说："早上好"、"您好"、"欢迎光临"等礼貌用语。

二、微笑服务的"九个一样"

微笑服务要始终如一，人人重视，门店礼仪培训中要坚持在接待服务的全过程的各个环节，落实到每个门店员工身上，应做到"九个一样"：领导在场不在场一个样；内宾外宾一个样；本地客与外地客一个样；生客熟客一个样；大人、小孩一个样；生意大小一个样；买与不买一个样；购物与退货一个样；主观心境好坏一个样。

"九个一样"体现了对客人要一视同仁，服务工作一定要遵循"优先为先到的客人服务"(first come, first served)的原则。对年轻美貌的女客人、老年客人、小孩，都应当一视同仁，厚此薄彼最易引起客人的反感，而且违反连锁企业门店员工应有的职业道德。

二、服务的作用

顾客服务对于连锁门店的营运有着重要的作用。在激烈的市场竞争环境下，连锁企业要想争取顾客，求得生存与发展，就必须重视改善服务。

第一，顾客服务是零售业避免陷入同质化竞争的主要工具。近年来，大多数零售企业的经营方式呈现出同质化的特点，"你有我有全都有"，进而导致激烈的竞争，同质化的产品和价格无法形成差异化。在新的市场环境中，零售企业要想增强自身竞争力，就必须在同样的产品基础上，挖掘一个潜力巨大的服务销售商机，实施服务创新。据有关调查显示，造成顾客重复购买的因素及其所占比例为产品质量因素占15%、产品价格因素占15%、服务条款因素占20%、服务质量因素占49%、其他1%为不确定因素。由此可以看出，造成重复购买的主要因素并非产品或价格问题，而是与服务的某些方面有关，这个比例高达七成以上。因此，众多商家就把目光投向了特色服务，使得服务成为零售业新一轮的竞争焦点。

第二，顾客服务是塑造企业形象的重要手段。零售业直接面向顾客，顾客对企业的评价更多地来源于自身的亲身经验和亲朋好友的介绍，优质的顾客服务比广告等其他手段更能为消费者所接受，成为大家传承的佳话，消费者互相的传播更能引起消费者的共鸣，形成良好的"口碑效应"。反之，不好的服务则会引起消费者的反感，"一传十，十传百"很快地在消费者中传播开来，对企业形象造成负面影响。可见，优质的服务有利于零售业塑造良好的企业形象，提高企业的知名度和美誉度。

三、门店接待与服务顾客的流程

接待与服务顾客，是每一个门店员工每天最基本的工作，看起来是很自然很简单的过程，但真正能够做完整、做好的人并不多。下面我们来介绍一下标准的顾客接待与服务流程，梳理一下还有哪些环节需要改进。

第一步：进店招呼。

打招呼的目的是让顾客知道我们欢迎他们的到来，但打招呼不一定是导购的开始。现在大部分门店都是开放式货架的卖场，动线设计的初衷就是让顾客可以更方便地接触商品，同时能够通过分区、布局和陈列的设计来拉长顾客的动线，引导顾客在店内多走动、多接触、多购买。

顾客一进店我们就问"您好，需要我为您服务吗？"顾客如果回答"我想买儿童玩具，送给孩子的生日礼物……"店员通常会说"请跟我来，儿童玩具在这边……"然后就把顾客直接引到玩具货架附近。上述招呼方式直接打断了顾客的购物行程，缩短了顾客的行走动线，没有给顾客在店内多走动的机会，自然也没有多接触商品，最终无法产生更多购买。

因而，正确的方式应该这样："您好，里面请！""您好，欢迎光临！"与顾客在5米以内时可以用这种方式打招呼，如果在5米以外，也可以向顾客点头示意一下，挥手招呼都可以。

第二步：顾客接触。

很多店员会在招呼之后跟随顾客在卖场内来回走动，一是为了伺机导购，二是为了防止丢货损失。换位思考一下，当我们自己作为顾客去服装店买衣服的时候，真的喜欢有导购人员一直跟在身边吗？顾客通常都有害怕被推销的心理，所以跟随会让顾客立即产生防御心理，反而会为后续的产品推荐制造紧张气氛。

曾有机构对服装店内的顾客消费行为进行调研统计，发现像ZARA、优衣库等完全不干扰而让顾客自选的门店，顾客在店内停留时间和客单价远远超过有店员全程导购的门店。随意、自由的购物氛围会让顾客更加放松，顾客会接触更多商品，最终消费更多商品。

所以，正确的方式是：在招呼顾客之后，我们可以一边理货一边观察，在顾客需要的时候才出现在顾客的身边。

通常，有四种情况下顾客需要我们的帮助：

(1) 顾客在一组货架面前来回踱步时——可能顾客在寻找某个商品，我们可以在这个时候走过去说"您好，需要帮忙吗？"然后帮助顾客找到商品。

(2) 顾客在一组货架前把一个商品拿起来又放下，又看另一个商品时——可能顾客在对比商品，我们可以在这时上前说"您好，需要帮忙吗？"然后为顾客提供选择建议。

(3) 当顾客在某个货架面前驻足不动时，比如看看脑白金，又看看黄金搭档，可能是顾客对产品完全不了解，感到迷茫——这时我们可以问"您好，您准备送人还是自己用？"然后为顾客介绍产品。

(4) 顾客在一组货架面前看了半天然后忽然抬头张望时，可能顾客需要找店员咨询一些问题——这时我们可以走过去说"您好，需要帮忙吗？"为顾客解答问题讲解产品。

第三步：产品导购。

在顾客主动提出要购买某种商品时(顾客主动要求购买的商品通常是 DM 广告促销的商品，毛利都会比较低)，店员会通过问话的方式引导顾客购买我们主推的高毛利商品。这样的导购看似能够提高客单价或毛利，但拦截顾客的目标性产品会直接影响顾客的满意度。很多门店的客单价和毛利越来越高，但是客流量却不见增长，很可能就是这个原因造成的。

因此，正确的方式是：在顾客点名购买某种商品时，我们应该先引导顾客到产品陈列的区域，然后通过对比陈列的运用让顾客自己关注到我们想要推荐的商品，让顾客自己对这些商品产生兴趣，店员再引导顾客做出购买决定。

上述导购方式是软性引导，和前面的硬性拦截性质完全不同，既可以达到推荐产品的目的，又不影响顾客的满意度。

第四步：关联销售。

小唐在城里开了家小超市，主要经营日常用品。开始的时候，她对商品的陈列并不是很上心，所以，在她的超市里，商品虽然不能说是胡乱堆放，但也从来没有用过心思去设计、陈列，总之商品的摆放只是勉勉强强说得过去。直到有一天，她陪着一个老同学在城里的另一家超市购物，老同学先是购买了一瓶啤酒，当他看见旁边摆着的开罐器时，就顺手又拿了一个开罐器，之后他往前走了两步，又看到了精致的玻璃杯，想起过两天要在家里请朋友聚餐，就又挑选了一组精致的玻璃杯以及玻璃杯垫。

小唐感到很不可思议，老同学原本只是要买瓶啤酒的，最终却买了开罐器、一组玻璃杯以及玻璃杯垫。这不正是因为这些相关联的商品都陈列在一起吗？受到启发的小唐回到自己的小超市后，马上和员工一起重新陈列商品，并注意把相互之间有关联的商品陈列在一起。结果商品重新陈列后的超市显得非常整齐，让人耳目一新，超市的生意也比以前好了一些。

围绕顾客需求为顾客提供完整的关联销售方案，既能更好地满足顾客需求，同时又能够获得更好的客单价和毛利。

第五步：提示当前促销。

以购买儿童玩具的顾客导购举例，当完成关联销售后客单价可能已经达到了 95 元。这时我们应该提示顾客当前正在进行的促销活动，如果有买赠项目，我们应该提示顾客这项优惠，鼓励顾客再购买一些产品冲击高于 100 元的下一档赠品。在这种情况下，赠品才能真正发挥提高客单价的作用，否则顾客在交款时才知道有买赠活动，这些赠品就成为了补贴，完全失去了促销意义。

第六步：邀请加入会员。

结束前面的步骤以后，在收银结账前我们需要询问顾客是否拥有会员卡。如果没有，我们可以用标准的会员办理话术向顾客说明会员权益，邀请顾客全面填写申请表。完整的收集会员信息是建立有价值的会员数据库的前提条件。

近年，越来越多的连锁企业还建立了微信公众账号并邀请顾客扫描二维码加入微信会员，让顾客加入微信会员是为了和顾客建立起一个高效的互动沟通渠道。会员卡办理应该由接待并为顾客提供导购的店员负责，不可以到收银台办理，会降低收银台效率，或者会因为收银台繁忙而错失办理会员卡的机会。

第七步：收银结账。

收银台是与顾客接触最多的功能区，收银结账也是加单机会最多的环节，所以我们需要在收银台附近进行精心的布置——在收银员的左手边布置关联商品。根据顾客已经购买的产品可以了解到顾客已有的需求，此时有针对性地向顾客推荐关联产品更容易成功。我们需要发展出收银台的标准陈列模板，为收银台商品设计关联销售组合及话术。

在收银区域顾客的右手边位置要布置便利商品和应季商品，方便顾客看看右手边的便利品和应季品是否有需求。

收银台的商品选择、布置及加单话术如果比较成熟，加单成功率能达到25%以上，加单商品均价通常在16元以上，这一环节能够为门店和整个连锁企业带来巨大的收益。

加单完成之后在收银作业中要唱收唱付，双手将购物袋交给顾客，然后单独将小票交给顾客并提示核对商品和金额，保证收银工作准确无误，避免纠纷。

第八步：促销预告。

如果我们最近将要进行的促销主题已经出炉，我们可以在此时提前告知顾客促销的主题、时间和大致的优惠项目，邀请顾客届时参与，给顾客一个下次再来的理由。

第九步：送客。

完成以上所有程序以后，当顾客准备离开时应该由之前一直为顾客提供接待服务的店员再送至门口并招呼顾客"谢谢您，请慢走！"完成送客。

以上九步标准流程是愉悦购物体验的基础，既能够保证顾客的满意度，帮助顾客解决问题，又能够让我们获得更好的收益(其中关联销售、提示当前促销、收银加单三个环节专门用来提升客单价和毛利)，规范标准的顾客接待与服务流程可以让我们真正找到和顾客共赢的角度。

任务二　店长对顾客投诉的处理

作为门店一线的员工，每天需要面对各种各样的顾客。很多时候，由于我们的疏忽或者服务不够细致，容易引起顾客的不满情绪，甚至还会招致顾客的投诉。当然，也可能并不完全是门店的责任，也会有顾客百般挑剔，这个时候我们难免会觉得委屈。因此，如何处理好顾客投诉意见，是店长在门店营运管理中的重要内容。处理得好，矛盾得到化解，门店的信誉、员工的士气和顾客利益得到维护；反之，则会造成员工士气低落、销售业绩下滑和其他门店经营的危机。

一、顾客投诉处理原则

做生意不仅要创造顾客，更要留住顾客。无论处理什么样的抱怨，都必须要以顾客的思维模式寻求解决问题的方法。

投诉处理原则包括：

(1) 正确的服务理念。

需要经常不断地提高全体员工的素质和业务能力，树立全心全意为顾客服务的思想，"顾客永远是正确的"的观念。投诉处理人员面对愤怒的顾客一定要注意克制自己，避免感情用事，始终牢记自己代表的是公司的整体形象。

(2) 有章可循。

要有专门的制度和人员来管理顾客投诉问题，使各种情况的处理有章可循，保持服务的统一、规范。另外，要做好各种预防工作，使顾客投诉防患于未然。

(3) 及时处理。

处理抱怨时切记不要拖延时间，推卸责任，各部门应通力合作，迅速做出反应，向顾客"稳重＋清楚"地说明事件的缘由，并力争在最短时间里全面解决问题，给顾客一个圆满的结果。否则，拖延或推卸责任，会进一步激怒投诉者，使事情进一步复杂化。

(4) 分清责任。

不仅要分清造成顾客投诉的责任部门和责任人，而且需要明确处理投诉的各部门、各类人员的具体责任与权限，以及顾客投诉得不到及时圆满解决的责任。

(5) 留档分析。

对每一起顾客投诉及其处理要做出详细的记录，包括投诉内容、处理过程、处理结具、顾客满意程度等。通过记录吸取教训和总结经验，为以后更好地处理好顾客投诉提供参考。

表 10-1 为某超市顾客投诉意见处理记录表。

表 10-1 某超市顾客投诉意见处理记录表

表格编号：

顾客姓名		受理日期	
地址		发生日期	
联系电话		最后联系日期	
投诉项目		结束日期	
发生地点		投诉方式	
投诉内容：			
处理原则：			
处理经过：			
处理人员接待：			
意见备注：			

资料来源：魏小英：连锁企业门店营运管理，北京理工大学出版社，2013 年

二、店长应对顾客投诉处理的技巧——令顾客心情晴朗的"CLEAR"方法

在门店运营中，处理顾客投诉也是门店日常管理中的一项重要工作，如何平息顾客的不满，使被激怒的顾客"转怒为喜"，是门店获得顾客忠诚的最重要手段。在这里，我们将介绍一个处理顾客诉怨，令顾客心情晴朗的技巧——"CLEAR"方法，即顾客愤怒清空技巧。理解和实践清空技巧能够帮助门店妥当地处理最棘手的情形。

"令顾客心情晴朗(CLEAR)"的顾客诉怨应对原则包括：

Control——控制你的情绪；

Listen——倾听顾客诉说；

Establish——建立与顾客共鸣的局面；

Apologize——对顾客的情形表示歉意；

Resolve——提出应急和预见性的方案。

三、店长在顾客投诉处理中的沟通技巧

如果顾客非常气愤，那么无论你说出怎样的处理方法都不能使他或她感到满意。此时，你可以提出一些封闭式问题，例如：

"我想为你提供帮助，你觉得我可以为你做些什么呢？"

"你觉得怎样的解决方法才满意呢？你可以提出来，在我权限范围内的，我会尽量为你做到的。"

切记，处理投诉过程中，你真诚的微笑不可以少，所有的言行一定要让顾客感觉到尔为他处理问题的诚意。

另外，在处理顾客投诉中不管顾客如何批评我们，我们永远都不要与顾客争辩，我们要做的就是尊重顾客的意见，顾客的意见无论是对还是错、是深刻还是幼稚，我们都不能表现出轻视的样子，千万不能语气生硬地对顾客说："你错了""连这你也不懂"。也不能显得比顾客知道得更多："让我给你解释一下……""你没搞懂我说的意思，我是说……"。

这些说法明显地抬高了自己，贬低了顾客，会挫伤顾客的自尊心。这样只会激化矛盾，使顾客更为气愤。

总之，店长在与顾客的沟通过程中，不要去害怕面对意见分歧或投诉，而是要积极解决。良好的解除矛盾反而会使顾客对你们增加好感度。很多时候，要把自己试想成顾客，学会换位思考，相信矛盾与分歧也会少很多。

◇ **案例精讲**　　　　一学就会的顾客投诉处理原则——双赢

客户沈先生新买的爱车使用不到 2000 公里，在一次去秦皇岛旅游途中经过临沂高速路段时遇上了雷暴雨，但后雨刮却无法正常使用。在无助、气愤和惊慌的情况下，沈先生致电了当地的特约售后服务中心。

在接到电话后，客服经理小丽一直与沈先生保持着电话联系，叮嘱其注意驾车安全，同时耐心指引着行驶路线，直至沈先生安全到达。

到店后经技师检查发现是雨刮电机因为质量原因需要更换，但 4S 店又缺货，可沈先生却坚持当天必须要离开前往秦皇岛。"你们这是什么特约售后服务中心呀？什么都没有！"沈先生为此大发雷霆……

怎么办？怎么办？面对这气炸了的客户，店长迅速做出了决定！一方面要求车间技师从技术上攻关，争取从维修角度使雨刮电机恢复正常使用；另一方面，细心的客户专员考虑到客户是早上出发的，现在已经下午 2 点了，应该还没有吃饭，便立即去食堂为客户打来了热腾腾的午餐，并在客户享用午餐的过程中全程陪同安抚客户的情绪。

终于,经过技师不懈的努力,车辆在临近傍晚时维修完毕,沈先生也因为 4S 店无微不至的关怀而感动。不但没有因为产品存在的质量问题投诉,反而致电 800 对 4S 店的服务表示了感谢!

案例评述：

投诉处理的最终目的是要争取"双赢"。只有把握着这个原则,才能转变对待客户的态度,维护门店的良好形象。"双赢"的原则是投诉处理过程中的灵魂,所以争取"双赢"还要注意以下要点:确立"客户第一"的观念;门店员工素质的提高是达到"双赢"的关键;坚持"首问责任制";控制情绪是争取达到"双赢"的重要环节;团队协作与客服安抚更是争取"双赢"的保证。总之,争取"双赢"看似很难,但只要平时用心去爱客户,再难的投诉都会迎刃而解!

◆ 本 章 小 结

顾客服务是连锁企业为了使顾客购物更加方便、更有价值而进行的一整套活动。在激烈的市场竞争环境下,改善门店服务质量、提高顾客满意度和忠诚度,是连锁企业门店的主要竞争手段。因此,店长必须围绕门店的服务定位、服务流程设计来建立标准化的顾客服务体系,并注意顾客投诉的处理流程和沟通技巧。

主要知识点：

顾客服务 顾客满意度 顾客投诉

◆ 基 础 训 练

一、选择题

1. 麦当劳的顾客服务理念中的 QSCV 分别代表的中文含义是( )。

A. 优质 B. 服务 C. 清洁 D. 价值 E. 真诚

2. 每个门店都会有符合其自身情况的服务目标和定位,因此顾客服务管理其实也是一种( )。

A. 利润管理 B. 质量管理 C. 促销管理 D. 渠道管理

3. 对待顾客投诉,以下几种说法中正确的是( )。

A. 并非所有的顾客投诉都是善意的,店长也要注意个别顾客别有用心和故意找茬

B. 门店若不能处理好顾客投诉,就会失去顾客

C. 应对顾客投诉不等于一味顺从顾客，有时委曲求全反而会使员工士气低落

D. 对每一起顾客投诉及其处理要做出详细的记录

二、判断题

1. 通过顾客服务，提升门店经营的差异化水平，这是连锁企业避免陷入同行价格竞争的基本手段。（   ）

2. 服务形象是连锁企业及其员工经营活动中所表现的服务给顾客或公众留下的印象。（   ）

3. 店长处理顾客投诉，必须学会从顾客的角度思考问题及寻求解决问题的方法。（   ）

三、简答题

1. 简述顾客服务的作用。

2. 简述顾客投诉处理的基本程序。

◆ 实 训 项 目

(一) 实训任务

全班同学自行分组，走访本地某一家连锁企业门店，调查门店店长和普通员工对顾客服务的理解；该企业通常会向顾客提供哪些服务；有没有自己的服务理念(包括员工)，调查本市或某服务行业的服务情况，并提出相关改进措施；了解该企业对从业人员服务规范的培养及其效果，常见的服务问题有哪些？采取何种措施对顾客进行管理，哪种效果最好？在该企业(门店)实习 3 天，重点学习处理顾客意见、抱怨及纠纷的技巧。

(二) 实训要求

每组学生必须与企业的相关人士接触沟通，通过在门店的学习实践，对本地区连锁企业门店的服务理念、顾客管理内容、服务内容、维系顾客手段等状况进行分析，并撰写一份调研报告，文稿中必须包含必要的统计图表。最后对可能存在的服务问题进行分析，给出解决方案。

部分课后习题参考答案

[项目一]

一、选择题

1. ACDE　2. ACD　3. ABCD

二、判断题

1. √　2. √　3. ×　4. √　5. √

[项目二]

一、选择题

1. ABC　2. AC　3. ABCD　4. ABC　5. ABCD

二、判断题

1. √　2. ×　3. ×

[项目三]

一、选择题

1. ABC　2. ABC　3. B

二、判断题

1. ×　2. √　3. √

[项目四]

一、选择题

1. ABCD　2. ABCD　3. A

二、判断题

1. √　2. √　3. ×

[项目五]

一、选择题

1. ABD　2. BCD　3. C

二、判断题

1. ×　2. ×　3. √　4. ×

[项目六]

一、选择题

1. B　2. A　3. B

二、判断题

1. ×　2. ×　3. ×　4. √

[项目七]

一、选择题

1. ABC　2. B　3. C　4. A

二、判断题

1. √　2. ×　3. √

[项目八]

一、选择题

1. ABCD　2. ABC　3. ABC

二、判断题

1. √　2. √　3. ×

[项目九]

一、选择题

1. C　2. A　3. C　4. A

二、判断题

1. ×　2. ×　3. √　4. ×　5. ×

[项目十]

一、选择题

1. ABCD　2. B　3. ABCD

二、判断题

1. √　2. √　3. √

参 考 文 献

[1]　魏小英. 连锁企业门店营运管理. 北京：北京理工大学出版社，2013.

[2]　陆影. 连锁门店营运与管理实务. 哈尔滨：东北财经大学出版社，2009.

[3]　黄宪仁. 店长操作手册. 北京：电子工业出版社，2012.

[4]　奚恺元. 别做正常的傻瓜. 北京：机械工业出版社，2004.

[5]　王忆南. 连锁门店营运管理. 北京：中国人民大学出版社，2010.

[6]　张金霞. 职业店长实务. 北京：北京理工大学出版社，2013.

[7]　蒋祥龙. 连锁经营管理实务. 北京：化学工业出版社，2010.

[8]　胡启亮，霍文智. 连锁企业门店营运管理. 2 版. 北京：科学出版社，2012.

[9]　郑彦. 连锁经营实训与案例. 西安：西安电子科技大学出版社，2013.

[10]　郑彦，霍霞. 连锁经营管理与实践. 2 版. 西安：西安电子科技大学出版社，2015.